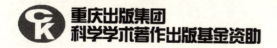
重庆出版集团
科学学术著作出版基金资助

中国古代史学批评纵横

（增订本）

瞿林东　著

重庆出版集团 重庆出版社

图书在版编目(CIP)数据

中国古代史学批评纵横 / 瞿林东著—增订本. —重庆：
重庆出版社，2016.5

ISBN 978-7-229-11021-5

Ⅰ. ①中… Ⅱ. ①瞿… Ⅲ. ①史学史—研究—中国—
古代 Ⅳ. ①K092.2

中国版本图书馆 CIP 数据核字(2016)第 037999 号

中国古代史学批评纵横（增订本）

ZHONGGUO GUDAI SHIXUE PIPING ZONGHENG

瞿林东　著

责任编辑：杨　耘
责任校对：杨　婧
装帧设计：重庆出版集团艺术设计有限公司·卢晓鸣

重庆出版集团
重庆出版社　出版

重庆市南岸区南滨路 162 号 1 幢　邮编：400061　http://www.cqph.com
重庆出版集团艺术设计有限公司制版
重庆市国丰印务有限责任公司印刷
重庆出版集团图书发行有限公司发行
E-MAIL:fxchu@cqph.com　邮购电话:023-61520646
全国新华书店经销

开本：787mm×1092mm　1/16　印张：22.5　字数：342 千
2016 年 6 月第 1 版　2016 年 6 月第 1 次印刷
ISBN 978-7-229-11021-5
定价：52.00 元

如有印装质量问题，请向本集团图书发行有限公司调换：023-61520678

目 录 / CONTENTS

5

卷下　中国古代史学批评杂述

中国古代史学批评是中国古代史学理论的一个组成部分，史学批评的发展在很大程度上推动了史学理论的发展。从宏观上把握中国古代史学理论发展的趋势，对于认识中国古代史学批评中的一些基本问题及其在史学理论上的意义，是十分必要的。

中国古代史学理论的发展，大致经历了四个阶段。第一个阶段，是先秦、秦汉时期，这是它的产生阶段；第二个阶段，是魏晋南北朝隋唐时期，这是它的形成阶段；第三个阶段和第四个阶段，分别是宋元时期和明清（一八四〇年以前）时期，这是它的发展阶段和终结阶段。

一、中国古代史学理论的产生：
从史学意识到自觉的史学发展意识

从春秋、战国之际到秦汉时期，中国古代史学理论逐步产生了。其标志是《春秋》、《左传》和《史记》等书所反映出来的对于史学的认识。从《春秋》和《左传》来看，它们的作者已经有了明确的史学意识；从《史记》来看，它更是突出地反映了司马迁的自觉的史学发展意识。这可以看作是古代史学理论产生阶段的主要特点。

《春秋》在史学意识上的突出反映，一是"属辞比事"，二是用例的思想。如《礼记·经解》所说："属辞比事，《春秋》教也。""属辞比事而不乱，则深于《春秋》者也。""比事"，是按年、时、月、日的顺序排比史事，是编年纪事的概括性说法。"属辞"，是指在表述史事时讲求遣词造句，注重文辞的锤炼。"属辞比事而不乱"，所谓"不乱"，除了编年纪事这种体裁之外，还包含了"属辞"中用例的思想。孔子修《春秋》，记二百四十二年史事，在史事和时间的关系的处理上，是"以事系日，以日系月，以月系时，以时系年"（杜预《春秋经传集解》序），逐年编次。《春秋》以记鲁史为主，而包括周王朝及列国在这一时期的大事，这就要求汇集、编次同一段时间里发生在不同地区的史事。这是"比事"中对史事和空间之关系的处理。"比事"，还有一层含义，是对诸多史事比其大小、轻重而有所取舍、详略，以便用较少的文字表达出较多的历史情况和论断。这就是所谓"约其文辞而指博"。春秋时期，史事头绪纷繁，《春秋》的比事在对史事处理、史书编撰上做出了开创性的贡献。

《春秋》的"属辞"，首先也是有一定的体例上的要求。同是记战争，有伐、侵、入、战、围、救、取、执、溃、灭、败等不同的写法。同是记杀人，有杀、弑、尽杀、诱杀、歼等不同的写法。同是记人的死亡，有崩、薨、卒等不同的写法。《春秋》的"属辞"，还有缀辑文辞上的要求，即对于言辞、文采的重视。孔子重视言辞、文采的运用及其在社会实践中的效果，尤其重视对文辞的斟酌，认为："言之无文，行而不远。"（《左传》襄公二十五年）司马迁说："孔子在位听讼，文辞有可与人共者，弗独有也。至于为《春秋》，笔则笔，削则削，子夏之徒不能赞一辞。"（《史记·孔子世家》）这反映了孔子对历史撰述在文辞要求上的严肃态度。《左传》作者概括《春秋》在这方面的成就，说："《春秋》之称，微而显，志而晦，婉而成章，尽而不汙。"（《左传》成公十四年）后来《左传》、《史记》都继承、发展了《春秋》这方面的成就，取得了更大的成功。

从流传下来的远古传说里，可以看出人们很早就有了历史意识。从历史意识的产生、发展到史学意识的产生，其间经历了漫长的年代。至迟在西周晚年和春秋时期，周王朝和许多诸侯国都已经有了国史，这是当时贵族社会历史意识的反映。不过这些国史后来都失传了，我们很难推断当时人们在史学意识方面的情况。到了春秋末年，孔子修《春秋》，显然已经有了明确的史学意识。这除了上文所说的以外，还有两点是很重要的。第一，是孔子对于历史文献的认识。他说："夏礼，吾能言之，杞不足征也；殷礼，吾能言之，宋不足征也。文献不足故也。足，则吾能征之矣。"(《论语·八佾》)从这里可以看出孔子对于历史文献的重视,讲授前朝的制度,不能不以历史文献为根据,这无疑是史学上的一个基本原则。作为史学家和文献整理者,孔子的这个认识和他的学术实践,对后来史学的发展有重大的影响。第二,是孔子对于历史撰述在思想上的要求。孟子这样说过:"王者之迹熄而《诗》亡,《诗》亡然后《春秋》作。晋之《乘》、楚之《梼杌》、鲁之《春秋》,一也。其事则齐桓、晋文,其文则史。孔子曰:其义则丘窃取之矣。"(《孟子·离娄下》)这里说的"义",是褒贬之义,即是对于史事的认识和评价。孔子以前,已有一些史官善于指陈历史形势,对历史趋势作出判论,显示出了相当深刻的历史见解。而从历史撰述上即从史学上明确提出"义"的要求,孔子是最早的,这对后来中国古代史学的发展,产生了极其深刻的影响。可以认为,孔子是中国史学上第一位具有明确的史学意识的人。

《左传》的史学意识,一方面,表现在上文所引它对《春秋》文辞的称赞。另一方面,表现在它十分关注史官记事的态度。《左传》宣公二年通过记载晋灵公被杀、大史董狐对此事的记述及其与赵盾的辩论,然后借孔子的话,称赞董狐"古之良史也,书法不隐",突出了董狐坚持如实记事的原则。《左传》襄公二十五年记齐国崔杼派人杀死国君庄公之事后,写道:"大史书曰:'崔杼弑其君。'崔子杀之。其弟嗣书,而死者二人。其弟又书,乃舍之。南史氏闻大史尽死,执简以往。闻既书矣,乃还。"《左传》作者对于这一史事未作评论,但联系宣公二年所记,这是非常鲜明地在称颂齐国大史兄弟和南史氏不惜以死殉职的精神。所谓"董狐精神"、"南、董之志",成为中国史学上秉笔直书优良传统的先声和楷模,同《左传》的史学意识及有关的记载是密切相关的。

《左传》的史学意识在这两个方面的表现,表明中国古代史学此时已开始滋生史学批评的思想,孔子对董狐的评论,《左传》对《春秋》的评论和对史官恪守职责、秉笔直书精神的称道,说明古代史学批评从开始滋生之时起,便具有很高的境界。

比《左传》成书年代稍晚的《孟子》,在史学方面提出了一些很重要的见解。上文所引的"王者之迹熄而《诗》亡,《诗》亡然后《春秋》

3

作"以及"事"、"文"、"义"的说法,是指出了政治形势和史书编写之间的联系,即涉及历史进程和史学发展的关系;指出了历史编撰所包含的事、文、义三个基本方面,并用孔子的话强调了"义"的重要。孟子关于历史进程和史学发展的关系的思想,包含着史学是一定历史时代的产物的认识,即认为《诗》代表一个时代,这就是"王者之迹";《春秋》代表另一个时代,这就是齐桓、晋文之世。他概括了史书应当包含事、文、义三个方面,而又不把它们作同等的看待,突出了"义"的地位,这实际上是提出了史学上的三个重要范畴及其相互关系的认识。他的这些见解,在中国史学上都是很重要的。孟子在史学方面的见解,还突出反映在他明确地提出了有关史学的社会作用的认识。他说:"世衰道微,邪说暴行有作,臣弑其君者有之,子弑其父者有之。孔子惧,作《春秋》。《春秋》,天子之事也。是故孔子曰:'知我者其惟《春秋》乎!罪我者其惟《春秋》乎!'"(《孟子·滕文公下》)还说:"孔子成《春秋》而乱臣贼子惧。"这一段话,包含的思想很丰富,一是指出了史家撰史的社会环境;二是从"孔子惧,作《春秋》",看出了史家撰史具有明确的社会目的;三是指出了史学的社会作用,即"孔子成《春秋》而乱臣贼子惧"。孟子关于史学和社会关系的认识,在先秦时期的史学上是有代表性的,对以后也有深刻的影响。

先秦时期,从《春秋》和孔子言论,以及《左传》和孟子言论中,大致可以看到人们的史学意识具有鲜明的特点和丰富的内涵。我们可以把它归结为以下几个方面:(一)重视史书的结构和文辞;(二)重视史家对于史事的评价;(三)推崇"书法不隐"的秉笔直书精神;(四)提出史学发展同历史发展之间关系的认识;(五)关于历史撰述的社会条件、社会目的和社会作用的认识;(六)提出了事、文、义史学上的三个范畴,等等。这些,对于中国古代史学理论的发展,都具有重要的意义。

西汉时期,古代史家的历史意识更进一步增强了。司马谈临终前同其子司马迁那一番激动人心的谈话,正是这种强烈的历史意识的生动写照。不仅如此,《史记》一书还洋溢着司马迁的一种自觉的史学发展意识,这是先秦时期的史家、史著中所不曾有的、更高层次的史学意识。所谓史学发展意识，它不只是涉及有关史学的某些方面的认识，而且极为看重史学是史学家们不应为之中断的、具有连续性的神圣事业。他在《史记·太史公自序》中一字千钧地写道：

> 先人有言："自周公卒五百岁而有孔子。孔子卒后至于今五百岁，有能绍明世，正《易传》，继《春秋》，本《诗》、《书》、《礼》、《乐》之际?"意在斯乎! 意在斯乎! 小子何敢让焉。[1]

"小子何敢让焉"，这是把"绍明世"、"继《春秋》"的工作同周公、孔子的事业联系起来，还有什么比这更重要的呢? 在司马迁看来，"《春秋》辨是非，故长于治人"；"《春秋》以道义"，"拨乱世反之正，莫近于《春秋》。《春秋》文成数万，其指数千。万物之散聚皆在《春秋》"。可见，所谓"继《春秋》"，确乎是神圣的事业。司马迁自觉的史学发展意识，可谓鲜明而又强烈。司马迁的这种史学发展意识产生了伟大的成果，即写出了《史记》（他自称为《太史公书》）。他说：《太史公书》，"以拾遗补艺，成一家之言，厥协《六经》异传，整齐百家杂语"（以上均见《史记·太史公自序》）。这是他的史学发展意识在实践上的要求，即把继承前人成果同自己的"成一家之言"结合起来，作为努力的目标。从广泛的意义上看，司马迁的"成一家之言"，不仅仅是指《史记》说的，而且也是指"史家"说的。战国时期有诸子百家而"史记放绝"，司马迁是要改变这种状况，他要使历史撰述也成为一"家"。这在史学发展上，是一件具有划时代意义的事情。

从孔子到司马迁，古代史家的史学意识不断滋生、发展，提出了许多史学理论上的重要问题，直至提出"成一家之言"的庄严目标。中国史学走完了它的童年时代开始成熟起来，史学理论的产生是这一发展过程的重要标志。

---

[1] 司马迁:《史记》卷一三〇《太史公自序》，中华书局1959年版，第3296页。

二、中国古代史学理论的形成：
系统的史学批评理论的提出

魏晋南北朝隋唐时期，在马、班所奠定的基础上，中国史学有了更大的发展。这时期的史学理论，已不限于提出来一些重要问题进行新的探讨，而且提出了系统的史学批评理论。这是古代史学理论的形成时期。南朝梁人刘勰《文心雕龙·史传》篇、唐初政治家关于史学的言论、《晋书》卷八二有关史家的传记、《隋书·经籍志》史部诸序等，都是反映这个时期史学理论发展的重要文献。尤其是刘知几的《史通》，提出了系统的史学批评的理论和方法论，标志着古代史学理论的形成，是中国古代史学发展的里程碑。

《文心雕龙·史传》篇，是《史记·太史公自序》以后较早的评论史学的专篇。它认为史书具有使人们"居今识古"、"彰善瘅恶，树之风声"的作用。提出撰史的要求是："贯乎百氏，被之千载；表征盛衰，殷鉴兴废；使一代之制，共日月而长存；王霸之迹，并天地而久大。"它认为在历史编纂上最难处理的是对于史事的"总会"和"诠配"；并强调"述远"而不致"诬矫"、"记近"应杜绝"回邪"，以存信史为贵。《晋书》卷八二记载了陈寿等两晋时期十二个史家的传记，实际上是关于史家的类传。本卷后论说："古之王者咸建史臣，昭法立训，莫近于此。若夫原始要终，纪情括性，其言微而显，其义皎而明，然后可以茵蔼缇油，作程遐世者也。"这不是评论一部史书或一个史家，而是从理论上说明"史臣"的政治作用和社会作用。这反映了唐初史家对于"史臣"群体的历史地位的重视，也反映了他们对于一个朝代的史家活动的历史的重视。这两点都表明：从历史活动来看，史家成为考察和撰述的对象之一，是史学在社会生活中日益为人们所重视的结果；从史学活动来看，对于"史家"群体的研究和评论，正是史学活动主体对于自身历史的反省。《晋书》卷八二在这方面是一个开端。其赞语的最后一句话是："咸被简册，共传遥祀。"这是既涉及历史又涉及史学、意味深长的一句话。《隋书·经籍志》史部在史学发展上有重大贡献。从史学理论来看，它的贡献在于：第一，它把史书分成十三个类别，从而对历史撰述的范围提出了明确的界说。这十三类的名称是：正史、古史、杂史、霸史、起居注、旧事、职官、仪注、刑法、杂传、地理、谱系、簿录。第二，《隋志》的历史文献分类思想具有力图反映史书之时代特征的自觉意识，这在霸史、杂传、谱系等类尤为突出。第三，它对史官所应具备的知识和所承担的职责作了简明的概括，这就是："夫史官者，必求博闻强识，疏通知远之士，使居其位，百官众职，咸所贰焉。是故前言往行，无不识也；天文地理，无不察也；人事之纪，无不达也。内掌八柄，以诏王治，外执六典，以逆官政。书美以彰善，记恶以垂戒，范围神化，昭明令德，穷圣人之至赜，详一代之憲章。"《隋志》还考察了各类史书的源流，并作了简要的评价，这在史学史上有重要的参考价值。

唐初政治家和史学家唐高祖、唐太宗、唐高宗、魏征、令狐德棻、朱敬则等，关于史学有丰富的言论，也提出了一些理论上的认识。首先，唐高祖、唐太宗都十分重视史学对于政治统治的重要作用。唐高祖《修六代史诏》说："司典序言，史官纪事，考论得失，究尽变通，所以裁成义类，惩恶劝善，多识前古，贻鉴将来。"唐太宗在《修晋书诏》中讲到他自己阅读史籍的收获和认识，认为："大矣哉，盖史籍之为用也。"指出，历代史书"莫不彰善瘅恶，激一代之清芬；褒吉惩凶，备百王之令典"（以上均见《唐大诏令集》卷八一）。可以认为，"贞观之治"局面的出现，跟当时的史学是有密切关系的。其次，重视对于史官的严格挑选。朱敬则《请择史官表》说："董狐、南史，岂止生于往代而独无于此时，在乎求与不求、好与不好尔！"（《会要》卷六三《修史官》）根据他的提议，唐高宗有《简择史官诏》，指出："修撰国史，义在典实。自非操履贞白、业量该通，谠正有闻，方堪此任。"（《唐大诏令集》卷八一）这是对史官的德行、学识提出了明确的要求。后来有"史德"的说法，其实这里讲的"操履贞白"、"谠正有闻"就包含了对"史德"的要求。这些认识，在政治上和史学上都产生了积极的影响，对推动史学理论的发展也有一定的意义。

　　这个时期，史学家在史学理论上提出的问题还有：（一）关于史书体例的认识。杜预的《春秋左氏传序》，对史书体例思想的发展有重要的作用。（二）关于历史评论的认识。范晔提出了"精意深旨"、"笔势纵放"的要求，并认为史论可以起到"正一代得失"的作用。（三）批评意识进一步加强，提出了一些史学批评原则。《文心雕龙·史传》篇提出了"详实"、"准当"、"激抗难征"、"疏阔寡要"、"文质辨洽"、"审正得序"、"约举为能"等等，有肯定的，也有否定的。唐太宗《修晋书诏》批评诸家晋史"才非良史，事亏实录"，或"烦而寡要"，或"滋味同于画饼"，或"其文既野，共事罕有"等。颜师古《汉书叙例》对"近代注史，竞为该博，多引杂说，攻击本文"等弊端，也多有批评，主张注史"翼赞旧书，一遵轨辙，闭绝歧路"的原则。

　　这时期，反映在史学方法上主要有：（一）比较的方法。如张辅、范晔之论马、班优劣（参见《晋书·张辅传》、《后汉书·班彪传》后论）。（二）连类列举的方法。袁宏《后汉纪序》说："言行趣舍，各以类书。"这种方法扩大了编年体史书的容量，在历史编纂方法论上是有意义的。（三）考异的方法。裴松之注《三国志》，"务在周悉"，但并非盲目以"博"为目的。他注意到区别补阙、存异、惩妄、论辩等不同情况，较早提出了考异的方法论（参见裴松之《上〈三国志注〉表》）。

　　以上这些史学理论、方法论的新进展，为系统的史学批评理论的提出准备了条件。刘知几《史通》一书是我国古代史学中第一部以史学作为研究对象的、系统的理论著作。这部史学理论著作贯穿着强烈的批判精神，从这个意义上说，它应当被看作是一部史学批评著作。《史通》原为五十二篇，佚三篇，今存四十九篇，凡二十卷。前十卷为内篇，是全书的主要部分，着重阐述了有关史书的体裁、体例、史料采辑、表述要求和撰史原则，以及史学功用等，其中以评论纪传体史书的各种体例居多。后十卷为外篇，论述史官制度，正史源流，杂评史家、史著得失，并略申作者对于历史的见解。刘知几撰《史通》的旨趣，是"商榷史篇"，"辨其指归"，又"多讥往哲，喜述前非"（参见《史通》原序及《自叙》篇）。他在继承前人思想成果的基础上，提出了系统的史学批评的理论。其主要内容是：

第一，关于史书内容的范围。《书事》篇引用荀悦"立典有五志"的论点，即达道义、彰法式、通古今、著功勋、表贤能为史书内容的范围。又引用干宝对于"五志"的阐释，即体国经野之言、用兵征伐之权、忠臣烈士孝子贞妇之节、文诰专对之辞、才力技艺殊异等。刘知几认为："采二家之所议，征五志之所取，盖记言之所网罗，书事之所总括，粗得于兹矣。"同时，他又认为，要使书事没有"遗恨"，还必须增加"三科"，即叙沿革、明罪恶、旌怪异。"五志"加上"三科"，"则史氏所载，庶几无缺"。这里所说的史书内容范围的问题，实质上已触及史家主观意识如何更全面地反映客观历史的问题了。

第二，关于撰史原则。《采撰》篇一方面主张要慎于"史文有阙"的问题，一方面也强调"征求异说，采摭群言，然后能成一家"。刘知几肯定魏晋南北朝以来史籍繁富，皆"寸有所长，实广见闻"，但也产生了"苟出异端，虚益新事"的弊病。他告诫人们："作者恶道听途说之迷理，街谈巷议之损实"；"异辞疑事，学者宜善思之"。《杂述》篇还说："学者博闻，盖在择之而已。"慎于采撰，根本的问题是要辨别什么是历史事实，这是刘知几论撰史原则的核心。

第三，关于史书的体裁、体例。《史通》以精辟地论述史书体裁、体例而享有盛誉。《序例》篇说："夫史之有例，犹国之有法。国无法，则上下靡定；史无例，则是非莫准。"这是指出史书体例本是史家反映历史见解的一种形式。刘知几推崇《春秋》、《左传》、范晔《后汉书》、萧子显《南齐书》的体例思想；而他的新贡献是提出了"诸史之作，不恒厥体"的理论，并通过《六家》、《二体》、《杂述》等篇，对史书体裁作了总体上的把握，论述了纪传体史书的各种体例。

第四，关于史书的文字表述。《叙事》篇较早地从审美意识提出了这个问题："夫史之称美者，以叙事为工。"他认为"简要"是"美"与"工"的基本要求，主张"用晦"，认为："夫能略小存大，举重明轻，一言而巨细咸该，片语而洪纤靡漏，此皆用晦之道也。"他还提出史书文字表述应采用"当时口语"，"从实而书"，以不失"天然"。同时，他也反对"虚加练饰，轻事雕彩"、"体兼赋颂，词类俳优"的文风，反对"文非文，史非史"的文字表述。

第五，关于史家作史态度。《直书》、《曲笔》两篇提出了"直书"、"曲笔"两个范畴，并作了理论上的说明，认为这是"君子之德"和"小人之道"在史学上的反映。从刘知几所揭示出来的"直书"与"曲笔"对立的种种情况，说明它们的出现不仅有撰史者个人德行上的迥异，也有社会的原因，如皇朝的更替、政权的对峙、等级的界限、民族的隔阂等。刘知几认为，直书才有"实录"，曲笔导致"诬书"，它们的对立从根本上决定了史书的价值和命运。

第六，关于史学的功用。《史通》讲史学功用的地方很多，如《直书》、《曲笔》、《自叙》、《史官建置》等。《辨职》篇尤为集中，提出了史学功用的三种情况："史之为务，厥途有三焉。何则？彰善贬恶，不避强御，若晋之董狐、齐之南史，此其上也。编次勒成，郁为不朽，若鲁之丘明、汉之子长，此其次也。高才博学，名重一时，若周之史佚，楚之倚相，此其下也。苟三者并阙，复何为者哉！"刘知几对于这三种情况的划分，明确地显示出他的史学价值观。

以上这几个方面，是从史学工作的内在逻辑联系分析了《史通》一书所提出来的史学批评理论体系；尽管《史通》本身不是按照这个体系来编次的，但这个体系却包含在全书当中。它标志着古代史学理论的形成，也是古代史学发展的新阶段。同这个理论体系相表里的，是刘知几的"史家三长"说。他提出了史才、史学、史识即"史家三长"这三个范畴，阐释了它们各自的内涵和相互间的关系（详见《旧唐书·刘子玄传》），是史学家自我意识的新发展，精神境界的新的升华。从整体来看，刘知几在史学理论发展上所达到的高度，的确是前无古人的，《史通》写成于唐中宗景龙四年（七一〇年），这在世界史学史上，大概也是无与伦比的。

这个时期在史学理论发展上还值得提到的，主要有皇甫湜和柳宗元。皇甫湜的《编年纪传论》一文，是对东晋以来编年、纪传孰优孰劣数百年之争的总结。他指出："编年，纪传，系于时之所宜、才之所长者耳，何常之有？故是非与众人同辨，善恶得圣人之中，不虚美，不隐恶，则为纪、为传、为编年，是皆良史矣。"（《文苑英华》卷七四二）这反映了古代史家在理论上对史书体裁认识的成熟。柳宗元的《非国语》和《与韩愈论史官书》，也都是史学理论方面的重要文献。《非国语》六十七篇，是一部史学批评专书。它主要从历史观点上，批评了《国语》在天人关系、历史进程中的因果关系、历史评价标准，以及史家书法等问题上的错误（见《柳河东集》卷四四、四五）。在这以前，对一部史书从历史观点上作这样严峻的批评，还没有先例。这反映了史学批评的发展。《与韩愈论史官书》指出了史家应具有坚定的信念和崇高的责任感，这就是"道苟直，虽死不可回也"和"孜孜不敢怠"的精神（《柳河东集》卷三一）。这是继《隋志》史部总序、朱敬则《请择史官表》、唐高宗《简择史官诏》、刘知几史家"三长"说关于史家的评论之后，又一个重要的补充，反映了对于史学主体认识上的新进展。

三、中国古代史学理论的发展：史学批评的繁荣和理论形式的丰富

五代、辽宋西夏金元时期，尤其是两宋时期，中国古代史学有了更大的发展。通史、民族史、当代史、历史文献学等方面，在这时期都取得了许多新成果。史学批评在相当广泛的范围里进一步展开，史学理论在不少问题的认识上更加深入，在表现形式上亦更加丰富了。这几个方面表明，中国古代史学理论进入了它的发展阶段。

没有批评就没有发展。史学理论的发展，在很大程度上是通过史学批评来实现的。这个时期的史学批评范围扩大了，不少问题的讨论更加深入了。北宋，如《册府元龟·国史部》诸序、吴缜、曾巩；南宋，如郑樵、朱熹、洪迈、叶适、陈振孙、晁公武；元初，如马端临等，在史学批评方面都各有成就。

北宋官书《册府元龟·国史部》在编纂思想上有很明确的批评意识，其公正、采撰、论议、记注、疏谬、不实、非才等门的序，以及国史部总序，在史学批评的理论上都提出了一些新问题。《论议》门序说："至于考正先民之异同，论次一时之类例，断以年纪，裁以体范，深述惩劝之本，

极谈书法之事，或列于封疏，或形于奏记。"这是对前人"论议"的问题作了归纳，也反映出作者在史学理论方面所作的思考。其以《公正》、《恩奖》等门称赞史学上"执简之余芳，书法之遗懿者"与"鸿硕之志，良直之士"；而以《疏谬》、《不实》、《非才》诸门批评史家撰述上的种种弊端。《册府元龟·国史部》立《疏谬》门，并增立《不实》、《非才》两门，使三者有所区别，是对《史通·纰缪》篇的继承和发展，在理论上是有价值的。吴缜撰《新唐书纠谬》、《五代史纂误》，都是专就一部史书的"谬"、"误"进行评论。如《新唐书纠谬》按其所摘举之谬误，取其同类，加以整比，厘为二十门，即：以无为有，似实而虚，书事失实，自相违舛，年月时世差互，官爵姓名谬误，世系乡里无法，尊敬君亲不严，纪志表传不相符合，一事两见而异同不完，载述脱误，事状丛复，宜削而反存，当书而反阙，义例不明，先后失序，编次未当，与夺不常，事有可疑，字书非是。它能列举出这么多的批评项目来，虽然未必都很中肯，但人们还是可以从中得到不少启发的。作者指出《新唐书》致误的八条原因，也具有这样的性质。在史学批评理论方面，吴缜提出了两个问题。第一，什么是"信史"？他给"信史"作了这样的理论概括："必也编次、事实、详略、取舍、褒贬、文采，莫不适当，稽诸前人而不谬，传之后世而无疑，粲然如日星之明，符节之合，使后学观之而莫敢轻议，然后可以号信史。反是，则篇帙愈多，而讥谯愈众，奈天下后世何！"给"信史"作这样的规范、下这样的定义，在史学上以前还没有过。第二，史学批评的标准是什么？他说："夫为史之要有三：一曰事实，二曰褒贬，三曰文采。有是事而如是书，斯谓事实。因事实而寓惩劝，斯谓褒贬。事实、褒贬既得矣，必资文采以行之，夫然后成史。至于事得其实矣，而褒贬、文采则阙焉，虽未能成书，犹不失为史意。若乃事实未明，而徒以褒贬、文采为事，则是既不成书，而又失为史之意矣。"（以上均见《新唐书纠谬》序）把事实、褒贬、文采尤其是事实作为史学批评标准，在以前也不曾如此明确。《新唐书纠谬》在史学批评的理论和方法上，都有不可忽视的价值。曾巩撰有《南齐书目录序》、《梁书目录序》、《陈书目录序》等文，反映出他的史学批评思想。曾巩指出：历史上的经验教训要能"传于久"，为后人"法戒","则必得其所托","此史之所以作也"。这实际上是讲到了历史的鉴戒作用是通过历史撰述作为中介来实现的，其中包含了把客观历史和历史撰述加以区别开来的思想。曾巩还对"良史"提出了明确的标准："尝试论之，古之所谓良史者，其明必足以周万事之理，其道必足以适天下之用，其智必足以通难知之意，其文必足以发难显之情，然后其任可得而称也。"（以上均见《曾巩集》卷一一）这里提出了"明"、"道"、"智"、"文"四个概念，同刘知几提出的才、学、识相参照，前者更强调了"适天下之用"，这一个变化是值得注意的。

郑樵的"会通"之说，叶适的"史法"之议、朱熹的读史之论，在史学批评上都占有重要的位置。郑樵的《通志·总序》是一篇阐释"会通之义"的宏文。他认为，孔子和司马迁是两位最深谙"会通之义"的史家。孔子"总《诗》、《书》、《礼》、《乐》会于一手，然后能同天下之文；贯二帝、三王通为一家，然后能极古今之变"。司马迁"上稽仲尼之意，会《诗》、《书》、《左传》、《国语》、《世本》、《战国策》、《楚汉春秋》之言，通黄帝、尧、舜至于秦、汉之世，勒成一书"，"使百代而下，史官不能易其法，学者不能舍其书。六经之后，惟有此作"。郑樵说的"同天下之文"，是从空间上同时也是从文献上着眼的；他说的"极古今之变"，是从时间上亦即历史进程上着眼的。郑樵所谓"会通之义"的含义，从对司马迁的称赞和对班固的批评中，可以归结为重古今之相因、极古今之变化这两句话。他在这方面的理论阐释是有理论价值的，而他对班固"断代为史"的批评，则未免失之过当。叶适有不少关于"史法"的议论，并对自《春秋》以下至《五代史》均有评论。叶适认为，《春秋》以前已有"史法"，但"史有书法而未至乎道，书法有是非而不尽乎义，故孔子修而正之，所以示法戒，垂统纪，存旧章，录世变也"（《习学记言序目》卷九《春秋》）。叶适论"史法"，有一个中心，即反复批评司马迁破坏了"古之史法"，而这些批评大多是不可取的。他的"史法"论，在史学批评史上，只能是是非得失两存之。朱熹有许多史学批评方面的言论，其中不乏精辟论断。他评论史家才、识，说："司马迁才高，识亦高，但粗率。"他评论史书之通俗、可读，说："温公之言如桑麻谷粟。且如《稽古录》，极好看，常思量教太子诸王。……人家子弟若是先看得此，便是一部古今在肚里了。"他评论史家的史论，说："《唐鉴》意正有疏处。孙之翰《唐论》精练，说利害如身处亲历之，但理不及《唐鉴》耳。"他论史家经世致用思想，说："杜佑可谓有意于世务者。"朱熹论读史有一个很重要的见解，就是："读史当观大伦理、大机会、大治乱得失。"[①]这实际上是提出了一条重要的史学批评标准，即以此可以审察历史撰述是否真正把握了有关时代的"大伦理、大机会、大治乱得失"。历史的内容纷繁复杂，并非所有的事件、人物都可以写入史书。史家究竟应当着重写什么？朱熹提出的见解是有启发的。南宋时期，还有不少史家在史学批评上也都有所建树，不一一列举。

元初马端临撰《文献通考》，在史学理论上颇提出一些新问题，他认为《资治通鉴》"详于理乱兴衰，而略于典章经制"，这是因为"著述自有体要，其势不能以两得也"。关于典章经制的著作，他称赞杜佑《通典》"纲领宏大，考订该洽，固无以议为也"。马端临同郑樵一样，也是力主"会通"思想的。他在郑樵的基础上又提出了一个新的认识，就是："理乱兴衰，不相因者也"；"典章经制，实相因者也"（《文献通考》序）。这是说：历代治乱兴衰，在具体史事上不一定相承相因；而历代典章制度，却是相承相因的。换言之，治乱兴衰有种种景象，不以连续性为其特点；典章制度虽有损益，而发展的连续性则是其特点。他把对于史事的记载同对于制度的记载作区别，在理论上还是第一次。

以上这些，都在不同的方面反映出古代史学理论处于新的发展阶段。

四、中国古代史学理论的终结：
批判、总结、嬗变

中国古代史学发展到明清时期，有两个极明显的特点，一是越来越具

---

① 以上分见《朱子语类》卷一三四、卷一三六、卷一一，中华书局1986年版，第3202、3207、3208页，第3250页，第196页。

有更广泛的社会性，二是出现了批判、总结的趋势，同时也萌生着嬗变的迹象。大致说来，史学理论的发展，也不能脱离这两个特点，而在后一个特点上表现得更突出一些。因此，这可以看作是中国古代史学理论的终结阶段，其特征便是批判、总结和嬗变。明后期的王世贞、李贽、王圻，明清之际的顾炎武、黄宗羲、王夫之，清前期的王鸣盛、赵翼、钱大昕、崔述、章学诚、阮元、龚自珍等，在史学理论、方法论方面，都各有不同的成就和贡献。

在史学的批判总结方面，王世贞对国史、野史、家史的总体性评论，具有方法论的意义。他曾著《史乘考误》一百卷。在卷首小引中，他指出了国史、野史、家乘的种种弊端，然后写道："虽然国史人恣而善蔽真，其叙章典、述文献，不可废也；野史人臆而善失真，其征是非、削讳忌，不可废也；家史人谀而善溢真，其赞宗阀、表官绩，不可废也。"他对国史、野史、家史的这种估价，不同于一些史家所持的片面性看法，而带有辩证的因素。同时，他的这个见解，是建立在对于许多文献、史料辨析的基础上提出来的，故尤其具有方法论的价值。李贽在史学理论上的批判精神，比王世贞要突出得多。其主要之点，是针对以往的社会历史观提出来的，而核心又在于历史评价的是非标准。李贽认为："人之是非，初无定质；人之是非人也，亦无定论。无定质，则此是彼非并育而不相害；无定论，则是此非彼亦并行而不相悖矣。"这是肯定了人们认识事物的"是"与"非"是可以同时存在的，甚至可以"并育"以促进认识的发展。他进而指出：汉、唐、宋三代，"中间千百余年而独无是非者，岂其人无是非哉？咸以孔子之是非为是非，故未尝有是非耳"（见《藏书·世纪列传总目前论》）。这是明确地提出，在历史评价上应当改变"咸以孔子之是非为是非"的传统价值观念。李贽的这一认识，包含有相对主义的因素，但在当时对于突破传统历史思想的束缚方面，是有积极意义的。这反映出史家在史识的理解上已开始提出了新的认识。王圻有丰富的历史撰述，《续文献通考》是他的代表作。《续文献通考》在史学理论上有两点是极为突出的，一是重视历史撰述上的批判继承，二是重视史学的经世致用。他对马端临《文献通考》的批判继承表现在：第一，是要改变"详于文而献则略"的情况；第二，是增加辽、金典制；第三，是增设若干新的门类。从《通典》、《通志·略》、《文献通考》到《续文献通考》，古代史家尊重前人成果又不囿于前人陈说的学风和思想，表现得十分明显。对前人著述和思想批判继承的理论，无疑是古代史学理论的一部分。

顾炎武、黄宗羲、王夫之是大思想家，也是史学的大师。他们在史学理论上有一个共同的特点，即十分强调史学的经世致用，从而把唐宋以来逐渐明确起来的经世致用的史学思想发展到新的阶段。顾炎武认为，重视史学，若干年间，"可得通达政体之士，未必无益于国家"（《日知录》卷一六《史学》条）。黄宗羲在为万斯同所撰《历代史表》写的序言中说："二十一史所载，凡经世之业，亦无不备矣。"这反映了他对史学社会作用的认识。他和顾炎武一样，深感史学对于人才培养的至关重要。他说："自科举之学盛，而史学遂废。昔蔡京、蔡卞当国，欲绝灭史学，即《资治通鉴》板亦议毁之，然而不能。今未尝有史学之禁，而读史者顾无其人，由是而叹人才之日下也。"王夫之《读通鉴论》叙论四之二，对"资"、"治"、"通"、"鉴"作了深刻的阐述，通篇论述了优秀的历史著作何以对政治、社会、人生有极大的关系。他认为，读史，既置身于现实之中，又要设想置身于历史环境之中，作认真的思考、比较，就会认识到历史的借鉴作用。他说："设身于古之时势，为己之所躬逢；研虑于古之谋为，为己之所身任。取古人宗社之安危，代之以忧患，而己之去危以即安者在矣；取古昔民情之利病，代之以斟酌，而今之兴利以除害者在矣。得可资，失亦可资；同可资，异亦可资也。故治之所资，唯在一心，而史特其鉴也。"这一段话，把历史和现实，古人和今人，成功和失败，经验和教训，相同和相异，这几层关系都讲到了，而且洋溢着辩证的思想。顾炎武、黄宗羲、王夫之三人的经世致用史学思想，把中国古代史学经世致用的优良传统推到了那个时代的最高峰。

王鸣盛、赵翼、钱大昕、崔述、阮元等，是清代前期在历史文献学的理论和方法论上都各有建树的几位名家，他们在史学理论上的一个共同的重要论点，就是认为由于种种不同的原因，前人的历史撰述以及其他一些历史文献，有不少是可以商榷、考异或考信的；只有经过严格的考证和辨析，人们才可能更清楚地认识到历史的真实。其核心在于求实、求信。钱大昕说："史非一家之书，实千载之书，袪其疑，乃能坚其信；指其瑕，益以见其美。"（《廿二史考异》序）王鸣盛认为："大抵史家所记典制，有得有失，读史者不必横生意见，驰骋议论，以明法戒也。但当考其典制之实，俾数千百年建置沿革，了如指掌，而或宜法，或宜戒，待人之自择焉可矣。其事迹则有美有恶，读史者亦不必强立文法，擅加与夺，以为褒贬也。但当考其事迹之实，俾年经事纬，部居州次，记载之异同，见闻之离合，一一条析无疑，而若者可褒，若者可贬，听之天下之公论焉可矣。"（《十七史商榷》序）一是"考其典制之实"，二是"考其事迹之实"，这是求实的两个方面。跟王鸣盛、赵翼、钱大昕有所不同的是，崔述是从社会历史的变迁和学风的变化发现了历代经师所说古史的可疑之处，即他说的"二帝、三王、孔门之事于是大失其实"（《考信录提要》卷上），从而提出了古史考信的理论和方法。阮元是古代最后一位历史文献学大师，他"论学宗旨在实事求是，自经史、小学、历算、舆地、金石、辞章，巨细无所不包，尤以发明大义为主"。他的不少著作，"推阐古圣贤训世之意，务在切于日用，使人人可以身体力行"（《清儒学案》卷一二一《仪征学案》上）。他们在考证、校勘、汇刻历史文献的方法上，各具特色。王鸣盛是搜罗正史以外群书，"尽取以供佐证，参伍错综，比物连类，以互相检照，所谓考其典制、事迹之实也"。他不主张"以议论求法戒"、"以褒贬为与夺"。赵翼则认为："盖一代修史时，此等记载无不搜入史局，其所弃而不取者，必有难以征信之处，今或反据以驳正史之讹，不免贻讥有识。"（《廿二史札记》小引）所以他的考证工作，主要是就正史纪、传、表、志"参互勘校"。同时，他对于"古今风气之递变，政事之屡更，有关治乱兴衰之故者，亦随所见附著之"。王、赵在考证的方法论上，各有长短，而历史见识上则赵胜于王。钱大昕在方法论上更有一种近于历史主义的认识，他反对"空疏措大，辄以褒贬自任，强作聪明，妄生疵疣；不叶年代，不揆时势；强人以所难行，责人以所难受；陈义甚高，居心过刻"的治学态度，而持"惟有实事求是，护惜古人之苦心，可与海内共白"（《廿二史考异》序）的治学态度。钱大昕作为考史学派的最主要的代表人物，跟他的这种治学态度是密切相关的。崔述的方法是"取经传之文，类而辑之，比而察之，久之而后晓然知传记、注疏之失"。阮元整理、校勘、阐释历史文献的方法则是"汇汉、宋之全"即"持汉学、宋学之平"（《定庵续集·阮尚书年谱第一序》；《拟国史儒林传序》跋语，见《揅经室集》一集卷二），把考证和义理结合起来。而王、赵、钱、崔、阮在方法论上有一个共同的地方，即他们都强调"实事求是"。他们从历史文献学方面提出的理论和方法论，正是古代史学理论和方法论在这个领域里的批判性总结。

从理论上全面总结中国古代史学的史家，还是章学诚。他的成就主要在理论方面，所著《文史通义》、《校雠通义》在史学理论上有重大建树，其中也有论及历史理论的名篇（如《文史通义》中的《原道》三篇）。章学诚在史学理论方面的新贡献主要有以下几点：（一）在继承、发展前人认识的基础上，提出了"六经皆史"的论点，这是继《隋书·经籍志》确立史学从经学中分离出来的经史分途格局之后，进而以史学来说明经书的新认识，这就进一步扩大和丰富了史学的内涵。（二）提出了"史法"和"史意"的区别，而重于"史意"的探索。他说："吾于史学，盖有天授，自信发凡起例，多为后世开山，而人乃拟吾于刘知几。不知刘言史法，吾言史意；刘议馆局纂修，吾议一家著述，截然两途，不相入也。"简要地说，"史法"是探讨历史撰述的形式和内容，"史意"是探讨历史撰述中的思想。刘、章的联系和区别，继承和发展，即在于此。（三）提出了"撰述"与"记注"的区别，以"圆神"、"方智"为史学的两大宗门。他说："记注欲往事之不忘，撰述欲来者之兴起，故记注藏往似智，而撰述知来拟神也。"（《文史通义·书教下》、《与邵二云论修宋史书》）"记注"与"撰述"，亦可从"史法"与"史意"中得到说明。（四）提出了历史编撰上"神奇"与"臭腐"互相转化、发展的辩证法则。他认为："事屡变而复初，文饰穷而反质，天下自然之理也。"他从"《尚书》圆而神"一直讲到袁枢《通鉴纪事本末》的出现，并说："神奇化臭腐而臭腐复化为神奇，本一理耳。"（《文史通义·书教下》）（五）总结了通史撰述的品类及其所具有的六便、二长、三弊，建立了古代通史学理论（《参见《文史通义·释通》)。(六)提出了"史德—心术"论,发展了刘知几的"史家三长"说,把关于史家自身修养的理论提高到一个新的阶段(《文史通义·史德》及《言公》、《质性》)。(七)提出了"临文必敬"、"论古必恕"的文史批评的方法论原则。他说:"不知古人之世,不可妄论古人文辞也;知其世矣,不知古人之身处,亦不可以遽论其文也。"(《文史通义·文德》)这是关于知人论世的精辟见解。(八)总结了关于历史文学的理论,提出了"阅中肆外,言以声其心之所得"、"传人者文如其人,述事者文如其事"(《文史通义·文理》、《古文十弊》)等文字表述的原则。(九)提倡"别识心裁"、"独断之学"的继承、创新精神,强调在认识前人"著述之源,而知作者之旨"(《文史通义·申郑》)的基础上进行新的创造,此谓之"心裁别识,家学具存"(《文史通义·答客问上》)。

章学诚的《校雠通义》是一部系统的历史文献学的理论著作,其中《原道》篇结合社会发展总结了历史文献发展的规律,《宗刘》以下诸篇从理论和历史两个方面总结了古代历史文献学的成就。

龚自珍所处的时代,中国社会正处于历史大变动的前夜。随着这个历史大变动的到来,史学和史学理论的发展都逐渐开始发生新的变化。

卷 上　中国古代史学批评纵横

一个有待辛勤耕耘的园地

——古代史学批评的历史和理论

一、鸟瞰史学批评的历程

中国史学产生于先秦时期，在秦汉以后逐渐发展起来。而史学批评的产生和发展，并不完全与史学的发展相同步，至少在它的早期阶段是这样。

但是，史学批评的意识，在先秦时期已经开始滋生。如《左传》之评论《春秋》，是很有代表性的："故君子曰：《春秋》之称，微而显，志而晦，婉而成章，尽而不汙，惩恶而劝善，非圣人谁能修之！"（成公十四年）"故曰：《春秋》之称，微而显，婉而辨，上之人能使昭明，善人劝焉，淫人惧焉，是以君子贵之。"（昭公三十一年）孟子也有关于《春秋》的评论（见《孟子》中的《滕文公下》、《离娄下》）。不过，这种意识还不是史学批评的自觉意识。这是因为：第一，它不是从史学发展的角度来提出评论的，带有就事论事的性质。第二，这种意识下所产生的评论，一般地说，还不具有调整史学发展的明确目的。

中国古代史学开始有自觉的史学批评，大致当从两汉说起。《史记》和《汉书》虽然都是历史著作，但它们对史学批评也有相当广泛的涉及，而其所论又都在很大程度上同司马迁、班固的历史撰述思想相联系。《史记》评论《春秋》与先秦时人评论《春秋》显示出明显的不同：

> 孔子因史文次《春秋》，纪元年，正时日月，盖其详哉。至于序《尚书》则略无年月；或颇有，然多阙，不可录。故疑则传疑，盖其

慎也。①

 是以孔子明王道，干七十余君，莫能用，故西观周室，论史记旧闻，兴于鲁而次《春秋》，上记隐，下至哀之获麟，约其文辞，去其烦重，以制义法，王道备，人事浃。②

 孔氏著《春秋》，隐、桓之间则章，至定、哀之际则微，为其切当世之文而罔褒，忌讳之辞也。③

 故孔子……因史记作《春秋》，以当王法，其辞微而指博，后世学者多录焉。④

这几段话，分别讲到了《春秋》所记史事的详细（与《尚书》相比较），它的内容和思想，它在史事上的处理、表述上的特点及其对后世的影响。显然，这是从史学的发展上来评论《春秋》了。司马迁对《春秋》的评论，还突出地反映在《太史公自序》中。他详细地记下了跟上大夫壶遂的辩难，阐述了对《春秋》的全面的认识，指出："夫《春秋》，上明三王之道，下辨人事之纪，别嫌疑，明是非，定犹豫，善善恶恶，贤贤贱不肖，存亡国，继绝世，王道之大者也。"他还特别强调了"有国者"、"为人臣者"、"为人君父"者、"为人臣子"者，"不通于《春秋》之义"的害处。他表面上不同意壶遂把他撰述《史记》同《春秋》相提并论，但事实上《春秋》正是他心目中的楷模，是他撰述上追求的目标。此外，司马迁对于先秦其他的史籍，也都提出了自己的看法。尤其是《史记》的一些篇首序和后论，包含着丰富的史学批评方面的见解。

 在司马迁之后，有刘向、刘歆父子和班彪、班固父子继之而起。刘氏父子校理群书，"条其篇目，撮其指意"（《汉书·艺文志》序），"剖判艺文，总百家之绪"（《汉书·楚元王传》后论），于史籍多有评论。班氏父子因《史记》而著《汉书》，故其评论主要针对《史记》而发，文虽不

---

① 司马迁：《史记》卷一三《三代世表》序，中华书局1959年版，第487页。

② 司马迁：《史记》卷一四《十二诸侯年表》序，中华书局1959年版，第509页。

③ 司马迁：《史记》卷一一〇《匈奴列传》后论，中华书局1959年版，第2919页。

④ 司马迁：《史记》卷一二一《儒林列传》序，中华书局1959年版，第3115页。

多，但集中表明了他们同司马迁在撰述思想上的异趣（见《汉书·司马迁传》及《叙传》）。二刘、二班在史学批评上对后世都有很大影响。

可以认为，从司马迁到班固，中国古代史学批评真正具有了明确的史学目的而开始起步了。

魏晋南北朝时期，史学脱离作为经学附庸的地位成为泱泱大国。这时期，出现了评论历史专书的著作。《隋书·经籍志》著录谯周《古史考》二十五卷、刘宝《汉书驳议》二卷、徐众《三国志评》三卷，分别是关于《史记》、《汉书》、《三国志》的评论，可惜都已亡佚。从现存的许多魏晋南北朝时期产生的史注中，也可以见到注者对于所注史书的一些评论，但它们一般重在于注而不在于评。这时期，还出现了一些史学评论的专篇，其中以《文心雕龙·史传》篇最为知名。

诚然，能像司马迁那样对以往的历史著作提出比较全面的评价，又写出了史学评论的专书，这是到了盛唐时期刘知几才完成的。刘知几的《史通》以史家、史书、史学功能、修史机构等为研究对象，从理论上提出了历史编纂的要求，阐发了史学批评的原则，论述了史学的社会作用和史家修养等问题。《史通》问世后，与刘知几同时代的著名学者徐坚曾说："居史职者，宜置此书于座右。"（《旧唐书·刘子玄传》）至此，史学批评作为史学的一个分支的地位乃得以确立。此后，评论史学者，代不绝人，有史学家，有思想家，有文献学家，还有藏书家等等，至清代章学诚又发展到一个新的阶段。他的《文史通义》、《校雠通义》，是中国古代史学批评发展的集大成者。

中国古代史学中有丰富的史学批评遗产，在这个领域里，还有待于人们辛勤地耕耘。

二、德、才、学、识

刘知几对史学批评的贡献，不仅在于他写出了第一部综论性的史学批评专书《史通》，还在于他首先提出了史才、史学、史识这三个大的史学批评范畴，为中国古代史学批评初步奠定了理论基础。刘知几的才、学、识"史家三长"论，本贯串于《史通》全书，但他关于这一理论的概括性的说明，则是在回答别人提出的问题时予以阐述的。《旧唐书·刘子玄传》记载了这次影响波及千年以上的名对：

> 礼部尚书郑惟忠尝问子玄曰："自古已来，文士多而史才少，何也？"对曰："史才须有三长，世无其人，故史才少也。三长，谓才也，学也，识也。夫有学而无才，亦犹有良田百顷，黄金满籯，而使愚者营生，终不能致于货殖者矣。如有才而无学，亦犹思兼匠石，巧若公输，而家无楩柟斧斤，终不果成其宫室者矣。犹须好是正直，善恶必书，使骄主贼臣所以知惧，此则如虎傅翼，善无可加，所向无敌者矣。脱苟非其才，不可叨居史任。自叟古已来，能应斯目者，罕见其人。"时人以为知言。①

这里说的"史学"，指的是史家的知识，不只是各方面的文献知识，也包括了某些社会知识和自然知识；他说的"史识"，是强调了"好是正直，善恶必书"的精神，但顾名思义，当指史家的历史见识，而"直书"正是这种见识的一个重要表现形式；他说的"史才"，指的是史家的能力，主要是对文献驾驭的能力，对史书体裁、体例运用的能力和文字表述的能力。《史通》有《直书》和《曲笔》两篇，处于引人注目的地位；而《品藻》、《鉴识》、《探赜》、《摸拟》、《书事》、《人物》等篇都是关于史家之历史见识的；其他许多篇，是论述史家的能力的。在刘知几以前，人们对于史书的史事、体裁、见识等，都曾分别有过不少评论；而把这三者结合成一个整体看待，并以十分明确的自觉意识来阐述三者之间的不可分割的联系，这在中国古代史学上是第一次。

在刘知几之后，人们涉足于史学批评，大多不能超出才、学、识这个范围。甚至诗歌评论家袁枚也认为："作史三长：才、学、识，缺一不可，余谓诗亦如之，而识最为先。非识，则才与学俱误用矣。"（《随园诗

---

① 刘昫等：《旧唐书》卷一○二《刘子玄传》，中华书局1975年版，第3173页。

话》卷三）这可见其说影响之大。而史家中以章学诚最为重视对于才、学、识的阐释，他在《文史通义》的《文德》、《史德》、《与邵二云论修宋史书》等许多篇中，都论及于此。他一方面肯定刘知几提出的理论，反复地强调说："夫史有三长，才、学、识也。"（《文史通义·文德》）一方面他又指出："记诵以为学也，辞采以为才也，击断以为识也，非良史之才、学、识也。虽刘氏之所谓才学识，犹未足以尽其理也。"于是进而指出："能具史识者，必具史德。德者何？谓著书者之心术也。"（《文史通义·史德》）显然，章学诚对刘知几的才、学、识论多少有些误解。第一，刘知几说的才、学、识，内涵并不仅限于"辞采"、"记诵"、"击断"，而要丰富得多，这从《史通》一书看得很清楚。第二，对于"著书者之心术"，《史通》中的《直书》、《曲笔》等篇事实上已经有所触及。尽管如此，章学诚十分明确地提出"史德"的范畴，仍然具有重要的理论价值。"心术"是什么？章学诚解释说："盖欲为良史者，当慎辨于天人之际，尽其天而不益以人也。尽其天而不益以人，虽未能至，苟允知之，亦足以称著书者之心术矣。"（《文史通义·史德》）他说的"天"，用今天的话来说，就是历史的客观性；所谓"尽其天而不益以人"，就是说要尊重客观历史，不要用史家的主观好恶去影响这种历史客观性的反映。当然，章学诚并不否认史家主体的认识作用，这一点在以后的讨论中我还会讲到。要之，尽管刘知几《史通》中的《直书》、《曲笔》等篇中已包含了"史德"的内容，但像章学诚这样以"心术"论"史德"，无疑又是理论上的一个发展。

近人梁启超的《中国历史研究法补编》中有"史家的四长"一章，是综合刘、章的理论加以发挥的。这个发挥，并未尽刘、章之意，但他把"四长"排了一个新的顺序，即史德、史学、史识、史才，还是有认识上的价值的。

三、总结这一份史学遗产

德、才、学、识，这几个范畴，我们常常用来作为史学家自我修养的要求和准则，这是不错的。但从史学批评的角度来看，它们实际上是确定了、至少是基本确定了古代史学批评的范围和标准。不过，由于这几个范畴所涵盖的方面十分广阔，笼统道来，只能得其大体，对于丰富的古代史学批评遗产，尚待作深入的发掘和细致的整理。这就要求我们循着德、才、学、识这个思路作比较具体的探索。这种探索工作，不是以现代思想去装扮古代史学批评，而是力图使古代史学批评得到现代意义上的科学说明。

如前所述，刘知几、章学诚在古代史学批评史上是建立了丰碑的。他们博学而高识，长于批评，提出了不少很有价值的理论问题。但是他们又都是"常恨时无同好"（《史通·自叙》），"知己落落"（《文史通义·家书二》），所以他们的批评常常带着冷峻、严苛的神情。此外，他们都推重孔子，有意无意地、自觉不自觉地有一种回到孔子那里去的情趣流露出来。刘知几说：自孔子以后，"史籍愈多，苟非命世大才，孰能刊正其失？嗟予小子，敢当此任！其于史传也，尝欲自班、马以降，讫于姚、李、令狐、颜、孔诸书，莫不因其旧义，普加厘革。但以无夫子之名，而行夫子之事，将恐致惊末俗，取咎时人，徒有其劳，而莫之见赏。所以每握管叹息，迟回者久之。非欲之而不能，实能之而不敢也"（《史通·自叙》）。他批评"史公著书，是非多谬"，其他自更少可采者。这反映了他对唐初以前史学的评价。章学诚进而认为："世士以博稽言史，则史考也；以文笔言史，则史选也；以故实言史，则史纂也；以议论言史，则史评也；以体裁言史，则史例也。唐宋至今，积学之士，不过史纂、史考、史例；能文之士，不过史选、史评。古人所谓史学，则未之闻矣。"（《文史通义补遗·上朱大司马论文》）而他说的"古人所谓史学"，即指《春秋》的"比事属辞"。这些见解，同他们在理论上的建树和批判精神，显得很不协调。

认识刘知几、章学诚的这两点共性，无疑是有意义的。我们无须苛求古人，但我们有可能突破前人的局限，也有可能避开前人陷入的误区。只有这样，才能够通过辛勤的耕耘、劳作，用古代史学批评的果实，来滋养当代史学批评的成长。

直书与曲笔
——史家作史态度与"心术"

一、"书法无隐"的传统

在中国古代史学上，"书法无隐"是一个古老的优良传统，也是史学批评的根本原则之一。

先从两件史事说起——

《左传·宣公二年》（前六〇七年）记晋国事说：

> 赵穿攻灵公于桃园，宣子（即赵盾——引者）未出山而复。大史书曰"赵盾弑其君"，以示于朝。宣子曰："不然。"对曰："子为正卿，亡不越竟，反不讨贼，非子而谁？"宣子曰："乌呼！《诗》曰：'我之怀矣，自诒伊感。'其我之谓矣！"孔子曰："董狐，古之良史也，书法不隐。赵宣子，古之良大夫也，为法受恶。惜也，越竟乃免。"①

这是发生在春秋中期的事情。孔子是春秋末年人，所以他称董狐是"古之良史"，称赵盾为"古之良大夫"。这里，孔子提出了一个评价"良史"的标准："书法无隐"。书法，是史官记事的法度；无隐，是不加隐讳。"书法无隐"不仅是史官应当遵循的，就是执政的大夫也受到它的约束，以致为此而蒙受恶名。可见，这个法度是久有传统的了。

当然，从孔子称赞董狐这件事情的另一面来看，说明史学上也存在着

---

①《左传·宣公二年》，《十三经注疏》本，中华书局1980年版，第1867页。

破坏这个法度的观象。《左传》襄公二十五年（前五四八年）记齐国崔杼派人杀死国君庄公后太史书事的遭遇：

> 大史书曰："崔杼弑其君。"崔子（指崔杼——引者）杀之。其弟嗣书，而死者二人。其弟又书，乃舍之。南史氏闻大史尽死，执简以往。闻既书矣，乃还。[①]

这件事情说明，史官真正要做到"书法无隐"，是很不容易的，随时都准备以身相殉。尽管如此，优秀的史官仍然遵循着这个法度，董狐、齐太史、南史氏就是这样的"良史"。

这都是我国古代史学兴起时期的事情，但这种优良的传统一直影响着古代史学的发展，是史家提倡的一种精神境界，也是人们评价史家的一个标准。南朝刘勰评论史学时有这样两句话："辞宗邱明，直归南、董。"（《文心雕龙·史传》）意谓史家文辞应以左丘明为宗匠，直笔而书当以南史氏、董狐为依归。北周史家柳虬在一篇上疏中写道："南史抗节，表崔杼之罪；董狐书法，明赵盾之愆。是知直笔于朝，其来久矣。"（《周书》卷三八《柳虬传》）他们说的"直"、"直笔"，都是直接从"书法无隐"概括而来。换言之，"书法无隐"就是直笔的主要含义；秉笔直书，就是董狐精神。唐朝史家吴兢撰写实录，秉笔直书，不取人情，即使面对权贵也无所阿容，时人称赞他说："昔者董狐之良史，即今是焉。"（《唐会要》卷六四《史馆杂录下》）

从"书法无隐"到"直笔"，不只是提法的变化，而且包含着人们在史学批评之认识上的发展。"书法无隐"，这是从被动的方面提出来的；"直笔"而书，这是从主动的方面提出来的，这里就反映出来史家在主体意识方面的增强。"书法无隐"，在孔子的时候是对于个别史家的称赞而提出来的；在南北朝的时候人们谈论"直笔"，是把它作为一种史学传统或史家作风来看待的，这反映出从个别到一般的认识过程。这种认识上的发

[①]《左传·襄公二十五年》，《十三经注疏》本，中华书局1980年版，第1984页。

展，是同史学的发展，尤其是同史学领域内两种作史态度的对立、斗争的发展相关联的。

二、"直书"与"曲笔"的对立

任何事物都是在矛盾运动中发展的。"书法无隐"之所以受到称赞，董狐之所以被誉为"良史"，恰恰证明史学上有与此相反的事物的存在。刘知几撰《史通》，有《直书》、《曲笔》两篇，概述了唐初以前史学发展中这两种作史态度的存在和对立。

刘知几讲"直书"，还用了"正直"、"良直"、"直词"、"直道"这些概念。"正直"是从史家人品方面着眼，"良直"是从后人的评价着眼，"直词"主要是就史文说的，这些都是"直书"的表现。"正直"的表现是"仗气直书，不避强御"、"肆情奋笔，无所阿容"；而"齐史之书崔弑，马迁之述汉非，韦昭仗正于吴朝，崔浩犯讳于魏国"，都称得上"成其良直，擅名今古"；至于"叙述当时"，"务在审实"，是谓"直词"。同样是"直书"，在表现程度上、客观效果上以及在史学上的影响方面，并不完全相向。这说明，对于"直书"的评论还应作具体的考察，不可一概而论。刘向、扬雄称司马迁"有良史之材，服其善序事理，辨而不华，质而不俚，其文直，其事核，不虚美，不隐恶，故谓之实录"[①]。这是包含了"直书"的各个方面，是"直书"的楷模。

刘知几论"曲笔"，还用了"舞词"、"臆说"、"不直"、"谀言"、"谤议"、"妄说"、"诬书"、"曲词"这些概念。"不直"无疑是"直"的反意；"舞词"、"臆说"、"妄说"是指史家极不负责的行为；"谀言"是阿谀奉承之言，"谤议"、"诬书"是诽谤、诬蔑之词，"曲词"是歪曲、曲解之说，都是有明确目的的"曲笔"行为。"曲笔"的目的也有种种表现：或假人之美，借为私惠；或诬人之恶，持报己仇；或阿时，或媚主；或掩饰自家丑行，夸张故旧美德。概而言之，不外是为了谋财、谋位、谋名。可

---

① 班固：《汉书》卷六二《司马迁传》，中华书局1962年版，第2738页。

见，"曲笔"作史者，在表现形式上和所要达到的目的上，也还是有所不同的。因此，对于史学上的"曲笔"现象，应当作具体的考察和批评。

关于"直书"与"曲笔"对立的根源，刘知几从理论上提出了两点认识。首先，他从人的"禀性"出发，认为这是"君子之德"与"小人之道"的对立。他写道：

> 夫人禀五常，士兼百行，邪正有别，曲直不同。若邪曲者，人之所贱，而小人之道也；正直者，人之所贵，而君子之德也。①

这里说的"君子"、"小人"、"贵"、"贱"，不是指等级的界限而是德行的高下，这是可取的。但刘知几把"邪正"、"曲直"看作是人的一种先天的禀赋，是不妥当的。——尽管他在作具体分析时，一般都是从社会实际生活中提出问题，显示出唯物思想的倾向；而从理论上概括为禀赋，又表明他并没有跳出唯心思想的窠臼。其次，他从史学的社会作用和历史影响出发，分析了在历史活动中表现不同的人对史学所取的不同态度，是"直书"与"曲笔"对立现象之产生的重要社会根源。他指出：

> 盖史之为用也，记功司过，彰善瘅恶，得失一朝，荣辱千载。苟违斯法，岂曰能官？但古来唯闻以直笔见诛，不闻以曲词获罪。……故令史臣得爱憎由己，高下在心，进不惮于公宪，退无愧于私室，欲求实录，不亦难乎？②

史学所特有的"记功司过，彰善瘅恶"的作用，以及它所具有的"得失一朝，荣辱千载"的历史影响，不能不使人们产生一种"言之若是，吁可畏乎"的心理。刘知几的这一概括，是从史学的历史和现实出发的，因而揭示了"直书"与"曲笔"之对立的深刻的社会根源。在《史通》的《直

---

① 刘知几：《史通·直书》，浦起龙通释本，上海古籍出版社2009年版，第179页。
② 刘知几：《史通·曲笔》，浦起龙通释本，上海古籍出版社2009年版，第179页。

书》篇和《曲笔》篇所列举的事实中，约略反映出这种对立、斗争的历史和激烈的程度，而北魏崔浩国史案和北齐魏收《魏书》案则是这方面的很突出的事件。刘知几任史官于此多所感受，他根据当时实情，上书监修国史萧至忠等，极言史馆修史之弊有"五不可"，其中三、四两条讲到史官"言未绝口而朝野具知，笔未栖毫而搢绅咸诵……人之情也，能无畏乎"；"史官注记，多取禀监修，杨令公则云'必须直词'，宗尚书则云'宜多隐恶'。十羊九牧，其令难行；一国三公，适从何在"（《史通·忤时》）。这反映出武则天统治时期修史工作中直书与曲笔的对立的严重。不论是从历史还是从现实来看，刘知几都深刻地认识到，"权门"、"贵族"对史学的干扰，是造成"实录难求"、曲笔猖獗的重要原因。在刘知几以后，有韩愈论"夫为史者，不有人祸则有天刑，岂可不畏惧而轻为之哉"（《答刘秀才论史书》），有柳宗元论"凡居其位，思直其道。道苟直，虽死不可回也"（《与韩愈论史官书》），这是从两个不同的方面、以两种不完全相同的态度反映出直书与曲笔之尖锐的对立。唐代《顺宗实录》、《宪宗实录》的屡屡改修，证明韩愈所说不诬，也证明柳宗元主张"直道"的可贵。

毋庸讳言，在中国古代史学上，"曲笔"作史确实投下了重重阴影，在相当程度上影响了历史撰述的真实性和可靠性。然而，"曲笔"终究掩盖不住"直书"的光辉，正直的史家一向以此为自己的天职和本分。故史家直书，不绝于世，形成了中国古代史学的一个优良传统。所谓"宁为兰摧玉折，不作瓦砾长存"（《史通·直书》），这恰是中国古代史学的魅力所在。

三、对"心术"的探究

史德、史才、史学、史识是中国古代史学理论的几个主要范畴，也是中国古代史学批评的几个主要标准。刘知几在论才、学、识的相互关系时，虽然没有直接说到"史识"的具体内容，而是强调了这样一个思想："犹须好是正直，善恶必书，使骄主贼臣所以知惧，此则如虎傅翼，善无可加，所向无敌者矣。"他是把"好是正直，善恶必书"看作是史家见识的一种重要形式。就其本意来说，他讲的史识是包含了史家在"史德"方面的要求的，只是他没有明确地提出"史德"这一史学批评的理论范畴罢了。

章学诚著《文史通义·史德》篇，提出了"史德"这个理论范畴，这是中国古代史学理论发展上的一个重要进展。章学诚论"史德"，着眼于对作史者之"心术"的探究，这就把史学上关于"直书"与"曲笔"之对立的认识推进到更深的层次。章学诚认为：

> 能具史识者，必知史德。德者何？谓著书者之心术也。夫秽史者所以自秽，谤书者所以自谤，素行为人所羞，文辞何足取重。……而文史之儒，竟言才、学、识而不知辨心术以议史德，乌乎可哉？①

这里，章学诚提出了一个史学批评的新模式，即：史识——史德——心术。这是章学诚在史学批评史上的新贡献。在他看来，不辨心术则无以论史德，不明史德则无以论史识：这是"文士之识"与史家之"识"的重要区别。换言之，只有辨心术，明史德，方可言史识。这是章学诚在史学批评理论上超出刘知几的地方。

那么，"心术"是什么呢？《管子·七法》称："实也，诚也，厚也，施也，度也，恕也，谓之心术。"尹知章注谓："凡此六者，皆自心术生也。"章学诚论心术，当是继承这样的古义。他指出："良史莫不工文，而不知文又患于为事所役也。"这是因为事有"得失是非"、"盛衰消息"，史家往往由此而"气积"、"情深"以为史文，却又常常忽略其中有"天"（按：即指"事"，亦即客观历史）、有"人"（按：即指史家，亦即主观认识），不能正确处理二者之间的关系。他进而强调说："文非气不立，而气贵于平"，"文非情不得，而情贵于正"。只有"气平"、"情正"，才能"尽其天而不益以人"，即不因史家主观的好恶而影响到充分反映客观的历

---

① 章学诚：《文史通义·史德》，中华书局1956年版，第144—145页。

史。这就是为什么"欲为良史者，当慎辨于天人之际"的道理。当然，要达到这样的境界是很不容易的，但严肃的史家应当以此为追求的目标。诚如章学诚所说："尽其天而不益以人，虽未能至，苟允知之，亦足以称著书者之心术矣。"这样的认识，是实事求是的态度，可能避免在史学批评中苛求前人或他人的倾向。

章学诚还认为：心术之慎，在于史家的自我修养，即所谓"盖言心术者贵于养也"。而这种自我修养，自然是以"气平"、"情正"为目标；换言之，这是一个不断克服"气胜"、"情偏"的过程。所以他强调说，要得心术之正，则"贵平日有所养也"。章学诚所讲的"养"，不是说的史家完全脱离客观实际的一种内省的功夫，而是归结到"必通六义比兴之旨而后可以讲春王正月之书"这一点上来。"六义"，是指《诗经》有六义即风、赋、比、兴、雅、颂。章学诚举例说："史迁未敢谤主，读者之心自不平耳。"又说：《离骚》与《史记》，"皆深于《诗》者"。①

可见，章学诚对于"心术"的探究之积极成果，是提出了正确处理史学的主体与客体的相互关系的问题；他在讲到"心术"贵于"平日有所养"时，没有从史学发展上作出新的理论概括，而把史家的自我修养归结到"通六义比兴之旨"、"深于《诗》"而"不背于名教"，表现出他在"心术"探究方面的局限性。

章学诚的这种局限性，在中国古代史学批评史上不是偶然的，"名教"观念在中国古代史学发展中有深厚的根源和长久的影响，以致成为史学批评难以逾越的藩篱。刘知几论"直书"与"曲笔"，显示出深刻的批判精神。他甚至批评孔子作《春秋》，也多有"未谕"和"虚美"之处：有"为贤者讳"者，有"事无大小，苟涉嫌疑，动称耻讳，厚诬来世"者，有"一褒一贬，时有弛张；或沿或革，曾无定体"者，有"真伪莫辨，是否相乱"者。这种敢于批评《春秋》的史家，在古代史学上是不多见的。但他同时又说："臣子所书，君父是党，虽事乖正直，而理合名教"（以上见《史通·惑经》）。"史氏有事涉君亲，必言多隐讳，虽直道

---

①以上均见章学诚：《文史通义·史德》，中华书局1956年版，第146、147页。

不足，而名教存焉。"(《史通·曲笔》）这就是说，在"直书"（"正直"、"直道"）与"名教"之间，"名教"是第一位的，故可不惜牺牲"正直"、"直道"而保存名教。从刘知几论"直书"，到章学诚辨"心术"，都不曾脱离为君亲隐讳的名教观念，这是中国古代史学批评的局限，也是中国古代史学批评之理论发展的障碍。这也是无可讳言的。

采撰的得失

——如何对待历史事实

一、采撰的得与失

中国史学历来推重信史。史学批评家往往从史家或史书对于历史文献处理的得当与否、对于历史事实和非历史事实的认识与抉择，来考察历史撰述是否符合于信史的要求。

刘勰认为，史家"述远"难免"诬矫"，"记近"易生"回邪"，是特别值得注意的史学现象。他在《文心雕龙·史传》篇中阐述了这个见解：

> 若夫追述远代，代远多伪，公羊高云"传闻异辞"，荀况称"录远略近"，盖文疑则阙，贵信史也。然俗皆爱奇，莫顾实理，传闻而欲伟其事，录远而欲详其迹。于是弃同即异，穿凿傍说，旧史所无，我书则传。此讹滥之本源，而述远之巨蠹也。①

这一段话表明：前人提出的小心地对待"传闻"而慎于"录远"，都是遵循"文疑则阙"的原则而看重信史。反之，出于好奇而产生轻率的做法，即"传闻而欲伟其事，录远而欲详其迹"，必然导致历史记载的"讹滥"而脱离"信史"的要求。刘勰还指出，至于"记近"，则常为"世情利害"所影响，以致"勋荣之家，虽庸夫而尽饰；迍败之士，虽令德而常嗤"。这又使同时代的人受到冤枉，实在令人叹息。

"录远"而生出"爱奇"之心，"记近"而囿于"世情利害"，这都不

---

① 刘勰：《文心雕龙·史传》，周振甫注释本，人民文学出版社1981年版，第171—172页。

是以事实为根据，是史家之大忌。因此，刘勰尖锐地同时也不无忧虑地说道：即使像司马迁、班固那样博通古今的严肃史家，还不断受到后人的批评；"若任情失正，文其殆哉！"魏晋南北朝时期，史学有了很大的发展，但发展中也产生了新的弊端。刘勰所尖锐批评的"录远"以至"诬矫"、"记近"而生"回邪"的史学现象，正是这种弊端的反映。

刘勰的批评，推动了史学自身的反省。刘知几在《史通·采撰》中，把这个批评更加理论化了，同时也更加具体化了。刘知几首先引证孔子说的"吾犹及史之阙文"（《论语·卫灵公》）的话，说明"史文有阙，其来尚矣"，只有"博雅君子"，才能"补其遗逸"，指出"采撰"是史家应当慎重对待的问题。同时他又指出：自古以来，"征求异说，采摭群言，然后能成一家，传诸不朽"，是优秀史家的必经之途。如左丘明的"博"而"洽闻"，司马迁、班固的"雅"能"取信"，正是他们采撰的成功之处。这里，包含着刘知几对于采撰的辩证认识。

自魏晋南北朝以下，文献渐多，史籍繁富，好处是"寸有所长，实广闻见"；流弊是"苟出异端，虚益新事"。刘知几举出嵇康《高士传》"好聚七国寓言"、皇甫谧《帝王纪》"多采《六经》图谶"，又列举实例批评范晔《后汉书》"朱紫不分"、沈约《宋书》"好诬先代"、魏收《魏书》"党附北朝，尤苦南国"、唐修《晋书》以"恢谐小辩"或"神鬼怪物"入史。这些，都是就具体的史书分别提出批评的。若从比较普遍的情况来看，刘知几认为造成采撰失误大致有三个方面的原因。第一，是"郡国之记，谱牒之书，务欲矜其州里，夸其氏族"。这是狭隘的地方观念和门阀观念的反映，史家未能"明其真伪"而"定为实录"。第二，是轻信"讹言"和"传闻"，或事同说异，"是非无定"。第三，是时间因素的影响："古今路阻，视听壤隔，而谈者或以前为后，或以有为无，泾渭一乱，莫之能辨。而后来穿凿，喜出异同，不凭国史，别讯流俗。"这是从地域的因素、门第的因素、传闻异说的因素和时间的因素，说明史家应当慎于采撰。刘知几的结论是："作者恶道听途说之违理，街谈巷议之损实。""异辞疑事，学者宜善思之。"这比刘勰提出的"述远则诬矫"、"记近则回邪"的批评思想更丰富了，在批评的原则上也更明确了。而《史通·曲笔》所论，可以说是对"记近则回邪"之批评原则的直接的发展，这里不再赘述。

刘勰的史学批评论归结为一种忧虑："若任情失正，文其殆哉！"《史通·采撰》的史学批评论归结为一种忠告：摒弃"违理"、"损实"之说而"善思"于"异辞疑事"。这是从不同的方面提出了一个共同的问题：史家采撰，必须重事实而贵信史。

中国古代史家是怎样认识历史事实的呢？

二、"有是事而如是书，斯为事实"

什么是历史事实？古代史家提出过自己的看法。

《韩非子·制分》："法重者得人情，禁轻者失事实。"《史记·老子韩非列传》："畏累虚、亢桑子之属，皆空语，无事实。"这里说的"事实"，都是指事情的真实情况，还不是专指历史事实。

《孟子·梁惠王上》："齐宣王问曰：'齐桓、晋文之事可得闻乎？'"《孟子·离娄下》："孟子曰：'……晋之《乘》、楚之《梼杌》、鲁之《春秋》，一也。其事则齐桓、晋文，其文则史。'"这里说的"事"，按其本意当指历史事实而言，但并未把"事"与"实"连用。《汉书·艺文志》"春秋类"后序云："《春秋》所贬损大人当世君臣，有威权势力，共事实皆形于传，是以隐其书而不宣，所以免时难也。"这里讲的"事实"，是十分明确地指的历史事实了，它比"齐桓、晋文之事"所包含的历史事实的范围要宽一些，即春秋时期的"大人当世君臣，有威权势力"者之事。但是，这都是就一定范围的具体的历史事实来说的，还不能看作是对历史事实所作的理论概括。

在中国史学批评史上，宋人吴缜是较早从理论上对历史事实作出明确的概括的史学批评家。他认为：

> 夫为史之要有三：一曰事实，二曰褒贬，三曰文采。有是事而如是书，斯谓事实。因事实而寓惩劝，斯谓褒贬。事实、褒贬既得矣，

必资文采以行之，夫然后成史。至于事得其实矣，而褒贬、文采则阙焉，虽未能成书，犹不失为史之意。若乃事实未明，而徒以褒贬、文采为事，则是既不成书，而又失为史之意矣。①

这一段话，阐述了"事实"、"褒贬"、"文采"这三个方面之于史书的相互关系，而尤其强调了事实的重要。

首先，吴缜给"事实"作出了明确的定义："有是事而如是书，斯谓事实"。意思是说，客观发生的事情，被人们"如是"地即按其本身的面貌记载下来，这就是"事实"，或者说这就是历史事实。他说的事实或历史事实，不是单指客观发生的事情，也不是单指人们主观的记载，而是指的客观过程和主观记载的统一。这是很有特色的见解。

其次，吴缜认为，事实、褒贬、文采这三个方面对于史家撰写史书来说，不仅有逻辑上的联系，而且也有主次的顺序。这就是："因事实而寓惩劝，斯谓褒贬。"有了事实和褒贬，即有了事实和史家对于事实的评价，"必资文采以行之，夫然后成史"。吴缜说的事实、褒贬、文采，可能得益于刘知几说的史学、史识、史才"史家三长"论。它们的区别是：在理论范畴上，后者要比前者内涵丰富和恢廓；在概念的界定上，前者要比后者来得明确。

再次，吴缜认为，"为史之意"的根本在于"事得其实"，褒贬和文采都必须以此为基础。反之，如"事实未明"，则"失为史之意"，褒贬、文采也就毫无意义了。他认为《新唐书》的弊病正在于此。

吴缜对《新唐书》的"纠谬"究竟如何，另当别论，而他关于事实、褒贬、文采之对于史书关系的认识，乃是中国古代史学批评史上的新发展。这个认识，极其明确地把史学批评的理论建立在尊重历史事实的基础上，是格外值得重视的。

---

① 吴缜：《新唐书纠谬·序》，丛书集成初编本，中华书局1985年版，第1页。

三、"指事说实"和"事得其实"

在史学批评的实践上，中国古代史家很早就注重从对历史事实的要求上去评论史家、史书的优劣、得失。

班彪、班固父子从自己的历史见解出发，对《史记》都有尖锐的批评，但他们对司马迁对待历史事实的严谨的精神，不得不给予肯定。班彪论司马迁说："然善述序事理，辩而不华，质而不野，文质相称，盖良史之才也。"（《后汉书·班彪传》）班固则称："然自刘向、扬雄，博极群书，皆称迁有良史之材。服其善序事理，辨而不华，质而不俚。其文直，其事核，不虚美，不隐恶，故谓之实录。"（《汉书·司马迁传》赞）这个评论不仅对《史记》是重要的，而且对后世有很大的影响："文直而事核"的"实录"境界，成为中国古代史学批评的一个崇高的标准。这就是刘勰概括的"实录无隐"之旨（《文心雕龙·史传》）。

诚然，"实录"是以"事实"为前提的。严肃的史学家和史学评论家，始终不渝地坚持这个前提，他们从不同的方面作出了努力和贡献。刘勰《文心雕龙·史传》篇，刘知几《史通》中的《采撰》、《直书》、《曲笔》等篇，都是围绕这个问题而展开批评的。可以认为，中国古代的许多史家，不论撰史、评史、注史、考史，都是把尊重历史事实置于首位看待的。杜佑"所纂《通典》，实采群言，征诸人事，将施有政"（《通典》自序）。李翰评论《通典》，说它"事非经国礼法程制，亦所不录，弃无益也"，又说它"语备而理尽，例明而事中"（《通典》序）。足见"事"在《通典》中所占位置的重要，而这样的"事"又是经过作者谨慎地加以选择过的。《通典》成为千古名著，绝非偶然。

中晚唐时期，史家之重视事实的自觉性日渐强烈。李肇撰《唐国史补》，他在序中表明："言报应，叙鬼神，征梦卜，近帷箔，悉去之；纪事实，探物理，辨疑惑，示劝戒，采风俗，助谈笑，则书之。"他把"纪事实"放在撰述的第一位。曾经担任过皇家史馆修撰的思想家李翱写过一篇《百官行状奏》，指出人们写作行状应当"指事说实"，以存信史。他尖锐地批评说："今之作行状者，非其门生，即其故吏，莫不虚加仁义礼智，妄言忠肃惠和"，以致"善恶混然不明"，以此入史，则"荒秽简册，不可取信"。他强调说，史氏记录，须得本末；主张行状之作"但指事说实，直载其词，则善恶功迹，皆据事足以自见矣"（《全唐文》卷六三四）。行状，是记述死者世系、郡望、生卒年月和生平概略的文章，盛行于魏晋南北朝隋唐以下。"国史"中的列传，往往多据行状而作；行状失实，则"国史"难以取信。李翱提出的批评和"指事说实"的命题，在历史撰述的实践上和史学批评的理论上，都是有价值的。政治家、史学家李德裕还就修史体例奏准皇帝，提出"实录"（按：指"国史"的主要依据）中多载"禁中之语"和大臣"密疏"，实为不妥。认为："君上与宰臣及公卿言，皆须众所闻见，方合书于史策。禁中之语，向外何由得知？或得于传闻，多出邪佞，便载史笔，实累鸿猷。"至于大臣"密疏"，"言不彰其明听，事不显于当时，得自其家，实难取信"。建议：今后实录撰写，"所载群臣章奏，其可否得失，须朝廷共知者，方可纪述，密疏并请不载。如此则书必可法，人皆守公，爱憎之志不行，褒贬之言必信"。[1]这里讲的言论"须众所闻见"，章奏"须朝廷共知"，是强调了史家撰史所据此类史料的公开性，即可考察性，以避免历史撰述中"事多纰缪"的弊病。李翱和李德裕所提出的批评与建议，在行状和实录备受重视的时代，是有重要意义的。

吴缜《新唐书纠谬》一书，"摘举"《新唐书》"谬误"四百余条，"取其相类者，略加整比"，分为"以无为有"、"似实而虚"、"书事失实"、"事有可疑"等二十门。旨在证明《新唐书》"不考事实，不相通知之所致"，论证"为史之意"首先在于"事得其实"。诚然，《新唐书纠谬》所"纠"之"谬"，颇有不当，清人钱大昕已有辨析（见丛书集成本钱大昕《新唐书纠谬·跋》及书中有关按语）。但吴缜认为"事得其实"是作史的基本要求的史学批评思想，无疑是对的。

史注家裴松之的《三国志注》，一方面肯定《三国志》"铨叙可观，事多审正"，一方面又着眼于事实而为其作注：补其阙，备异闻，惩其妄，

---

① 王溥：《唐会要》卷六四《史馆下·史馆杂录下》，上海古籍出版社2006年版，第1311页。

辩其失（《上三国志注表》）。这种以事实作为注史要旨的传统，后来由司马光撰写的《资治通鉴考异》发展到极致。"考异"，可以认为是以考订历史事实为主旨的一种自注。至于中国古代的考史家，在考订和辨析历史事实方面而取得辉煌成绩者，当以钱大昕、赵翼、王鸣盛最享有盛名。他们各自撰写的《廿二史考异》、《廿二史札记》、《十七史商榷》这三部书，是清代乾嘉时期考史学派的代表作。王鸣盛卒于一七九七年，钱大昕卒于一八〇四年，赵翼卒于一八一四年，早卒于德国"兰克学派"创始人兰克（一七九五——一八八六年）约七十一九十年。钱大昕所谓"史非一家之书，实千载之书。祛其疑，乃能坚其信；指其瑕，益以见其美"，"惟有实事求是，护惜古人之苦心，可与海内共白"（《廿二史考异·序》）的史学批评思想，则多少反映出古代史学批评中的历史主义意识。

史法和史意
——从形式与内容的审视到思想的剖析

一、"史法"和"史意"

刘知几和章学诚在古代史学批评史上所占据的重要地位，是没有别人可以与之相比的。他们的史学批判精神及其著述——《史通》和《文史通义》，都是具有总结性和开创性的成果；他们各自的学术经历，也有不少相似之处；而章学诚在《文史通义》中又在许多地方论及刘知几和他的史家"三长"的思想。由于这些原因，在章学诚还在世的时候，就有人把他比作刘知几。针对人们的这种比拟，章学诚极其认真地作了这样的"表白"：

> 吾于史学，盖有天授，自信发凡起例，多为后世开山，而人乃拟吾于刘知几。不知刘言史法，吾言史意；刘议馆局纂修，吾议一家著述，截然两途，不相入也。①

寥寥数语，道出了他同刘知几在史学批评上的异趣。值得注意的是，在这里，章学诚十分明确地提出了"史法"和"史意"两个史学范畴的区别。而这两个史学范畴，并非只用于说明他跟刘知几的异趣，而是反映了唐宋迄清史学批评之发展上的主要特点。章学诚对此曾作这样的概括："郑樵有史识而未有史学，曾巩具史学而不具史法，刘知几得史法而不得史意，此予《文史通义》所为作也。"②章学诚对于这一发展是看得很重的。

---

① 章学诚：《文史通义·家书二》，中华书局1956年版，第333页。
② 章学诚：《章氏遗书》外编卷一六《和州志一·志隅自序》，文物出版社1982年《章学诚遗书》本，第552页。

　　"史法"和"史意"这两个范畴的含义，在中国史学上都有一个不断丰富的过程。

　　"史法"，按其初意，当指史家的"书法"而言。孔子是较早提出"书法"这个概念的人。他针对晋国史官董狐所书"赵盾弑其君"一事说："董狐，古之良史也，书法不隐。"（《左传》宣公二年）这里讲的"书法"，是指古代史官据实直书的记事原则。从当时的制度、礼仪、是非观念来看，董狐所书"弑其君"，显然也包含了对于所记事件的评论和有关人物的褒贬。这是当时史官记事的一种成例，在春秋时期各国都有不同程度的反映。孔子修《春秋》，"发凡言例"，"属辞比事"，一方面反映了他对历史的见解，一方面也是对这种书法传统的总结。西晋杜预作《春秋左氏经传集解》，归纳《春秋》有五例，《左传》有三体。"五例"是"微而显"、"志而晦"、"婉而成章"、"尽而不汙"、"惩恶而劝善"，这本是《左传》称赞《春秋》的几句话（见《左传》成公十四年）。"三体"是从"五例"推演而来，即"旧例"、"变例"、"非例"。杜预认为：史家"发凡以言例，皆经国之常制，周公之垂法，史书之旧章，仲尼从而修之，以成一经之通体"（《春秋左氏传序》）。这些看法，不免穿凿。朱熹指出："《春秋》之有例固矣，奈何非夫子之为也。"又说："《春秋传》例多不可信。圣人记事，安有许多义例！"（《朱子语类》卷八三）但从史学上看，杜预所论，是从"体"、"例"方面来阐述《春秋》、《左传》书法之较早的文字。

　　刘知几著《史通》，极大地丰富了史家关于史书体裁、体例的思想，也扩大了"史法"的内涵。他认为："史之有例，犹国之有法。国无法，则上下靡定；史无例，则是非莫准。"（《史通·序例》）刘知几说的"史例"，是指史书在外部形式上的规范和内部结构上的秩序，这种规范和秩序也反映着史家对史事之是非、人物之褒贬的看法。他对史家记事的原则和要求，也有专篇论述，并揭示了史家"书事"中"直书"与"曲笔"的对立（参见《史通》中的《直书》、《曲笔》）。刘知几还论到史家撰述中所取史事的真伪、详略以及语言、文字表达上的要求（参见《史通》中的《采撰》、《烦省》、《杂述》、《叙事》、《书事》、《言语》等篇）。他认为，这是关系到"史道"、"史笔"的重要问题。《史通》一书涉及史学的很多方面，但它主要是从史书的形式、书事的原则、内容的求真、史事的处理和文字表述的要求等几个方面，展开对以往史学的批评的。他讲的"史例"、"书事"、"史道"、"史笔"，丰富了、发展了前人关于史家"书法"的思想。他说的"史之有例，犹国之有法"，其实就是说的"史法"。值得格外注意的是，刘知几之论史例、书事、史道、史笔，已经完全摆脱了经学家对《春秋》、《左传》"书法"的解释，也超越了文学评论家刘勰把史书作为一种文体来看待，而是从史学的独立品格来讨论这些问题的。这是刘知几在史学批评上的重要贡献。在他之后，讨论"史法"的人逐渐多了起来，如韩愈、郑樵、叶适等。

"史意"这个范畴的含义，可以追溯到孟子论春秋时期各国国史时所说的"事"、"文"、"义"中的"义"。这个"义"，按孟子所说，当是产生于西周时期的《诗》中所蕴含的褒贬之义，孔子自谓其所修《春秋》就继承了此"义"（参见《孟子·离娄下》）。这也是《左传》评论《春秋》时指出的"惩恶而劝善"之义。秦汉以下，不少史家都重视对于"义"的讨论和贯彻。

司马迁著《史记》而与上大夫壶遂发生论难，乃反复申述孔子《春秋》之义，认为："《春秋》以道义"，"文成数万，其指数千。万物之散聚皆在《春秋》。""故《春秋》者，礼义之大宗也。"他还引用父亲司马谈的话说："'有能绍明世，正《易传》，继《春秋》，本《诗》、《书》、《礼》、《乐》之际'，意在斯乎，意在斯乎！"（《史记·太史公自序》）对此，司马迁明确表示："小子何敢让焉。""义"与"意"本相近，但从《春秋》的"义"到司马氏父子的"意"，已有很大的发展。司马迁的为史之意，他在《报任安书》中作了这样的概括："网罗天下放失旧闻，略考其行事，综其终始，稽其成败兴坏之纪，上计轩辕，下至于兹……亦欲以究天人之际，通古今之变，成一家之言。"这同《春秋》的"辩是非"、明"道义"、"惩恶而劝善"之义，实不可同日而语。

荀悦《汉纪》序称："夫立典有五志焉：一曰达道义，二曰彰法式，三曰通古今，四曰著功勋，五曰表贤能。于是天人之际，事物之宜，粲然备矣。"显然，他认为"五志"的综合，方是史家为史之意，这无疑是受了司马迁的影响而提出来的。范晔评论司马迁父子、班固父子的言论和著述，说是"大义粲然著矣"，并自称所撰《后汉书》中"诸细意甚多"（《狱中与诸甥侄书》），反映了他对"史义"（"史意"）的重视。

刘知几以论史例、史道、史笔见称，但他也强调为史之"义"与为史之"志"。他因"见用于时，而美志不遂"，"故退而私撰《史通》，以见其志"。他撰《史通》之志是："盖伤当时载笔之士，其义不纯，思欲辨其指归，殚其体统，夫其书虽以史为主，而余波所及，上穷王道，下掞人伦，总括万殊，包吞千有。"（《史通·自叙》）刘知几对于史义、史志的追求，进而发展到对"史识"的提出，除了论述才、学、识的相互关系，他还指出："物有恒准，而鉴无定识"（《史通·鉴识》）。他推崇孔子、司马迁、班固、陈寿这些"深识之士"，都能"成其一家"（《史通·辨职》）。这里，他已经触及历史认识中的主、客体的关系了。刘知几把"史义"发展到"史识"，这是他在理论上的又一贡献，可惜的是，他没有像探讨史例、史笔那样，充分地对史识展开阐述，以至章学诚才可以自信地说："刘言史法，吾言史意。"

二、叶适的"史法"论及其史学批评

南宋思想家、史学批评家叶适在他的读书札记《习学记言序目》中，有许多关于"史法"的议论，并对《春秋》、《左传》、《史记》以下，至两《唐书》、《五代史》，均有所评论。叶适反复论说，董狐书赵盾弑君事、齐太史书崔杼弑君事，是孔子作《春秋》前的"当时史法"，或称"旧史法"，但孔子也有所发展。他认为：

> 古者载事之史，皆名"春秋"；载事必有书法，有书法必有是非。以功罪为赏罚者，人主也；以善恶为是非者，史官也：二者未尝不并行，其来久矣。史有书法而未至乎道，书法有是非而不尽乎义，

故孔子修而正之，所以示法戒，垂统纪，存旧章，录世变也。①

他根据这个认识，提出跟孟子不同的见解，认为"《春秋》者，实孔子之事，非天子之事也"。叶适的这个见解趋于平实，不像儒家后学或经学家们赋予《春秋》那么崇高而又沉重的神圣性。

叶适"史法"论的另一个要点，是批评司马迁著《史记》而破坏了"古之史法"，并殃及后代史家。通观他对司马迁的批评，大致有这样几个方面：第一，司马迁述五帝、三代事"勇不自制"，"史法遂大变"。第二，司马迁"不知古人之治，未尝崇长不义之人"，故其记项羽"以畏异之意加嗟惜之辞，史法散矣"②。第三，司马迁"述高祖神怪相术，太烦而妄，岂以起闾巷为天子必当有异耶"，这是"史笔之未精"；至《隋书》述杨坚"始生时'头上角出，遍体鳞起'"，足见"史法之坏始于司马迁，甚矣！"③第四，以往《诗》、《书》之作都有叙，为的是"系事纪变，明取去也"，至司马迁著《史记》，"变古法，惟序己意"，而班固效之，"浅近复重"，"其后史官则又甚矣"，可见"非复古史法不可也"（《习学记言序目》卷二三《汉书三》）。第五，"上世史因事以著其人"，而司马迁"变史"，"各因其人以著其事"（《习学记言序目》卷三八《唐书一》帝纪）。像这样的批评，还可以列举一些出来。

叶适的"史法"论及其所展开的史学批评，可以说是是非得失两存之。他论《春秋》存古之史法，大抵是对的。他批评司马迁破坏古之史法，主张"非复古史法不可"，显然是不足取的。因限于篇幅，不一一剖析。但叶适指出史书述天子往往有异相实未可取，还是对的。

要之，叶适的"史法"论，大致涉及史学的几个主要问题。一是史家的史笔或曰书法，二是史书的内容之真伪，三是史书的体裁，四是史家褒贬的尺度，五是史家是否应有独立的见解。这些，在结合史学批评方面，

① 叶适：《习学记言序目》卷九《春秋》，中华书局1977年版，第117页。

② 以上均见叶适：《习学记言序目》卷一九《史记一》本纪，中华书局1977年版，第264、266页。

③ 叶适：《习学记言序目》卷一九《史记一》本纪、卷三六《隋书一》帝纪，中华书局1977年版，第267、533页。

有的论述较多，有的论述较少；而对于批评本身，都是要作具体分析才能判定其价值的。但这并不影响叶适在史学批评之理论上的贡献，这就是他对"史法"这个范畴给予突出的重视，并作了比较充分的阐述。在这个问题上，叶适是从刘知几到章学诚之间架设了理论上的桥梁。

三、章学诚的"史意"论及其史学批评

叶适评史，也讲史义或史意。他说过："史家立义，必守向上关捩，庶几有补于世论"（《习学记言序目》卷三九《唐书二》表）。这是主张史家当立意高远，有补于世。他还认为，"品第人材以示劝戒，古人之本意，史氏之常职也"，而班固《汉书·古今人表》"失本意矣"（《习学记言序目》卷一二《汉书一》表）。他批评司马迁"别立新意"而成《史记》，是"书完而义鲜"（《习学记言序目》卷二〇《史记二》自序）。显然，叶适论史意，也是得失两存，但失多得少，与章学诚相去甚远。

章学诚著《文史通义》，评论文史而以史为主。审其书，顾名思义，其意在于"通"与"义"。刘知几和章学诚在史学批评上都主张"通"，但章学诚更重视"义"，这是他们的同异所在。

章学诚重视史意的思想，贯串于《文史通义》全书之中，然也有比较集中的论述。他在《言公上》中说：

> 夫子因鲁史而作《春秋》。孟子曰："其事则齐桓、晋文，其文则史，孔子自谓窃取其义焉耳。"载笔之士，有志《春秋》之业，固将惟义之求，其事与文，所以借为存义之资也。……作史贵知其意，非同于掌故，仅求事文之末也。[1]

他在《申郑》篇中进而指出："夫事，即后世考据家之所尚也；文，即后世词章家之所重也。然夫子所取不在彼而在此，则史家著述之道，岂不可

---

[1] 章学诚：《文史通义·言公上》，中华书局1956年版，第105页。

求义意所归乎！"由此可以看出，章学诚所说的"史意"，本上承于孔子所重视的"义"。在上引两段文字中，章学诚强调了"事"与"文"都是被用来表现"义"的，即事实（史事）与文采乃是反映一定的思想的途径和形式。因此，"史家著述之道"，当以"义意所归"即以一定的思想境界为追求的目标。

诚然，章学诚所说的"史意"虽本于孔子《春秋》之义，但其内涵却远远超出了后者。他在《答客问》上篇中说道：

> 史之大原本乎《春秋》，《春秋》之义昭乎笔削。笔削之义，不仅事具始末、文成规矩已也，以夫子义则窃取之旨观之，固将纲纪天人，推明大道，所以通古今之变而成一家之言者，必有详人之所略，异人之所同，重人之所轻，而忽人之所谨，绳墨之所不可得而拘，类例之所不可得而泥，而后微茫杪忽之际有以独断于一心；及其书之成也，自然可以参天地而质鬼神，契前修而俟后圣，此家学之所以可贵也。[①]

他说的"家学"，是他所阐述的《春秋》以来的史学家法的传统；他对于"义"的发挥，实际上已包含着对于司马迁、杜佑、司马光、郑樵、袁枢等史家之撰述思想的总结（参见《文史通义·释通》）。据此，可以把章学诚所强调的史学之"义意所归"的思想，概括为以下几个要点：一是明大道，二是主通变，三是贵独创，四是重家学。其中贯串着尊重传统而又不拘泥于传统的创造精神，而"别识心裁"、"独断一心"正是这个思想的核心。章学诚所说的"史意"，大致可作这样的理解。

《文史通义》所展开的史学批评，自以"史意"为基本的着眼点。章学诚评论《左传》、《史记》、《汉书》这三部书的关系，指出："就形貌而言，迁书远异左氏，而班史近同迁书"；但"推精微而言，则迁书之去左氏也近，而班史之去迁书也远"。这是因为："迁书体圆用神，多得《尚

---

① 章学诚：《文史通义·答客问上》，中华书局1956年版，第136页。

书》之遗，班氏体方用智，多得《官礼》之意也。"（《文史通义·书教下》）只有不仅从形式上判断，而且从思想上分析，才能得到这样的认识。他评论袁枢的《通鉴纪事本末》说："按本末之为体也，因事命篇，不为常格，非深知古今大体、天下经纶，不能网罗隐括，无遗无滥。文省于纪传，事豁于编年，决断去取，体圆用神，斯真《尚书》之遗也。"由此，他进而认为："书有作者甚浅而观者甚深"，"神奇化臭腐而臭腐复化为神奇，本一理耳"（《文史通义·书教下》）。这就不仅指出了史书作者的创旨，而且讲到了批评家从中窥见的深意，从而把作者的创旨在理论上提高了。从章学诚对《通志》的评论，其所谓"史意"的主旨，更是清晰可见。他说：郑樵"慨然有见于古人著述之源，而知作者之旨，不徒以词采为文、考据为学也"，"而独取三千年来遗文故册，运以别识心裁，盖承通史家风，而自为经纬，成一家言者也"；"自迁、固而后，史家既无别识心裁，所求者徒在其事其文，惟郑樵稍有志乎求义"（《文史通义·申郑》）。这是对"史意"的一个极好的注脚。

"史法"和"史意"，是古代史学批评中两个相互联系的不同的侧面，也是两个相互渗透的不同的层次。章学诚的"刘言史法，吾言史意"的说法，并不是绝对的。但他明确地提出这两个范畴，对于我们认识中国古代史学批评发展史，有重要的理论价值。

天与人及天人之际

——关于历史变化动因的认识

一、"倘所谓天道，是耶？非耶？"

这是司马迁提出的疑问。它是对先秦以来占统治地位的历史观的一个大胆的挑战。

"天"，是先秦时期人们历史观念的一个基本范畴，指的是至上之神。凡王朝兴亡、世间治乱以至人们的福祸寿夭，都是"天命"决定的。这方面的记载，在先秦的官文书和颂诗等文献中，俯拾即是。而商亡周兴这样重大的历史变动，正是"天命靡常"（《诗·大雅·文王》）的突出证明。"人"，也是当时人们历史观念的一个重要范畴，不过最初不是指一般的人，指的是人君。《尚书·大诰》："天亦惟休于前宁人。"这里的"宁人"，指周文王。此句意谓：上天只赞助我们的前辈文王。这是较早把"天"与"人"连在一起用以表示一种历史见解的，表明"人"是从属于"天"的。当时对一般的人只称作"民"。"民"更是受"天"主宰的："天生烝民"（《诗·大雅·荡》），"天亦哀于四方民"（《尚书·召诰》）。

后来，"人"的含义扩大了。春秋时期的私人历史撰述《春秋》和战国初年历史著作《左传》，有很多地方是讲一般人的"人"了。春秋时，人们对"天命"的主宰作用开始有所怀疑。宋襄公就陨石坠于宋和"六鹢退飞过宋都"之事询问"吉凶焉在"。周内史叔"退而告人曰：'君失问，是阴阳之事，非吉凶所生也；吉凶由人'"（《左传》僖公十六年）。郑国大夫子产针对别人指责他拒绝用宝玉禳除火灾的事，明确地指出："天道远，人道迩，非所及也，何以知之！"（《左传》昭公十八年）意谓"天道"幽远，"人道"切近，两不相关，何以由"天道"而知"人道"呢！

子产虽然没有否定"天道"（连同叙述此事的上文来看，这里说的"天道"实则就是"天命"）的存在，但他显然已认识到"天道"与人事无关了。这在当时来说，是历史认识上的一个重大进步。但是直到战国时期，在史学领域里，人们还是信守着"天命"史观，并以此来说明"天"与"人"的关系："人之于天也，以道受命"，"不若于道者，天绝之也"（《穀梁传》庄公元年）。

司马迁著《史记》，提出了"究天人之际，通古今之变，成一家之言"（《汉书·司马迁传》）的宏伟目标。可以说，他是实现了这个目标的。他提出探究"天人之际"的重大课题，在历史撰述思想上有划时代意义。他记项羽兵败垓下后、乌江自刎前所说"此天之亡我，非战之罪也"的话，并尖锐地批评项羽"自矜功伐，奋其私智而不师古，谓霸王之业，欲以力征经营天下，五年卒亡其国，身死东城，尚不觉寤而不自责，过矣。乃引'天亡我，非用兵之罪也'，岂不谬哉！"（《史记·项羽本纪》）在司马迁看来，项羽之败，应从他自身所作所为去寻找原因；用"天亡我"来解释是十分荒谬的。司马迁在《伯夷列传》中，就伯夷、叔齐的行为和际遇发表评论说：

> 或曰："天道无亲，常与善人。"若伯夷、叔齐，可谓善人者非耶？积仁絜行如此而饿死！……若至近世，操行不轨，专犯忌讳，而终身逸乐，富厚累世不绝。或择地而蹈之，时然后出言，行不由径，非公正不发愤，而遇祸灾者，不可胜数也。余甚惑焉，傥所谓天道，是耶？非耶？[1]

他在《项羽本纪》中是批评项羽的荒谬，在这里是直接批评"天道福善祸淫"的传统观念了。

这两点，说明司马迁在历史观上是一位对"天命"史观大胆的怀疑论者。尽管他没有最终否认"天命"，甚至也还承认"日月晕适云风"等天

---

[1] 司马迁：《史记》卷六一《伯夷列传》，中华书局1959年版，第2124—2125页。

象"与政事俯仰，最近天人之符"，反映了"天之感动"（《史记·天官书》后论）。但司马迁毕竟是一位"天命"史观的怀疑者。他不仅提出了自己的怀疑，而且也提出了关于历史变化动因的新认识，即认为应当从"物盛则衰，时极而转"、"事势之流，相激使然"（《史记·平准书》后论）等方面来看待社会、历史的变化，在中国史学之历史观的发展上，迈出了新的一步。

二、"天道，不复系乎人事"，
"功者自功，祸者自祸"

"天命"史观经董仲舒为其饰以"天人感应"论的理论形式后，更具有迷惑人们的神秘色彩。东汉、三国、两晋、南北朝、隋及唐初的史学，都受其影响。如《宋书·符瑞志》序："龙飞九五，配天光宅，有受命之符，天人之应。"其《五行志》序："天人之验，理不可诬。"《南齐书·高帝纪》赞："于皇太祖，有命自天。"《魏书·序纪》后论："帝王之兴也，必有积德累功博利，道协幽显，方契神祇之心。"就是以重人事著称的魏征在其所撰史论中也认为：隋的兴起，"斯乃非止人谋，抑亦天之所赞也"（《隋书·高祖纪》后论）。这种"天命"史观因符合最高统治者的需要，故得以在史学领域中长期产生影响。

如同司马迁在历史撰述上提出"究天人之际"具有重大理论意义一样，刘知几从史学批评方面提出了清除这种"天命"史观在历史撰述中之不良影响的任务。刘知几也没有否定"天道"，认为："灾祥之作，以表吉凶。此理昭昭，不易诬也。"但他断然指出："然则麒麟斗而日月蚀，鲸鲵死而彗星出，河变应于千年，山崩由于朽壤。……则知吉凶递代，如盈缩循环，此乃关诸天道，不复系乎人事。"他进而批评说："然而古之国史，闻异则书，未必皆审其休咎，详其美恶也。故诸侯相赴，有异不为灾，见于《春秋》，其事非一。"他认为，《宋书·五行志》和《汉书·五行志》在这方面都存在许多问题。刘知几在这个问题上的贡献是：坚持"天道，不复系乎人事"的论点，指出前代史书详载灾异、祥瑞方面存在的"迂阔"和可惑。作为一个史学批评家，他告诫撰史者说：

> 子曰："盖有不知而作之者，我无是也。"又曰："君子于其所不
> 知，盖阙如也。"又曰："知之为知之，不知为不知，是知也。"呜
> 呼！世之作者，其鉴之哉！谈何容易，驷不及舌，无为强著一书，受
> 嗤千载也。①

刘知几的论点和忠告，在史学上受到重视。

值得注意的是，思想家、文学家和史学批评者柳宗元比刘知几又前进
了一大步，从而把中国史学上人们对于"天"与"人"及"天人之际"的
认识推向一个新的阶段。柳宗元继承和发展了荀子以来的"天人相分"
说，并进一步对"天"作了物质的阐释，从而从根本上否定了"天"是有
意志的至上神，否定了"天命"史观。他在《天说》一文中指出：

> 天地，大果蓏也；元气，大痈痔也；阴阳，大草木也。其乌能赏
> 功而罚祸乎！功者自功，祸者自祸，欲望其赏罚者大谬。呼而怨，欲
> 望其哀且仁者，愈大谬矣。②

这段议论，是针对"天"有赏功、罚祸意志和能力的论点而发的。在柳宗
元看来，天地、元气、阴阳都是物质，是没有意志的，因而不具有赏功、
罚祸的能力；功与祸只有通过其自身去说明，祈望和呼唤"天"来赏罚，
给予人们以同情和爱护，那是再荒谬不过了。

柳宗元的《天说》引发了刘禹锡作《天论》三篇，把对于这个问题的
认识更加深化了。刘禹锡认为：《天说》"非所以尽天人之际"，故"作
《天论》以极其辩"。《天论》在理论上的贡献是：第一，把天的作用和人
的作用作了严格的区别和界定。认为："天，有形之大者也；人，动物之

---

① 刘知几：《史通·书志》，浦起龙通释本，上海古籍出版社2009年版，第62页。
② 柳宗元：《柳河东集》卷一六《天说》，上海人民出版社1974年版，第286页。

尤者也。天之能，人固不能也；人之能，天亦有所不能也，故余曰：天与人交相胜耳。"第二，论证了"天之能"是自然作用，"天"是客观存在的自然，是万物"生植"的条件；"人之能"是社会作用，"人"是按照"法制"进行生产活动、政治活动和伦理活动的。第三，试图从认识论上解释人们在"天人之际"问题上产生不同看法的社会原因，结论是："生乎治者，人道明，咸知其所自，故德与怨不归乎天；生乎乱者，人道昧，不可知，故由人者举归乎天，非天预乎人尔。"（均见《天论上》，《刘禹锡集》卷五）《天论》在阐述"天"与"人"及"天人之际"问题上，比《天说》更精细了。柳宗元《答刘禹锡天论书》说："其归要曰：非天预乎人也。凡子之论，乃吾《天说》传疏耳，无异道焉。"（《柳河东集》卷三一）柳、刘之论，把关于"天人之际"问题的认识推进到前所未有的高度。刘禹锡是史学批评者柳宗元的好友，又曾是大史学家杜佑的僚属。杜、柳、刘在历史认识上都是同道中人。

柳宗元在《天对》中，对作为自然物的"天"自身生成和运动等问题，作了唯物主义的解释，从而比较彻底地揭穿了自古以来人们对于"天"的神秘和敬畏，为在新的高度上重新探讨"天人之际"问题开辟了一条近于科学认识的道路。他对于史书《国语》所作的系统的批评即《非〈国语〉》六十七篇，就是站在这样的高度上展开的。《非〈国语〉》有三分之一的篇幅是批评《国语》在天人之际问题上的错误观点，认为后者"其说多诬淫"，"好怪而妄言，推天引神"。他反复阐明，"天命"的虚妄，所谓"天诛"、"天罚"都是没有根据的；指出："力足者取乎人，力不足者取乎神。"柳宗元指斥以种种占卜、预言、梦寐、童谣与人事相比附的做法，认为把这些写入历史著作是极不严肃的，是不应作为信史看待的。

《非〈国语〉》在历史理论上的最重要的贡献，是提出了作为自然界的天地"自己"运动的观点。柳宗元说：

> 山川者，特天地之物也；阴与阳者，气而游乎其间者也。自动自休，自峙自流，是恶乎与我谋？自斗自竭，自崩自缺，是恶乎与

我设？[1]

这就是说，自然界的运动、变化都是出自其内在的原因，既不是为人们作打算的，也不是为人们所安排的；自然界自身存在着互相排斥和互相吸引的现象，把这看作是国家兴亡的征兆，是没有根据的。这样，柳宗元就不仅在对历史的认识中驱逐了"天命"的影响，也在对自然的认识中驱逐了"天命"的影响。这是他在历史观和自然观的发展上的重大贡献，也是他在史学批评上的重大贡献。

三、"天文、地理、人道，本皆人之所以自命，
其是非得失，吉凶祸福，要当反之于身"

叶适在对历代"正史"的批评中，对于"天"与"人"及"天人之际"问题，也提出了一些有价值的见解。他针对《汉书·天文志》说："天自有天道，人自有人道"；"若不尽人道而求备于天以齐之，必如'景之象形，响之应声'，求天甚详，责天备急，而人道尽废矣。"叶适所说的"天道"是指自然现象而言，认为不应备求天道而废人道。他主张充分考察"人道"的作用，这跟他的功利思想是一致的。叶适批评了这样一种史学现象："《春秋》记星异，《左氏》颇载祸福，其后始争以意推之。……今班氏所志，有其变而无其应者众矣，况后世乎！"（《习学记言序目》卷二二）对此，他跟刘知几一样，也提出了"学者之所慎也"的忠告。

叶适根据《隋书》卷六九所记王劭、袁充事发表评论说："谶纬之说，起于畏天而成于诬天。"王劭大讲"五月五日"、"五龙"、"五帝"、"五王"以附会五行，证明隋朝代周"合天数地数"，"有天命也"。叶适批评说："五事人之所为，无预于五行，学者之陋一至于此"，真是"又甚于谶纬矣"。（《习学记言序目》卷三七）王劭在隋朝掌国史多年，卒无所成，与叶适所批评的，不无关系。

---

[1] 柳宗元：《柳河东集》卷四四《非国语上》，上海人民出版社1974年版，第748页。

叶适在史学批评中于"天人之际"问题上的理论贡献，是他提出了这样的论点：

> 天文、地理、人道，本皆人之所以自命，其是非得失，吉凶祸福，要当反之于身。若夫星文之多，气候之杂，天不以命于人，而人皆以自命者求天，曰天有是命则人有是事，此亦古圣贤之所不道，而学为君子者之所当阙也。[①]

这一段话提出了三个重要问题。第一，天文、地理、人道，都得自人自身的认识，是人之所自为，与天命无涉。第二，凡人世"是非得失，吉凶祸福"之故，应从人事中去寻找、探索。第三，把人之所为一定要说成是天之所命，这是人们对社会历史之认识上的颠倒，严肃的史家是不应当这样看待问题的。

中国古代史学家和史学批评家，在"天"与"人"及"天人之际"问题的探索上，走过了漫长而艰难的历程。尽管他们没有能够找到关于这个问题的科学结论，但他们的的确确是在不断地从神秘的"天命"羁绊中挣脱出来，一步一步地走向真理的王国。

[①] 叶适：《习学记言序目》卷二二《汉书二》，中华书局1977年版，第312页。

人意·时势·事理

——关于历史变化动因的认识（续）

一、"人意"与"时势"的千年聚讼

中国古代史学家和史学批评家对于历史变动原因的认识，至少是循着两条相关的线索逐步发展的。一条线索是"天命"与"人事"的关系，另一条线索是"人意"与"时势"的关系。这两条线索在时间上很难截然划分开来，有时甚至是交互进行的；而当人们不断地从"天命"的神秘羁绊下挣脱出来后，他们会更多地面临着"人意"与"时势"的困扰。

这里，我想从一件引起千年聚讼的历史事件讲起。

公元前二二一年，秦始皇统一六国而废分封，划全国为三十六郡（后增为四十郡），建立了空前统一的封建国家。然而，此后仅仅十余年，秦朝就灭亡了。于是，秦朝的废分封、立郡县与秦朝的兴亡究竟有何关系，乃成为历代史学家、思想家、政治家长期讨论的重大历史问题。一些人认为，分封制本是"圣人之意"、"先王法度"，秦朝违背圣人之意，不遵先王法度，故招致速亡。另有一些人则认为，分封制并不是什么圣人之意，它的兴废同郡县制的确立，都是时势使然；秦朝的速亡有别的原因，与废分封、立郡县无关。这两种认识在历史上反复出现，聚讼不休，至北宋时人们还在热烈讨论，其余波则直至明清而未了，延续的时间长达千年以上，成为古代历史评论和史学批评中一个经久不衰的"热点"。

三国时魏人曹冏撰《六代论》，总结夏、殷、周、秦、汉、魏六代历史经验教训，认为夏、殷、周三代"历世数十"，根本原因在于分封制："先王知独治之不能久也，故与人共治之；知独守之不能固也，故与人共守之。"他甚至把春秋时期齐桓、晋文的霸业都看作是"共治"、"共守"

的表现（见《文选》卷五二）。这里，曹冏明确地把分封制看作是"先王"早已认识到的一种明智的做法。其后，西晋陆机撰《五等论》，论点与曹冏相似，认为："先王知帝业至重，天下至旷。旷，不可以偏制；重，不可以独任。""于是立其封疆之典，财（裁）其亲疏之宜，使万国相维，以成盘（磐）石之固。"（《文选》卷五四）显然，他也是把所谓五等分封之制看作是"先王"之意。曹冏、陆机说的"先王"，或起于夏朝，或始自黄帝、唐尧，他们把分封制看得这样古老，无疑是出于臆测。

对于曹、陆二人的认识，后人有不同的评论。唐人颜师古、刘秩大致是赞同这种认识的；而魏征、李百药、杜佑、柳宗元是明确批评这种认识的。李百药和柳宗元分别写了题为《封建论》的专文，进行辩难。他们的所谓"封建"，是指"封国土，建诸侯"即分封制。李百药从历史进化的观点出发，批评曹、陆等"著述之家"在对待分封制上是"多守常辙，莫不情忘今古，理蔽浇淳"，恢复分封制无异于"以结绳之化，行虞夏之朝；用象刑之典，治刘〔汉〕曹〔魏〕之末"；果真如此，则"纲纪紊乱，断可知焉"。李百药进而认为："得失成败，各有由焉。"他引用"天地盈虚，与时消息，况于人乎"的古训来证明自己的论点（见《全唐文》卷一四三）。不过，李百药对"与时消息"并未作出理论的说明。

从史学批评来看，柳宗元的《封建论》有更浓厚的理论色彩。柳宗元从分封制的产生和沿袭去推究它产生的原因，从而涉及人类初始的一些问题。从今天的认识来看，这是涉及国家起源和历史进程的物质动因了。柳宗元的《封建论》是为唐宪宗等对藩镇用兵提供历史方面的说明，它在历史理论和史学批评上的贡献，是提出了"势"这一历史哲学范畴作为"圣人之意"的对立面并用以说明历史变化的动因。柳宗元指出："彼封建者，更古圣王尧、舜、禹、汤、文、武而莫能去之，盖非不欲去之也，势不可也。势之来，其生人之初乎？不初，无以有封建；封建，非圣人意也。"他从"生人"之初为着"自奉自卫"这个发展趋势，阐明"封建"产生是一个自然过程，"非圣人意也，势也"。他还以丰富的历史事实证明，郡县制的实行，不仅有其必然性，也有其优越性。他以周、秦、汉、唐为例，认为周之亡"失在于制，不在于政"，秦之亡"失在于政，不在于制"；汉代"有叛国（指封国——引者），而无叛郡"，所以"秦制之得，亦以明矣"；唐代"有叛将（指藩镇——引者），而无叛州"，足见"郡县之设，固不可革也"。柳宗元依据历史事实反复论证：殷周时代的"封建"，并不是"圣人"事先制订的政治蓝图，而是当时的形势使然。他坚定地认为："吾固曰：'非圣人意也，势也。'"（均见《柳河东集》卷三）因此，怎么能够把郡县制的实行看作是违背了那个根本不存在的"圣人之意"而加以反对呢！

自司马迁以下，不少史家都讲到过"势"，但真正赋予"势"以历史理论之明确含义的，是柳宗元的《封建论》。它在历史评论和史学批评上的价值，可以用宋人苏轼的话作为概括："昔人论'封建'者，曹元首（曹冏）、陆机、刘颂，及唐太宗时魏征、李百药、颜师古，其后有刘秩、杜佑、柳宗元。宗元之论出，而诸子之论废矣。"（《东坡志林》卷五《秦废封建》）柳宗元认为历史变化是社会发展趋势决定的，这就赋予了"与时消息"以丰富的社会内容，并把它向前推进了。

二、"时势"与"事理"

柳宗元用"势"来说明历史变化的动因，对后人产生了很大的理论上的启示。宋人曾巩、范祖禹、苏轼和明清之际王夫之都各有阐发。曾巩撰《说势》一文（见《曾巩集》卷五一），其历史见解是折中于"用秦法"与"用周制"之间。文中所说"力小而易使，势便而易治"的"势"，是指的一种综合的力以及这种力与力之间的对比，同柳宗元说的"势"的含义不尽相同。此文还批评"病封建者"与"病郡县者"二者"皆不得其理也"。章学诚说曾巩"具史学而不具史法"，由此可见一斑。范祖禹引用《礼记·礼器》说的"礼时为大，顺次之"的话，进而阐发道："三代封国，后世郡县，时也"，"古之法不可用于今，犹今之法不可用于古也"（《唐鉴》卷二）。范祖禹说的"时"，义颇近于柳宗元说的"势"。而苏轼对于"圣人"和"时"之辩证关系的阐发，则深得柳宗元论"势"的要指。苏轼认为："圣人不能为时，亦不失时。时非圣人所能为也，能不失时而已。"他说，"圣人"之"能"不在于"为时"而在于"不失时"。这是很机智地说明了"圣人"与"时"的关系。在他看来，"时"是客观的，能够认识并利用它的人，也就可以称为"圣人"了。基于这种认识，苏轼认为秦置郡县，"理固当然，如冬裘夏葛，时之所宜，非人之私智独见也，所谓不失时者"（《东坡志林》卷五《秦废封建》）。这些论述，用来注释柳宗元说的"封建，非圣人意也，势也"，是很精彩的。苏轼自称"附益"柳说，自非虚辞。

王夫之在论述史学工作的重心时，也讲到了"时势"："智有所尚，谋有所详，人情有所必近，时势有所必因，以成与得为期，而败与失为戒。"这里讲的"时势"，是指社会的形势或历史的趋势；"必因"，是说它跟过去的形势或趋势有沿袭和继承的关系。这就是说，时势既有连续性，但又不是一成不变的。王夫之认为，人们观察历史，应充分注意到"势异局迁"即时势的变化；而人们要从历史中获得"治之所资"的启示，则必须"设身于古之时势"。总之，认识历史，从历史中获得教益，应首先学会把握不同历史时期的时势。王夫之也提到"先王之理势"，但"先王"并不具有圣神的含义，他只是一定历史时期之"时势"的标志罢了。

从柳宗元到王夫之，是把"势"、"时势"作为历史变化动因看待的，这是古代历史评论和史学批评在理论上的重要贡献。然而王夫之并不仅仅停留在这里。他自谓著《读通鉴论》，是"刻志兢兢，求安于心，求顺于理，求适于用"①。所谓"求顺于理"的"理"，是关于历史变化原因的另一历史理论范畴。在王夫之看来，所谓"理"，就是"物之固然，事之所以然也"（《张子正蒙注·至当》）。以今义释之，"理"是事物变化之内在的法则或规律。王夫之说的"物"与"事"，不限于历史，但无疑包含了历史。因此，这种"事之所以然"亦即事理，是对于历史变化原因的更高层次的理论概括。柳宗元通过对人类"初始"社会的描述，提出"封建，非圣人意也，势也"，说明"势"、"时势"是人们可以感受到、"捕捉"到的。而"理"、"事理"则不然，它是内在的和抽象的，但又不是不

---

① 以上所引见王夫之：《读通鉴论》叙论三、四，中华书局1975年版，第1110、1111页。

可认识的。王夫之说："理本非一成可执之物，不可得而见也"，"只在势之必然处见理"（《读四书大全》卷九《孟子·离娄上》）。"势"之必然之为"势"者，便是"理"；"理"与"势"是一致的。从王夫之所解释的"势"同"理"的关系来看，"势"是"理"的形式，"理"是"势"的本质。他以此来认识历史，来评论史家对于历史的认识，是认识历史和评论史学之理论与方法的新发展。

那么，人在历史变化中起什么作用呢？这是史学家和史学批评家都不能回避的大问题。

三、"圣人之意"和"生人之意"

人在历史活动中的作用，古代史家早有认识。《左传》昭公十八年引郑子产说的"天道远，人道迩"的话，就包含了对人的作用的重视。《史记》写了大量的历史人物，显示出对形形色色的人的活动之前所未有的关注。有的史家在考察重大历史事件时，固不排除"天之所赞"，但已把"人谋"摆在首要地位（见《隋书·高祖纪》后论）。类似这样的认识，在史学上还可以举出不少来。

柳宗元提出"封建，非圣人意也，势也"，在理论上和政治思想上都是有意义的。柳宗元把分封制的实行视为一个自然过程，但并没有无视人的作用。《封建论》中包含了"圣人"因势制宜的思想，也包含了"圣人"无法改变"势"的思想，只是没有充分阐述罢了。苏轼关于"时非圣人所能为也，能不失时而已"的思想，应当看作是对柳宗元《封建论》的一个补充。柳宗元对人在历史变化中的作用，是有卓越的认识的。他在提出以"势"作为"圣人之意"的对立面的同时，还提出了"生人之意"在历史变化中起着至关重要的作用的见解。他的这一见解，是在批评董仲舒、班固等人的观点时提出来的。

柳宗元在其著名论文《贞符》的序中写道：董仲舒所谓"三代受命之符"是极荒唐的，然"何独仲舒尔？自司马相如、刘向、扬雄、班彪、彪子固，皆沿袭嗤嗤，推古瑞物以配受命。其言类淫巫瞽史，诳乱后代"。

他明确指出,《贞符》一文是证明"唐家正德受命于生人之意"。显然,"受命于生人之意"是作为"受命于天"的对立面提出来的。

《贞符》同《封建论》一样,也是从人类的初始阶段讲起,阐述人们为了吃、穿、住、"牝牡之欲"而一步一步发展的历程,以至于达到"大公之道"。及至隋末大乱,民不聊生,于是唐起而代隋,"人乃并受休嘉,去隋氏,克归于唐";"人之戴唐,永永无穷"。结论是:"是故受命不于天于其人,休符不于祥于其仁"①。《贞符》运用古典文体、饱含政治激情,对唐朝统治者极力讴歌。这很容易使人联想起班固所撰的《典引论》,然而《贞符》和《典引论》在思想体系上却是大相径庭的。尽管柳宗元说的"生人"不是一个准确的、含义清晰的概念,但从他也使用"黎人"的说法来看,所谓"生人"是包含了普通民众在内的。这样,柳宗元就把自唐初以来,人们反复强调的"君,舟也。民,水也。水所以载舟,亦所以覆舟"②的古训理论化了。他对"生人之意"的肯定,是朦胧地看到民众在历史变化中所发挥的重要作用。

如此看来,柳宗元批评董仲舒所谓"三代受命之符"及其赞同者的种种言论是"淫巫瞽史,诳乱后代",远高于一般的论难而带有鲜明的理性特色。

---

① 均见柳宗元:《柳河东集》卷一《贞符》,上海人民出版社1974年版,第21、22页。

② 见吴兢:《贞观政要》卷三魏征语、卷四唐太宗语,上海古籍出版社1978年版,第83—84、125页。

会通与断代

——观察历史的两种视野

一、马、班历史视野的歧异

　　史学家对历史的观察，因其旨趣和视野的不同而会产生种种歧异。会通与断代，是比较突出的一种歧异。对于这种歧异的讨论和批评，一般都要从司马迁、班固说起。

　　司马迁著《史记》的目标之一，是"通古今之变"。他在这方面的具体的撰述要求，大致可以概括为：第一，探究"王迹所兴，原始察终，见盛观衰"，或者说是"考其行事，综其始终，稽其成败兴坏之纪"，这是从政治的兴衰得失之故上着眼的。第二，考察"礼乐损益，律历改易"以及社会经济生活的"承敝通变"，这是从典章制度和社会风气的演变着眼的。第三，在观察历史的视野上，他是"略推三代，录秦、汉，上记轩辕，下至于兹"，认为"维我汉继五帝末流，接三代统业"，这是从历史进程的连续性着眼的。第四，他"拾遗补艺，成一家之言，厥协《六经》异传，整齐百家杂语"，这是从历史文献的搜求和处理上着眼的。第五，这是很重要的一点，即除王侯、皇帝、封君外，凡"扶义俶傥，不令己失时，立功名于天下"之人，为之作传入史，这是从人在历史活动中的作用着眼的。因此，《史记》成为一部内容丰富、结构恢宏的"历黄帝以来至于〔汉武帝〕太初而迄"的通史①。

　　东汉班固著《汉书》，因着意强调"汉绍尧运，以建帝业"，故不赞成

---

　　① 以上所引见司马迁：《史记》卷一三〇《太史公自序》，中华书局1959年版，第3119—3321页。班固：《汉书》卷六二《司马迁传》，中华书局1962年版，第2723—2724页。

把西汉皇朝的历史"编于百王之末，厕于秦、项之列"的做法。他的撰述目的，是要证明经王莽之后"系唐统，接汉绪"的东汉皇朝之"盛哉乎斯世"的伟业的由来。班固说："今论者但知诵虞夏之《书》，咏殷周之《诗》，讲羲和之《易》，论孔氏之《春秋》，罕能精古今之清浊，究汉德之所由。"（《两都赋》）他作《典引篇》，歌颂"高、光二圣"，"以膺当天之正统"；又说"赫赫圣汉，巍巍唐基"，天、地、人之伟绩"匪尧不兴"、"匪汉不弘"①。西汉皇朝的历史已经结束，而东汉皇朝创业未久，班固生当其间，其历史视野集中于西汉一代史事，自有历史的、政治的和思想的原因，这里不来一一考察。《汉书》"起元高祖，终于孝平王莽之诛，十有二世，二百三十年，综其行事，旁贯《五经》，上下洽通"。值得注意的是，《汉书》的内容也是很丰富的，所谓"叙帝皇，列官司，建侯王。准天地，统阴阳，阐元极，步三光。分州域，物土疆，穷人理，该万方。纬《六经》，缀道纲，总百氏，赞篇章"（《汉书·叙传》），正是言简意赅地概括了它的纪、表、志、传的内容。

由于旨趣不同，视野各异，司马迁着意于"通古今之变"，班固更看重究一代始末：前者放眼于以往全部历史，后者则瞩目于跟本朝有密切关系的最近一段历史。他们各自的选择，都有一定的历史必然性，同时也反映出了他们本人各自的个性。

通史撰述的萌芽起源于战国时期，如《世本》，如《竹书纪年》。但真正确立了通史的规模，是《史记》，是司马迁的首创。班彪称："若迁之著作，采获古今，贯穿经传，至广博也。"（《后汉书·班彪传》）班固也赞叹司马迁《史记》"驰骋古今上下数千载间"（《汉书·司马迁传》赞）。应当公正地说，《史记》的通史价值，班氏父子是有所认识的。然而《汉书》问世后的四五百年间，其历史命运却比《史记》好得多：不仅"当世甚重其书，学者莫不讽诵"（《后汉书·班彪列传》附《班固传》）；而且自南朝梁、陈至隋及唐初，《汉书》已成为专门之学，而"《史记》传者甚微"（《隋书·经籍志二》）。

---

① 以上见范晔：《后汉书》卷四〇下《班彪列传》附《班固传》，中华书局1965年版，第1334、1369、1380页。

会通与断代的歧异及分途，由来已久。

二、刘知几对断代为史的推崇

刘知几《史通·六家》篇分史书为六家：《尚书》、《春秋》、《左传》、《国语》、《史记》、《汉书》。刘知几认为："《史记》家者，其先出于司马迁。"这是指的纪传体通史，《史记》以下如梁时有《通史》，北魏有《科录》，唐初有《南史》、《北史》。"《汉书》家者，其先出于班固。"这是指断于一代、尽其首尾的纪传体史书，《汉书》以下如《东观汉记》、《三国志》等。

《史通·六家》篇突出地批评了"《史记》家"的缺点，说是："《史记》疆宇辽阔，年月遐长，而分以纪传，散以书表"，"此其为体之失者也"。这是批评《史记》记事"零乱"。又说是："兼其所载，多聚旧闻，时采杂言，故使览之者事罕异闻，而语饶重出。此撰录之烦者也。"这是批评《史记》多采用前人撰述。又说是："况《通史》以降，芜累尤深，遂使学者宁习本书，而怠窥新录。"这是批评《通史》、《科录》不具特色而缺魅力。刘知几的结论是：通史一类的著作，"可谓劳而无功，述者所宜深戒也"。"《史记》家"几乎毫无可取之处了。不过《史通·二体》篇在分析纪传、编年二体各自的长短时，因纪传体首创于司马迁，固不能不论及《史记》的"长"与"短"。刘知几说：

> 《史记》者，纪以包举大端，传以委曲细事，表以谱列年爵，志以总括遗漏，逮于天文、地理、国典、朝章，显隐必该，洪纤靡失。此其所以为长也。若乃同为一事，分在数篇，断续相离，前后屡出……。又编次同类，不求年月，后生而擢居首帙，先辈而抑归末章……。此其所以为短也。①

饶有兴味的是，这里所说的"此其所以为长"，同《六家》篇对《史记》

---

① 刘知几:《史通·二体》,浦起龙通释本,上海古籍出版社2009年版,第25页。

的批评并不一致；而所谓"长"者种种，皆指其"体"而非指其"通"。而这里所说的"此其所以为短"，往往又是跟上文所说的"疆宇辽阔，年月遐长"或此处所说"编次同类，不求年月"相关联，即与其作为通史分不开。对于《史记》作为通史的长处和价值，刘知几的评价，似还不如班彪、班固父子来得慷慨。

与此形成鲜明对照的是，刘知几对《汉书》是极力推崇的。他认为："历观自古，史之所载也"，如《尚书》记周事，却仅仅写到秦穆公助平王东迁；《春秋》述鲁史旧文，止于哀公；《竹书纪年》写到魏亡，《史记》只论及汉初。——在刘知几看来，皆非断限整齐之作。而"如《汉书》者，究西都之首末，穷刘氏之废兴，包举一代，撰成一书。言皆精练，事甚该密，故学者寻讨，易为其功。自尔迄今，无改斯道"（《史通·六家》）。由此可以看出，不论是刘知几对《史记》的批评也罢，还是他对《汉书》的推崇也罢，都着眼于"史法"，即着眼于它们的形式和内容，而很少涉及它们作者的撰述之旨。至于说"学者寻讨，易为其功"，也只是停留在这个层次上。

刘知几对"包举一代"之史的推崇，除史学的原因外，还有社会的原因，即魏晋南北朝时期统治者对皇朝史撰述的重视。而作为"正史"的皇朝史，"作者尤广"，以致"一代之史，至数十家"（《隋书·经籍志二》）。这种情况表明，断代为史的产生和发展，是有一定的社会条件为其必然性的。从这一点来看，刘知几对断代为史的肯定，是有其史学的和社会的合理性的。刘知几在这个问题上的不足之处，是过分夸大了这种合理性，从而排斥了通史发展的可能性，以致把自己的视野局限在"班、荀二体（指《汉书》、《汉纪》——引者），角力争先，欲废其一，固亦难矣。后来作者，不出二途"（《史通·二体》）。这个见解，限制了刘知几对未来史学发展的积极的设想。

三、郑樵对"会通之义"的阐释

在刘知几以后，大致从中唐时期起，通史撰述呈复兴的趋势，出现了编年体、纪传体、传记体、典制体等多种体裁的通史著作。著名的典制体通史《通典》，就是这个时期问世的。北宋，又有司马光主编的《资治通鉴》巨制的产生，影响之大，不在《史》、《汉》之下。于是，史学家对通史之作也就有可能提出新的理论上的认识。南宋史家郑樵撰纪传体通史《通志》，其《总序》是一篇阐释"会通之义"的宏文。序文从"百川异趋，必会于海"、"万国殊途，必通诸夏"的自然现象和社会现象，说到"会通之义大矣哉"。郑樵认为，孔子和司马迁是最深谙"会通之义"的史家。孔子"总《诗》、《书》、《礼》、《乐》会于一手，然后能同天下之文；贯二帝、三王通为一家，然后能极古今之变"。司马迁"上稽仲尼之意，会《诗》、《书》、《左传》、《国语》、《世本》、《战国策》、《楚汉春秋》之言，通黄帝、尧、舜至于秦、汉之世，勒成一书"，"使百代而下，史官不能易其法，学者不能舍其书。六经之后，惟有此作"。郑樵说的"同天下之文"，是从空间上同时也是从文献上着眼的；他说的"极古今之变"，是从时间上亦即历史进程上着眼的。他论司马迁，也是强调了这两个方面。通观《总序》全文，郑樵所谓"会通之义"、"会通之旨"、"会通之道"，一是重古今"相因之义"，揭示历史的联系；一是重历代损益、"古今之变"，揭示历史的变化。因此，郑樵批评班固"断汉为书，是致周、秦不相因，古今成间隔"。又说："自班固断代为史，无复相因之义；虽有仲尼之圣，亦莫知其损益，会通之道，自此失矣"，"司马氏之门户，自此衰矣"。

郑樵所谓"会通之义"的含义，从对司马迁的称道和对班固的批评中，可以归结为重古今之相因、极古今之变化这两句话。他进而指出，史家倘若背离"会通之义"，那么，在历史撰述上就会出现"烦文"、"断绠"、曲笔即"伤风败义"等弊病。

郑樵对"会通之义"的阐释是有理论价值的。他对班固"断代为史"的批评，不免失之过当。诚然，"会通"是重要的，它反映出史家宽阔、辽远的视野，反映出史家对于历史的"相因之义"、"古今之变"的探求和认识，以便更有效地"彰往而知来"，发挥史学的社会作用。但是，不能因此而全然否定断代为史的价值、作用及其自身的合理性。刘知几对通史的批评，郑樵对断代的否定，是在对待会通与断代问题上的两种片面性的突出反映。

会通与断代，是史学家观察历史的两种视野。通古今之变化固然是重要的，详一代之兴废也是很重要的。其中得失优劣，应作具体分析。从中国史学的全貌来看，"包举一代"的史书不乏杰出之作，而"会通之义"确也是史学的优良传统。

四、章学诚论"通史家风"

章学诚在《文史通义》的《申郑》、《释通》两篇中，论述了中国史学上的"通史家风"，这是对"会通之义"的进一步总结。

《申郑》篇高度评价郑樵对"会通之义"的阐发和他所撰的《通志》一书，认为：

> 郑樵生千载而后，慨然有见于古人著述之源，而知作者之旨，不徒以词采为文，考据为学也。……而独取三千年来遗文故册，运以别识心裁，盖承通史家风，而自为经纬，成一家言者也。[①]

在许多年中"古人著书之旨晦而不明"的情况下，郑樵一反"循流忘源，不知大体"的学风，探求古人著述之源而知作者之旨，发扬通史家风。这是郑樵"有志乎求义"的卓识，也是章学诚"申郑"的真谛。章学诚之重"史意"，于此看得再清楚不过了。

关于"通史家风"，章学诚提出了几个要点，在史学批评史上是值得重视的。首先，他指出：《通志》"存正史之规"，《资治通鉴》"正编年之的"，《通典》"以典故为纪纲"，《大和通选》"以词章存文献"，"史部之通，于斯为极盛"。这是明确地表明了唐宋史学在通史撰述方面的特殊贡献。这是前人不曾论到过的。

---

① 章学诚：《文史通义·申郑》，中华书局1956年版，第134页。

其次，他针对刘知几批评通史的"事罕异闻，而语饶重出"、"学者宁习本书，而怠窥新录"诸论点，指出："史书因袭相沿，无妨并见；专门之业，别具心裁，不嫌貌似也。"这是指出史书在内容或文献上的"因袭相沿"跟作者在撰述之旨上的"别具心裁"是有区别的，史学批评应重视后者。

又其次，章学诚总结了"通史之修"有"六便"、"二长"、"三弊"。六便是："一曰免重复，二曰均类例，三曰便铨配，四曰平是非，五曰去抵牾，六曰详邻事。"二长是："一曰具剪裁，二曰立家法。"三弊是："一曰无短长，二曰仍原题，三曰忘标目。"对于这些，他都有详说，不一一转述。其论"二长"，一是"具剪裁"。章学诚认为：通史有"通合诸史"之意，它不只是"括其凡例"，还应当"补其缺略，截其浮辞，平突填砌"，以成"一家绳尺"。这是后人"自当有补前人"之处。二是"立家法"。章学诚提出一个问题："陈编具在，何贵重事编摩？"史家编撰通史的真正价值何在？他认为：通史之所贵者，是"专门之业，自具体要"，"卓识名理，独见别裁"。他称赞李延寿《南史》、《北史》"文省前人，事详往牒，故称良史"；称赞郑樵《通志》"虽事实无殊旧录，而辨名正物，诸子之意寓于史裁，终为不朽之业矣"。这同刘知几对通史的批评只着眼于"多聚旧闻"、"事罕异闻"相比，亦可见"史意"、"史法"内涵的不同。

章学诚释通史要义，顺便也批评了名曰"通"而实则不通的史著题名。他说："通者，所以通天下之不通也。"他举宋人魏了翁仿杜佑《通典》而撰《国朝通典》，批评说："既曰'国朝'，何'通'之有！是亦循名而不思其义者也。"他批评的这种现象，在清代以后是很普遍的，所谓《皇朝通志》即《清通志》、《皇朝通典》即《清通典》、《皇朝文献通考》即《清文献通考》等，都是"循其名而不思其义"了。会通与断代，就其本来的意义看，各有其确定的含义，是不好随便混淆的。不过，史学的发展，往往又突破了这种确定的含义。近代以来，史学家常以写某一断代、某一时期的历史著作目为"某某通史"的，是愈来愈多了。这也是一种约定俗成吧。从史学批评史来看，唯不"循流忘源"，庶几乎可知古人著史之旨。

读史当观大治乱得失

—— 史学批评的一条重要标准

一、大伦理，大机会，大治乱得失

朱熹论读书，讲到读史时，提出了这样一个见解："读史当观大伦理、大机会、大治乱得失。"（《朱子语类》卷一一）这话，反映出他的史学批评思想，可以作为史学批评的一条重要标准看待。

什么是历史上的"大伦理"？朱熹论《春秋》说："《春秋》一发首不书即位，即君臣之事也；书仲子嫡庶之分，即夫妇之事也；书及邾盟，朋友之事也；书郑庄克段，即兄弟之事也。一开首，人伦便尽在。"（《朱子语类》卷八三）他根据《春秋》隐公元年的书法及所记载的几件事，认为孔子作《春秋》一开首便讲到了君臣之事、夫妇之事、朋友之事、兄弟之事，把"人伦"都讲了。从《春秋》经文来看，这里有的说法比较勉强，有的说法也还存在着争议，姑且不去论它。这里要说明的只是：所谓"大伦理"，当是指在君臣、夫妇、兄弟、朋友这几层关系基础上的大是大非。朱熹还说："《春秋》大旨，其可见者：诛乱臣，讨贼子，内中国，外夷狄，贵王、贱伯而已。"（《朱子语类》卷八三）这或许就是他认为的"伦理"中之"大"者。他反对经学家把《春秋》"穿凿得全无义理"的做法。王夫之也认为："君臣、父子，人之大伦也。世衰道丧之日，有无君臣而犹有父子者，未有无父子得有君臣者也。"（《读通鉴论》卷二八）这是历史上自春秋至明清的"大伦理"。

什么是"大机会"？朱熹没有明说。他论读史时还讲过下面这段话，似可理解为"大机会"或与"大机会"有相近的含义："人读史书，节目处需要背得，始得。如读《汉书》，高祖辞沛公处，义帝遣沛公入关处，韩信初说汉王处……皆用背得，方是。"（《朱子语类》卷一一）他又说："尝欲写出萧何、韩信初见高祖一段，邓禹初见光武一段，武侯初见先主一段，将这数段语及王朴《平边策》编为一卷。"（《朱子语类》卷一三五）显然，在朱熹看来，这几件事情很重要，有的是历史进程中的契机，带有转折性质的。朱熹论三国形势，可以看作是"大机会"的一个比较详细的注脚。他说：曹操认识到"据河北可以为取天下之资"，但却被袁绍抢先了一步，以致"后来崎岖万状，寻得献帝来，为挟天子令诸侯之举，此亦是第二大着"。故曹操终究不失为能够把握"大机会"的人物，"若孙权据江南，刘备据蜀，皆非取天下之势，仅足自保耳"（《朱子语类》卷一三六）。孙、刘虽不及曹操，但足以"自保"，以一度成鼎足之势，也还是可以称得上能够抓住"大机会"的政治家。

朱熹说的"大治乱得失"，比较容易理解。他说："且如读《史记》，便见得秦之所以亡，汉之所以兴；及至后来刘、项事，又知刘之所以得，项之所以失，不难判断。只是《春秋》却精细，也都不说破，教后人自将义理去折衷。"（《朱子语类》卷八三）《史记》揭示了秦汉之际的兴亡得失，而《春秋》却并不"说破"，是寓其义于史文之中。其实《春秋》文字过简，于兴亡得失之故实难昭示明白。朱熹有时也离开具体的史书而讲他自己对于治乱盛衰的认识，如说："物久自有弊坏。……秦汉而下，自是弊坏。得个光武起，整得略略地，后又不好了，又得唐太宗起来，整得略略地，后又不好了。"（《朱子语类》卷一三四）这话，似更能说明他讲的"大治乱得失"的含义。

总之，可以这样说：朱熹认为，《春秋》写出了大伦理，《史记》写出了大治乱得失，它和《后汉书》、《三国志》的许多篇章写出了大机会。这是他对有关史书在这方面的成绩的肯定，同时也是在史学批评方面提出了一条重要的标准。在北宋和南宋，跟这种认识相同或相近的人并不少见；因为朱熹有更丰富的史学批评思想，所以也就更有代表性。

二、"史之纪事，莫大乎治乱"

　　魏晋南北朝隋唐时期，史学家、思想家、政治家们，因受时代的影响和启迪，对兴亡治乱问题有广泛的探讨，这方面的著作也很多。宋人承其余绪，又有了贞观、开元之治和唐末、五代之乱的比较，他们对治乱问题看得很重，这是很自然的。一部浩繁的《资治通鉴》，可以用司马光的两句话"监前世之兴衰，考当今之得失"（《进书表》）来概括。范祖禹《唐鉴》序，概说唐代"兴废治乱之所由"是：

　　　　昔隋氏穷兵暴敛，害虐生民；其民不忍，共起而亡之。唐高祖以一旅之众取关中，不半岁而有天下，其成功如此之速者，因隋大坏故也。以治易乱，以宽易暴，天下之人归往而安息之。方其君明臣忠，外包四荒，下遂万物，此其所由兴也。其子孙忘前人之勤劳，天厌于上，人离于下，宇内圮裂，尺地不保，此其所由废也。其治未尝不由君子，其乱未尝不由小人，皆布在方策，显不可揜。然则今所宜监，莫近于唐。①

宋代史家这样重视历史上的尤其是唐代的治乱兴废，自有很多现实上的考虑。可见朱熹说的"大伦理、大机会、大治乱得失"，也不是偶然的。

　　宋人孙甫更是从史学批评方面提出对于"治乱"的认识。孙甫也是专治唐史的。他从宋仁宗康定元年（一〇四〇年）至嘉祐元年（一〇五六年），以十六年时间撰成编年体《唐史记》七十五卷。可惜其书久佚，今存书序及史论九十二首，辑为一书，即《唐史论断》，凡三卷。孙甫撰《唐史记》，这跟他的史学批评思想有极大的关系。他在《唐史记·序》中反复阐述了自己的见解。归结起来，其大意是：

　　第一，认为古史《尚书》、《春秋》"体不同而意同"。《尚书》"记治世

---

　　① 范祖禹：《唐鉴·序》，上海古籍出版社1984年影印本，第1—2页。

之事，作教之书也"；《春秋》"记乱世之事，立法之书也"。二者"记治乱虽异，其于劝戒，则大意同也"。史家撰述，欲明治乱之本、谨劝戒之道，当师法《尚书》《春秋》。

第二，批评司马迁"破编年体，创为纪传"，虽便于记事，所取亦广，司马迁以其"才力雄俊"而贯穿群书，但于"治乱之本，劝戒之道"反倒不清晰了。他进而提出：

> 夫史之纪事，莫大乎治乱。君令于上，臣行于下；臣谋于前，君纳于后。事臧则成，否则败。成则治之本，败则乱之由。此当谨记之。①

他认为《史记》没有做到这些，是其"失之大者"。

第三，纪传、编年，凡能"编列君臣之事，善恶得实，不尚辟匿，不务繁碎，明治乱之本，谨劝戒之道"，都是可以采用的。但若"必论其至，则不若编年体正而文简也"。认为在揭示历史上的治乱问题上，编年体还是优于纪传体的。

孙甫按照他的这些认识，根据唐代历朝实录和《旧唐书》，兼采诸家著录之"参验不差，足以传信者"，撰成《唐史记》。他对于旧史处理的原则是：文繁者删之，失去就者改之，意不足而有它证者补之，事之不要者去之，要而遗者增之，是非不明者正之。

孙甫的一些看法，未尽中肯。尤其是他对《史记》的批评实为不当，相比之下，朱熹的见解要高明多了。他对编年、纪传二体的认识，也多少存在着偏见，不如唐人皇甫湜的《编年纪传论》论述得全面。尽管如此，他提出的"史之纪事，莫大乎治乱"的见解，以及他撰《唐史记》过程中对旧史的处置原则，在史学批评的理论和方法上，还是有价值的。孙甫所说的"治乱"，包含有具体的要求，即指君令、臣行，臣谋、君纳，事情成败，治乱之由等。观其《唐史论断》，所论亦多关治乱兴衰大事，如论

---

① 孙甫：《唐史论断·序》，丛书集成初编本，中华书局1985年版，第2页。

置十二军、放宫人、魏征论致治不难、唐太宗责封德彝不举贤、任用房杜等，都是唐初历史上的大事，都跟贞观之治局面的形成有很大的关系。这反映了孙甫在史学批评和历史撰述上的一致。欧阳修、司马光、苏轼、曾巩等名家，都对孙甫有很好的评价。欧阳修所撰墓志说：孙甫"尤善言唐事，能详其君臣行事本末，以推见当时治乱。每为人说，如身履其间，而听者晓然如目见。故学者以谓阅岁读史，不如一日闻公论也"（见《唐史论断》附录）。这又反映出他在评史、撰史、说史方面的共性。他说史能打动人，证明他对治乱有透彻的阐述。

三、为史当重"经世之大略"，明"得失之枢机"

历史撰述为什么要写出"大伦理、大机会、大治乱得失"？它怎样才能达到"明治乱之本"、"谨劝戒之道"的目的？清人王夫之从史学的主要作用是"资治"的认识出发，把这些问题阐述得更深入、更明确了。他说：

> 所贵乎史者，述往以为来者师也。为史者，记载徒繁，而经世之大略不著，后人欲得其得失之枢机以效法之无由也，则恶用史为？[①]

王夫之认为，历史著作不因其繁而有价值，而应着重写出历史上人们"经世之大略"，使后人可以从中窥见其"得失之枢机"，即得失之关键所在，或以为法，或以为戒。不能如此，那么撰写历史有什么用呢！

王夫之针对《资治通鉴》光武帝建武元年（二十五年）记光武征平原太守伏湛为尚书，让他充分发挥善于抚循百姓的作用，后为司直，行大司徒事，"车驾每出征伐，常留镇守"；又访求曾为密县令而善以教化治民深得民心的卓茂，擢其为太傅，封褒德侯（见《资治通鉴》卷四〇）这两件事，而发表评论说：东汉初年，承王莽之弊，"民易动而难静"是一个严

---

① 王夫之：《读通鉴论》卷六第一〇条，中华书局1975年版，第156—157页。

重的社会问题；"而光武处之也，不十年而天下晏然，此必有大用存焉。史不详其所以安辑而镇抚之者何若，则班固、荀悦徒为藻帨之文，而无意天下之略也，后起者其何征焉？"（《读通鉴论》卷六第一〇条）他认为，东汉初年大规模地、有效地安民的措施，是前面汉高祖、后面唐宋皇朝都不曾碰到过的大事业，是"自三代而下，唯光武允冠百王"的主要根据。然而史家对于这样一个重要的"经世之大略"语焉不详，那后起的人又怎能窥其"得失之枢机"呢！

值得注意的是，司马光在所记之事后也有一段评论，认为："光武即位之初，群雄竞逐，四海鼎沸，彼摧坚陷敌之人，权略诡辩之士，方见重于世，而独能取忠厚之臣，旌循良之吏，拔于草莱之中，置诸群公之首，宜其光复旧物，享祚久长，盖由所先务而得其本原故也。"这里，也给予汉光武很高的评价。但司马光、王夫之二人评论的角度是显然不同的：司马光是对这件事作历史的评价；王夫之是从这件事情中，提出了对历史撰述的更高的要求，他的评论是从史学批评方面提出来的。

历史撰述写"经世之大略"，也有多种表述方法。王夫之比较了小说、笔记和《资治通鉴》记唐宣宗事说："小说载宣宗之政，琅琅乎其言之，皆治象也，温公亟取之登之于策，若有余美焉。自知治者观之，则皆亡国之符也。小昭而大聋，官欺民敝，智撄而愚危，含怨不能言，而蹶兴不可制。……至是而唐立国之元气已尽，人垂死而六脉齐张，此其候矣。"（《读通鉴论》卷二六第六条）这种写法，同样可以使后人从中窥见"得失之枢机"。王夫之称道这种写法，因为在他看来，历史上的得与失，都是可以作为借鉴的："得可资，失亦可资；同可资，异亦可资也。"（《读通鉴论·叙论四》）

历史的内容是多样的、丰富的，当然不限于"大伦理、大机会、大治乱得失"，更不仅仅局限于"治乱"；历史的教育作用是广泛的、细致的，亦不只是昭示"经世之大略"、"得失之枢机"，王夫之对《资治通鉴》的内容和教育作用就有很开阔的认识。但是，这里所提出的朱熹、孙甫、王夫之的有关论点，毕竟是历史撰述中的重要问题，同样也是史学批评中的重要问题。尽管不同时代的史学家和史学批评家，对所谓

"大伦理、大机会、大治乱得失"会产生不完全相同的认识，但对这类问题的重视，古今是有相通之处的，中外也是有相通之处的。像《贞观政要》、《资治通鉴》这样的书，不仅在当时有很大的影响，而且在辽、金、元时还分别被译成少数民族文字广泛流传，就是今天，也还拥有众多的读者。而《第三帝国的兴亡》、《大国的兴衰》等书，则成为世界范围内的畅销书。这些，都可以证明，朱熹、孙甫、王夫之等所提出的问题，实为历史撰述和史学批评中的重大问题；现今的史学家、史学批评家，是可以从中得到教益的。

史学的审美
——史书的体裁体例和文字表述

一、史学也讲究审美吗？

是的，史学也讲究审美。

《左传》评论《春秋》，说它"微而显，志而晦，婉而成章，尽而不汙"（成公十四年），就包含着明显的审美意识。

古希腊的唯物思想家卢奇安（又译作琉善，约一百二十五年—约一百九十二年）在一篇题为《论撰史》的长文中，讲到了史学审美的一些原则，在史学批评上有重要的理论价值。其中有几条主要原则，一是"真实的美"，二是"秩序之美"，三是文字表述之美。

关于"真实的美"，他这样写道：

> 如果历史家认为加上一些修饰是绝对必要的话，他应该只求风格本身之美；只有这种美是华而实，可惜今日的史家往往忽略了这种真实的美，却舍本求末，鱼目混珠，贩卖无中生有的浮词。[①]

只有"华而实"才称得上"真实的美"。他认为，"历史是可以歌颂的，但是歌颂要安于本分，要用得恰当，不要使读者讨厌"。他非常明确地指出："历史只有一个任务或目的，那就是实用，而实用只有一个根源，那就是真实。"可见，卢奇安说的"真实的美"，是史学的"任务或目的"所

---

① 见〔古希腊〕卢奇安：《论撰史》，章安祺编：《缪灵珠美学译文集》第一卷，中国人民大学出版社1987年版，第197页。

决定、所要求的。

关于"秩序之美",卢奇安认为:史学家的艺术"在于给复杂错综的现实事件赋以条理分明的秩序之美,然后以尽可能流畅的笔调把这些事件记载下来"。客观历史千头万绪,纷繁复杂。史学家的艰巨任务,是首先使自己对于历史的认识达到"条理分明"的程度,然后才能写出"条理分明"的历史著作;这种著作如果属于上品的话,那就会给人以"秩序之美"的感受。当然,按照卢奇安的观点,"秩序之美"是建立在"真实的美"的基础上的。在历史撰述上,失去了真实,任何"秩序"都是徒劳的。

关于文字表述之美,卢奇安提出"平易流畅"的原则。他说:"我们既然认为历史精神的目的在于坦率诚实,从而历史风格也应该相应地力求平易流畅,明若晴空,既要避免深奥奇僻的词句,也要避免粗俗市井的隐语,我们希望俗人能了解,文士能欣赏。词藻应该雅而不滥,毫无雕琢的痕迹,才不使人有浓羹烈酒之感。"这一段话,跟班彪评论《史记》中的几句话很相似:"善述序事理,辩而不华,质而不野,文质相称,盖良史之才也。"(《后汉书·班彪传》)班彪约早于卢奇安一百二十年。

卢奇安讲的真实之美和文字表达之美,在上引《左传》称《春秋》语中已包含了这两方面的思想;而《春秋》是讲求例的,例就是"秩序之美"。可见中西古代史家在史学的审美意识上,是有很多极相似的地方的。

晚于卢奇安三百年左右,中国南朝刘勰在所著《文心雕龙》中写了《史传》篇,从文学评论的角度讨论"史传",文中也包含着丰富的史学审美思想。他评论:《春秋》"存亡幽隐,经文婉约";《左传》"原始要终,创为传体","实圣文之羽翮,记籍之冠冕";《史记》"本纪以述皇王,列传以总侯伯,八书以铺政体,十表以谱年爵,虽殊古式,而得事序焉";《汉书》"十志该富,赞序弘丽,儒雅彬彬,信有遗味",等等。《史传》篇的赞语说:"史肇轩黄,体备周、孔。世历斯编,善恶偕总。腾褒裁贬,万古魂动。辞宗丘明,直归南、董。"这里讲到了体裁问题,讲到直书即真实的问题,讲到文辞问题,也讲到了史学的作用。这同卢奇安提出的真实之美、秩序之美和文字表述之美的思想也是相通的。卢奇安是散文讽刺家，刘勰是文学评论家，他们的史学审美思想在史学批评史上都有不可忽视的价值。

在《直书与曲笔》、《采撰的得失》中，已经讨论过历史记载的直书和历史撰述的真实问题；这里要继续讨论的，是关于史书的秩序之美和文字表述之美。

二、史书的"秩序之美"和结构之美

卢奇安所说的"秩序之美"，还只是史学批评上的原则和要求。在中国古代史家和史学批评家这里，所谓"秩序之美"，都获得了一些具体的形式和相应的理论上的含义。刘知几在《史通·二体》篇中比较了编年体、纪传体的长短。他论编年体的长处是："系日月而为次，列岁时以相续，中国外夷，同年共世，莫不备载其事，形于目前。理尽一言，语无重出。此其所以为长也。"各种史事，皆按时间先后编次，这是一种以时序为中心的"秩序之美"。刘知几论纪传体的长处是："纪以包举大端，传以委曲细事，表以谱列年爵，志以总括遗漏，逮于天文、地理、国典、朝章，显隐必该，洪纤靡失。此其所以为长也。"这个概括，不如上文所引刘勰以"皇王"、"侯伯"、"政体"、"年爵"对纪传体的概括，后者更明显地反映了各阶层人物在社会中所处位置的"秩序之美"。这是纪传体之表现形式的核心。当然，刘知几把历史看作是由许多史事交织起来的复杂过程，他以"大端"、"细事"、"年爵"、"遗漏"这些方面，说明纪传体在综合复杂史事上的优长，以肯定其错落有致的"秩序之美"。他的这一见解还是可取的。刘知几还评论了编年、纪传二体的短处。这些短处，应是有关体裁本身所决定的，并非史家才能不及所致。所以刘知几认为："欲废其一，固亦难矣。"

中国古代史书在表现形式上反映出来的"秩序之美"，除了编年、纪传二体外，还有两种重要形式，一是典制体，一是纪事本末体。杜佑所创制的典制体通史《通典》，以其严密的逻辑体系反映出历史（以制度为中心的历史）的井然秩序。杜佑自序说：

夫理道之先在乎行教化，教化之本在乎足衣食。……夫行教化在乎设职官，设职官在乎审官才，审官才在乎精选举，制礼以端其俗，立乐以和其心，此先哲王致治之大方也。故职官设然后兴礼乐焉，教化隳然后用刑罚焉，列州郡俾分领焉，置边防遏戎狄焉。是以食货为之首，选举次之，职官又次之，礼又次之，乐又次之，刑又次之，州郡又次之，边防末之。或览之者庶知篇第之旨也。①

　　这个逻辑体系，从纵向上看，是把自传说中的黄帝直至唐代天宝之末历代典章制度的创制沿革、得失损益的秩序之美反映出来；从横向上看，是通过对国家政权职能一些基本设施的认识反映出社会经济、政治等诸方面的"秩序之美"。当时人评论《通典》，说它"诞章闳议，错综古今"，"推而通，放而准，语备而理尽，例明而事中，举而措之，如指诸掌"，就反映了它在这两个方面的特点。

　　南宋袁枢据《资治通鉴》内容，改以事件为中心，因事而命篇，共厘为二百三十九事，略按时间顺序编次，撰成《通鉴纪事本末》四十二卷，创立了纪事本末体。这是反映出所记每一个重大事件之始末原委、完整过程的"秩序之美"，同时也反映出所记这一个个重大事件之内在联系的"秩序之美"。因此，这里所表现出来的也是历史的双重"秩序"的结合。文学家、诗人杨万里序其书曰："大抵搴事之成，以后于其萌；提事之微，以先于其明。其情匿而泄，其故悉而约，其作窕而槬，其究遄而迅。"这是称道它尽事之本末、说远而意近的"秩序之美"。

　　以上这几种主要体裁，分别反映出历史内容在时间序列上、人物阶层上、制度沿革上、事件原委上的各自的"秩序"。而如从中国古代史学的整体来看，可以认为，它们又从很高的层次上反映出了中国历史进程中有关时间、空间、人物、事件、制度等诸多方面所构成的综合的"秩序之

---

　　① 分别见杜佑：《通典》李翰序，中华书局1988年版，第2页。权德舆：《杜公墓志铭并序》，董诰等编：《全唐文》卷五〇五，中华书局1983年版，第5136页。

美"。同这种外部形态上的"秩序之美"相结合，中国古代史书也讲求内部结构上的"秩序之美"。这种史书的内部结构，中国史学上习惯地称为体例。刘知几《史通·序例》篇指出：

> 夫史之有例，犹国之有法。国无法，则上下靡定；史无例，则是非莫准。[①]

他把史书的体例提高到同历史评价之"是非"相关的高度上来看待，这或多或少跟"名教"观念的传统有关，是不难理解的。同时，体例也规定着一种"秩序"。他称赞《春秋》"始发凡例"，而《左传》"显其区域"，扩大了记事的容量。他认为，干宝《晋纪》、范晔《后汉书》的史例"理切而多功"，萧子显《南齐书》的例"义甚优长"；这些，"皆序例之美者"。刘知几也批评了一些史书在体例上的失当。他的批评，有的是很有见地的。如批评《汉书》等纪传体史书，"每卷立论，其烦已多，而嗣论以赞，为黩弥甚"（《史通·论赞》）。批评有些史书机械地因习前史，以致"事有贸迁，而言无变革"（《史通·因习》）。批评有的史书记人"竟以姓望所出，邑里相矜"，甚至对"虚引他邦，冒为己邑"的流俗也不加以辨析（《邑里》），等等。但刘知几的批评，也有些是过分强调体例的"整齐"而或多或少忽略了历史本身的"秩序之美"。他批评《史记》为项羽立"本纪"、为陈胜立"世家"等，就属于这种情形。

刘知几《史通》对纪传体史书体例的分析、概括，在中国古代历史编纂学上是具有总结性的，而在中国古代史学批评史上却是具有开创性的。关于史例的理论研究，成了历史编纂学的重要内容。在刘知几之后，有刘餗撰《史例》三卷，有佚名所撰《沂公史例》十卷，是讨论史例的专书，可惜都已散佚了。章学诚《文史通义》中多有讨论史例的专篇和精辟的论断。章学诚在这个问题上的理论贡献，有两点是格外值得注意的：第一，他提出了"例"与"质"的关系，认为二者相符，才可成为佳作；倘若

---

① 刘知几：《史通·序例》，浦起龙通释本，上海古籍出版社2009年版，第81页。

"例有余而质不足以副"，则这样的史书不能真正反映出历史的"秩序之美"。"例"是结构，"质"是内容；脱离了对于"质"的恰当的把握，"例"也会成为徒有虚名。第二，史才、史学、史识是史家的整体素质，史例只是史才中的一个方面；如果"史才、史学、史识，转为史例拘牵"，就会造成历史撰述上的本末倒置（参见《文史通义·与邵二云论修宋史书》）。这两点，可以看作是史家在探求史书内部结构的"秩序之美"过程中，不能不顾及的两个前提。

三、史书的文字表述之美

中国古代史学批评历来把史家的"善序事"（即"善叙事"）视为"良史之才"的一条重要标准。善序事所包含的内容很丰富，而文字表述上的造诣是其中的主要方面。在刘知几以前，人们评论《春秋》、《左传》、《史记》、《汉书》、《三国志》等，多已提出不少这方面的见解。而刘知几《史通·叙事》篇指出："夫史之称美者，以叙事为先"，"夫国史之美者，以叙事为工"。这是从理论上明确了"叙事"对于撰写史书的重要。宋人吴缜在史学批评上强调以"事实"为基础，但也提出史书"必资文采以行之"（《新唐书纠谬·序》），这是直接讲到了史书的文采问题。章学诚《文史通义·文理》篇对于如何发挥"文字之佳胜"的问题，更有精辟的分析。

综观古代史家、史学批评家关于这方面的言论、思想、实践，史书的文字表述之美大致可以概括为以下几个方面：

真实之美。这是指史家的文字表述反映出来历史之真实的本质之美。离开了历史的真实，史学的审美就失去了根本，也失去了任何意义。班固评论《史记》，把"其文直，其事核"放在首要位置，是很有见地的。"文直"、"事核"是对史家尽力反映历史真实的具体要求，它们的结合，乃是史家走向历史撰述真实之美的必经之途。

质朴之美。用刘知几的话来说，这是史书之文字表述对于社会的语言文字"体质素美"、"本质"之美的反映。他举例说："战国以前，其言皆可讽咏，非但笔削所致，良由体质素美。……刍词鄙句，犹能温润若此，况乎束带立朝之士，加以多闻博古之识者哉！则知时人出言，史官入记，虽有讨论润色，终不失其梗概者也。"（《史通·言语》）他赞成以"方言世语"如"童竖之谣"、"时俗之谚"、"城者之讴"、"舆人之诵"等写入史书；不赞成史家"怯书今语，勇效昔言"的文风。在刘知几看来，这种语言的"体质素美"，于官方、于民间，虽有不同，但史家都应表述出它们的"本质"。

简洁之美。卢奇安认为，对于历史撰述来说，文笔简洁不仅是"修辞"的问题，而且是"本质"的问题。史家撰史，不应流连于"不重要的细节"和"琐屑的事情"。刘知几极力提倡史文"尚简"，认为史家"叙事之工者，以简要为主"，"简要"的标准是"文约而事丰，此述作之尤美者也"。为此，史家撰述应从"省句"、"省字"做起（《史通·叙事》）。当然，从审美的观点看，史文亦非愈简愈美。顾炎武讲了这个道理。他的《日知录》有《修辞》、《文章繁简》两篇，提出"辞主乎达，不主乎简"的论点，是关于这个问题的辩证的看法。

含蓄之美。这是隐喻、寄寓、含义深沉之美，刘知几称之为"用晦"。"用晦"的第一个要求，是"省字约文，事溢于句外"。这是跟史文的简洁相关联的。"用晦"的第二个要求，是"言近而旨远，辞浅而义深，虽发语已殚，而含意未尽。使夫读者望表而知里，扪毛而辨骨，睹一事于句中，反三隅于字外"（《史通·叙事》）。这是说到了含蓄之美的较高层次。

中国古代史书在文字表述上的生动之美，多为论者所关注。文学史上的所谓传记文学、所谓战争文学，大都与史书相关，与史书的文字表述相关。关于它们的审美价值，也有不少论述。

关于史学审美的思考和研究，是一个很广泛的领域，在史学批评中占有重要的地位。在这方面，还有很多工作要做。

史论的艺术

　　——关于历史评论的评论

一、丰富的历史评论遗产

　　从很早的时候起，中国史书就十分重视史论。这里说的史论，是指史家对于自己或他人记述的历史所发表的评论，如《左传》中的"君子曰"、《史记》中的"太史公曰"、《汉书》中的"赞曰"等。在《史记》、《汉书》等"正史"中，书志、表、类传的序，也是史论的一种重要形式。后来所产生的许多历史撰述，史论多占有重要的位置，成为史家表达历史见识的主要方式之一。杜佑《通典》的史论，司马光《资治通鉴》的史论，是唐宋时期史论的杰作。中国古代的史论，还有专文和专书的形式：前者如贾谊的《过秦论》、柳宗元的《封建论》，后者如范祖禹的《唐鉴》、王夫之的《读通鉴论》及《宋论》，都是名作。

　　中国古代史学中的史论包含了丰富的思想遗产，表明了古代史家从来不是把自己置身于历史之外、对历史作"纯客观"的描述，而是通过史论表达对历史的看法，使主体和客体统一起来。这是一种积极的历史撰述思想和态度。有一种说法是不能成立的，即认为中国史学只有对历史的描述而没有对历史的解释和分析，解释和分析历史是西方史学的特点。这显然是一种误解。其实，中国古代史论对历史的解释和分析，不论在关于历史进程方面，还是在关于重大事件和历史人物方面，都有广泛的涉及，也提出了许多深刻的见解。对于这一部分史学遗产，尚待作综合的整理和研究。

二、"精意深旨"与"笔势纵放"

史家对于历史评论的重视和评论，自汉代以后，反映得越来越突出。司马迁是重视历史评论的，他的《史记》的史论有很高的思想价值和史学价值。不过，由于历史见解的迥异，他的历史评论也遭到后人激烈的批评。班彪批评司马迁"论议浅而不笃"，他说："其论术学，则崇黄老而薄《五经》；序货殖，则轻仁义而羞贫穷；道游侠，则贱守节而贵俗功"（《后汉书·班彪传》）。班固《汉书·司马迁传·赞》，所说大致与此相同。这表明，班氏父子在评论《史记》时，是很重视司马迁的史论的。这也从根本上显示出了马、班的异趣。

《后汉书》著者范晔对于史论的格外重视，反映出史家历史评论之自觉意识的进一步增强。这从他《狱中与诸甥侄书》中的一段话，可以看得十分清楚。他写道：

> 本未关史书，政恒觉其不可解耳。既造《后汉》，转得统绪，详观古今著述及评论，殆少可意者。班氏最有高名，既任情无例，不可甲乙辨。后赞于理近无所得，唯志可推耳。博赡不可及之，整理未必愧也。吾杂传论，皆有精意深旨，既有裁味，故约其词句。至于《循吏》以下及"六夷"诸序论，笔势纵放，实天下之奇作。其中合者，往往不减《过秦》篇。尝共比方班氏所作，非但不愧之而已。欲遍作诸志，《前汉》所有者悉令备。虽事不必多，且使见文得尽。又欲因事就卷内发论，以正一代得失，意复未果。赞自是吾文之杰思，殆无一字空设，奇变不穷，同合异体，乃自不知所以称之。①

从史学批评的理论来看，这段话是很重要的。第一，范晔首次提出了"评论"这个范畴。联系上下文来看，他说的"评论"指的就是历史评论。第

---

① 沈约：《宋书》卷六九《范晔传》，中华书局1974年版，第1830—1831页。

二，范晔认真研究和比较了前人的史论，认为班固虽然"最有高名"，实则"于理近无所得"，而对于贾谊《过秦论》则甚为仰慕。第三，他对于自己所撰的史论有充分的自信，尤其是杂传论和类传论，甚至不比《过秦论》减色，更无愧于《汉书》的后赞。值得注意的是，他对史论提出了"精意深旨"、"笔势纵放"两条标准，前者指史家的思想，后者指史家的文采；二者结合，才称得上是杰出的史论。第四，他认为史家"因事就卷内发论"是非常严肃的事情，可以起到"正一代得失"即对历史作出恰当评价的作用。这一认识，反映出史家崇高的历史责任感。

范晔对自己史论的评价，尽管多少带着一定的感情色彩，难免有言过其实之处，如"天下之奇作"、"奇变不穷"等说，似未必允当。但从主要的方面来看，范晔的史论确有不少饱含精意深旨而又笔势纵放的名篇。《后汉书》卷二二"中兴二十八将"论、卷七八《宦者列传》后论、卷八三《逸民列传》序，是历来为后人所称道的。"中兴二十八将"论共四百八十多字，主要讲了两层意思。第一层意思是说："中兴二十八将，前世以为上应二十八宿，未之详也。然咸能感会风云，奋其智勇，称为佐命，亦各志能之士也。"这是明确表明他不同意"二十八将"上应"二十八宿"的说法，而是把他们放到特定的时势中即"感会风云"来评价他们，显示了他的朴素唯物史观的倾向。第二层意思是对"议者多非光武不以功臣任职，至使英姿茂绩，委而勿用"的说法进行辨析，认为：秦、汉以前，尚可"授受惟庸，勋贤皆序"；西汉时期就不是这样了，一方面是"萧、樊且犹缧绁，信、越终见菹戮"，一方面又是"缙绅道塞，贤能蔽壅"。汉光武帝正是"鉴前事之违，存矫枉之志"，对功臣既不裂土分封，又不广泛委以重任，故"建武之世，侯者百余，若夫数公者，则参与国议，分均休咎，其余并优以宽科，完其封禄，莫不终以功名延庆于后。"这是充分肯定了汉光武帝在调整统治集团内部关系上之做法的成功。范晔在这个问题上的理论认识是："崇恩遍授，易启私溺之失，至公均被，必广招贤之路，意者不其然乎！"他所谓"精意深旨"者，于此可见其大概。

《宦者列传》后论，首先概括了历史上"丧大业绝宗禋"的四种原因："三代以嬖色取祸，嬴氏以奢虐致灾，西京自外戚失祚；东都缘阉尹倾国。成败之来，先史商之久矣。"接着从宦官共同的生理与社会特点，说明他们极易获得皇家的信任；而他们品质、个性上的特征，总会出现"真邪并行，情貌相越"、"回惑昏幼，迷瞀视听"的现象，兼之"诈利既滋，朋徒日广"，对朝廷有极大的腐蚀、破坏作用，以至于"社稷故其为墟"。这是把宦官置于总的历史得失之中加以考察的，故在分析上超脱了就事论事的个别性说明，而上升到理论认识方面。这或许就是范晔所说的"笔势纵放"。《逸民列传》序开始分析了"逸民"之产生的不同原因：

> 或隐居以求其志，或回避以全其道，或静己以镇其躁，或去危以图其安，或垢俗以动其概，或疵物以激其清。然观其甘心畎亩之中，憔悴江海之上，岂必亲鱼鸟、乐林草哉，亦云性分所至而已。①

这是对"逸民"现象作了具体的分析，而有别于对其作自然主义的解释。其后，范晔以王莽、东汉为例，指出不同的政治环境对"逸民"现象的影响。王莽时期，人们"裂冠毁冕，相携持而去之者，盖不可胜数"。光武时期，"旌帛蒲车之所征贲，相望于岩中矣。……群方咸遂，志士怀仁，斯固所谓举逸民天下归心，者乎！"而自肃宗（汉章帝）以后，"帝德稍衰，邪孽当朝，处子耿介，羞与卿相等列"，情况又不同了。这一篇序，从一般的逸民现象论到东汉的逸民现象，并揭示出"帝德"的盛衰跟逸民现象的直接关系，于"笔势纵放"中亦可窥其"精意深旨"。

三、"事出于沈思，义归乎翰藻"

优秀的历史撰述一定会产生广泛的社会影响，而史家的精辟的历史评论，也自然会成为人们传诵、研究的对象。

史论艺术的价值具有广泛的社会性。一个突出的标志是，它曾被作为一种文体看待，其杰出者则被作为范文广为流传。南朝梁人昭明太子萧统

---

① 范晔：《后汉书》卷八三《逸民列传》，中华书局1965年版，第2755页。

（五〇一年—五三一年）所辑中国最早的文学总集《文选》（亦称《昭明文选》），其中专立"史论"一目。卷四九《史论上》，收入班固《汉书·公孙弘传》赞，干宝《晋武帝革命论》、《晋纪·总论》，范晔《后汉书·皇后纪》论共四首史论；卷五〇《史论下》，收入范晔《后汉书》二十八将论、《宦者列传》论、《逸民列传》论，沈约《宋书·谢灵运传》论、《恩幸传》论共五首史论。两卷计收入史论九首，而范晔《后汉书》占了四首，这也可证明他对于自己的历史评论的评价并非吹嘘之词。

《文选》为什么要收入史论文字？萧统在《文选·序》中特意讲到了这个问题。他写道：

> 至于记事之史，系年之书，所以褒贬是非，纪别异同，方之篇翰，亦已不同。若其赞论之综缉辞采，序述之错比文华，事出于沈思，义归乎翰藻，故与夫篇什。[①]

这里指出了史论与一般文学作品、各类文章的不同，而辑者之所以要收入这类文字，是着眼于"赞论之综缉辞采，序述之错比文华"，尤其考虑到大凡杰出的史论，都是"事出于沈思，义归乎翰藻"。萧统看重史家对于"事"即史事的沉思，对于"义"即史识的表达，看重这二者的结合，这是他的卓见。《文选·序》末了说："凡次文之体，各以汇聚。诗、赋体既不一，又以类分；类分之中，各以时代相次。"值得注意的是，在文、史分途的情况下，史论能够作为一种文体而受到重视，这充分反映了史家在史论艺术上所达到的成就之高。萧统说的"事出于沈思，义归乎翰藻"，同范晔提出的"精意深旨"，"笔势纵放"，虽语出文、史两途，而其义实则一致，这不是偶然的。《文选》有很大的社会影响，它对于史论的重视，在推动人们关注和探讨史论的发展方面，起了积极的作用。

在文与史都获得高度发展的情况下，史论仍被作为一种文体看待而受到重视。宋人编纂的《文苑英华》一千卷，从卷七三九至卷七六〇共二十

---

① 萧统：《文选·序》，中华书局1977年版，第2页。

二卷为各种"论",其中有三分之二属于史论,而它明确标明"史论"的有四卷(卷七五四—七五七)。《文苑英华》上续《文选》,故所辑大多唐人作品,其中史论亦颇多精彩篇章,而以魏征、朱敬则、杜佑、柳宗元的史论最为知名。

《文选》和《文苑英华》皆以"史论"立目辑入有关的史论,这一方面说明史论自有它的魅力,因而受到人们的重视。另一方面也说明文学家、文章家的修养,是不能没有历史思想的熏陶的。这两个方面,都反映出史论的社会价值和社会作用。

四、"于序事中寓论断"

唐宋以下,对史论发表评论者,代有其人,刘知几、朱熹、顾炎武、王夫之、章学诚等,皆为名家。文短不能尽载,这里只就顾炎武说略作介绍。顾炎武在《日知录》卷二六中写了一则《〈史记〉于序事中寓论断》,文不长,照录如下:

> 古人作史,有不待论断而于序事之中即见其指者,惟太史公能之。《平准书》末载卜式语,《王翦传》末载客语,《荆轲传》末载鲁句践语,《晁错传》末载邓公与景帝语,《武安侯田蚡传》末载武帝语,皆史家于序事中寓论断法也。后人知此法者鲜矣,惟班孟坚间一有之。如《霍光传》载任宣与霍禹语,见光多作威福,《黄霸传》载张敞奏见祥瑞,多不以实,通传皆褒,独此寓贬,可谓得太史公之法者矣。①

顾炎武这里说的,既不是如同《左传》篇中的"君子曰",也不是如同《史》、《汉》纪传卷末的论和志表卷首的序,而是指的在卷末处史家借他人之语用以表示自己对所记史事的看法,他把这种表述方法概括为"于序

---

① 顾炎武:《日知录》卷二六《〈史记〉于序事中寓论断》,上海古籍出版社2006年版,第1429页。

事中寓论断"。这是不以史家见解直接形诸文字的"论断",是史论中的又一种艺术境界。顾炎武列举了《史记》中的五个例子,来证明他的这一理论概括。其中,《平准书》末载卜式语是这样写的:"是岁小旱,上令官求雨。卜式言曰:'县官(称皇帝为县官,此指汉武帝——引者)当食租衣税而已,今弘羊令吏坐市列肆,贩物求利。亨(烹)弘羊,天乃雨。'"这是司马迁借卜式的话,批评了汉武帝、桑弘羊与工商业者争利的政策。《刺客列传》(顾所说《荆轲传》)末鲁句践语是这样写的:"鲁句践已闻荆轲之刺秦王,私曰:'嗟乎,惜哉其不讲于刺剑之术也!甚矣,吾不知人也;昔者吾叱之,彼乃以我为非人也!'"这是叹惜荆轲刺秦王的失败,而借鲁句践的自责越发衬托出荆轲在人们心目中的高大形象。这反映了史家的认识,但又不是史家直接说出来的。

在顾炎武以前,刘知几《史通·叙事》篇有关于"用晦"的论述,主要着眼于史事,跟顾炎武所论主要着眼于论断不同。明初撰修《元史》,其"凡例"最后一条是:"历代史书,纪、志、表、传之末,各有论赞之辞。今修《元史》,不作论赞,但据事直书,具文见意,使其善恶自见,准《春秋》及钦奉圣旨事意。"(见《元史》附录《纂修元史凡例》)今《元史》各卷之末,皆无"论曰"、"赞曰"、"史臣曰",这或许是受《史通·论赞》篇的影响。不过,它所谓"不作论赞"是从形式上讲的,《元史》帝纪各卷之末,多有史家直接出面评论的文字;诸志与类传,亦多有序。这些都是史论。可见《元史》所订"凡例",对于"据事直书,具文见意"的理解,似还停留在外部形式上,远不如顾炎武所论来得深刻。

其实,顾炎武所论"《史记》于序事中寓论断",并不限于他所举出的数例,而是有广泛的运用[1]。顾炎武提出这个问题,对于人们从理论上认识、研究中国古代史论的艺术,有很大的启发。

---

[1] 参见白寿彝:《司马迁寓论断于序事》,载《北京师范大学学报》1961年第4期。

心术与名教
——史学批评的道德标准和礼法原则

一、"直道"和"名教"

道德标准和礼法原则，在古代史学批评家的指导思想上占有极重要的位置。刘知几在《史通·曲笔》篇中提出"直道"和"名教"两个概念，他说："史氏有事涉君亲，必言多隐讳，虽直道不足，而名教存焉。"他认为这一类的"曲笔"具有特殊性，是可以理解的，甚至也是可以允许的，因为它恪守了"名教"的规范。这里说的"直道"，主要是指史家的正直的品质；"名教"，是指以正名分、定尊卑为主要内容的封建礼法。在刘知几看来，"直道"是史学批评的道德标准，是检验史家个人品质修养在历史撰述上反映的尺度。而"名教"，则是当时社会秩序之最高原则的集中反映，是任何一个史家都应当遵守的原则。"直道"虽具有普遍的意义，而"名教"却带有根本的性质。

通观《曲笔》篇，"直道"的主要标志是"正直"。在《史通·直书》篇中，刘知几热情洋溢地肯定、赞颂史家因具有这种正直的品质，而攀登着历史撰述"实录"的高峰。所谓"直书"、"直词"、"良直"、"直笔"等，都是"正直"的具体表现，是史家主观道德在历史撰述实践上的要求。同"直道"相对而言，"名教"就不限于史家的主观道德了，它是客观道德原则的一种表现。其主要内容是"事涉君亲"，即君臣父子关系，这是比个人主观道德范畴更宽泛的社会伦理范畴。史家在历史撰述中，当"直道"和"名教"不能统一时，往往只有放下"直道"而服从于"名教"。即使是对史学批评取严厉态度的刘知几，也不能不作这样的认识，足见"名教"对于历史撰述和史学批评影响之大。

但是刘知几又指出，史家"直书"，正是为了"激扬名教"；"曲笔"恰恰又是违背"名教"的。他举例说：如汉末的董承、耿纪，晋初的诸葛诞、毌丘俭，萧齐之兴而有刘秉、袁粲，宇文周之灭而有王谦、尉迟迥等，这些人都表现出了"破家殉国，视死犹生"的"忠臣之节"；然而，《三国志·魏书》、《晋书》、《宋书》、《隋书》，各记其事时，"皆书之曰'逆'，将何以激扬名教，以劝事君者乎"！于是他大发感慨，认为："古之书事也，令贼臣逆子惧；今之书事也，使忠臣义士羞。若使南、董有灵，必切齿于九泉之下矣。"（《史通·曲笔》）仅此数例，便对"历代诸史"作出这样的批评，显然是过于言重了。这也正好说明，刘知几把是否恪守"名教"原则，视为史学批评的一条根本性的准绳。

　　总之，维护"名教"的曲笔是可以宽容的，悖于"名教"的曲笔是必须反对的，而"直书"正是为了"激扬名教"。这是刘知几在史学批评上推重"名教"的基本思想。他说："史之为务，申以劝诫，树之风声。其有贼臣逆子、淫君乱主，苟直书其事，不掩其瑕，则秽迹彰于一朝，恶名被于千载。"（《史通·直书》）又说："史之为务，记功司过，彰善瘅恶，得失一朝，荣辱千载。"（《史通·曲笔》）刘知几对史学的社会作用有明确的认识，这是他的卓见。但他这里说的"秽迹彰于一朝，恶名被于千载"、"得失一朝，荣辱千载"，都着眼于个人或家族的得失、荣辱，而对于历史的进退、社会的治乱盛衰之事反倒不怎么重视了。这使他难免陷入对于历史、历史人物片面注重作道德评价的狭窄范围，从而也限制了他的史学批评的视野和成就。究其根源，还是受着"名教"思想的束缚，例如他批评《史记》不应当为项羽立本纪、为陈涉作世家，就包含了明显的"正名分"的观念。

二、"心术"和"名教"

　　章学诚在《文史通义·史德》篇中提出了"史德"问题。他说的"史德"，包含了两层意思，一是"心术"，二是"名教"。这跟刘知几说的"直道"和"名教"，颇有相似之处。

　　章学诚把"德"解释为"著书者之心术"，而"心术"是通过"文辞"表现出来的。故由文辞可推知史家之心术，由心术而判断其德之高下。他又认为，"气"和"情"是审视文辞的两个方面，"气昌而情挚，天下之至文"。而"气贵于平"，"情贵于正"，都在于平时的修养，即所谓"心术贵于养也"。如若"气失"，则宕，则激，则骄；"情失"，则流，则溺，则偏。在这种情况下产生出来的"文辞"，"至于害义而违道，其人犹不自知"，故"心术不可不慎也"。这是章学诚对史德、心术、文辞所作的哲学思考。他说的"心术"，实质上是说的史家的主观道德，跟刘知几所说的"直道"是同一层次上的范畴。章学诚主张史家应重视主观上的道德修养，这是有积极意义的；但他把这种修养看作是纯粹个人内省的功夫，则并不妥帖。

　　刘知几分析"直道"，是用列举实例的方法，以揭示"正直"与"不直"的区别。章学诚分析"心术"，是用推理的方法，从理性的高度来揭示"心术"之正与不正的区别。这显示了章学诚在理论上确有超出刘知几的地方。然而，有一点是特别值得注意的，即《文史通义·史德》篇几乎是以三分之一的篇幅来"证明"司马迁《史记》，是如何如何符合于"名教"的要求的。章学诚所阐说的理由有三条：其一，司马迁自称"究天人之际，通古今之变，成一家之言"（《汉书·司马迁传》），"绍明世，正《易传》，继《春秋》，本《诗》、《书》、《礼》、《乐》之际"（《史记·太史公自序》），是其撰述的本旨。其二，司马迁所云"发愤著书"，只是"叙述穷愁而假以为辞"，后人以此为"怨诽"之情以至于纷纷"仿效"，实在是"以乱臣贼子之居心而妄附《春秋》之笔削，不亦悖乎"。其三，《游侠列传》、《货殖列传》等篇，"不能无所感慨"，其实不过是"贤者好奇，亦洎有之"，而其余诸篇都是"经纬古今，折衷《六艺》，何尝敢于讪上哉"！章学诚进而作出结论说：

　　　朱子尝言《离骚》不甚怨君，后人附会有过。吾则以谓史迁未敢谤主，读者之心自不平耳。夫以一身坎坷，怨诽及于君父，且欲以是邀千古之名，此乃愚不安分，名教中之罪人，天理所诛，又何著述之所传乎！……《骚》与《史》，皆深于《诗》者也，言婉多风，皆不背于名教，而椎于文者不辨也。[①]

这是章学诚从"心术"论到"名教"的很重要的一段话，反映出他的史学批评之指导思想上的一个方面。

不过，章学诚所举出的那些理由，用来"证明"他上面这段话的论点，是极勉强的。首先，以司马迁撰述《史记》的本旨来证明它"不背于名教"，这实际上是限制了《史记》本旨的历史价值和史学价值。其次，对"发愤著书"的解释，既否定了批评司马迁"是非颇谬于圣人"一派的意见，也否定了"仿效"《史记》一派的意见，一言以蔽之曰"以乱臣贼子之居心而妄附《春秋》之笔削"，则尤为过分。再次，以"贤者好奇"来说明《游侠》、《货殖》等篇的撰述目的，也不免失于肤浅，与章学诚之着重"史意"颇不相符。当然，这个问题的焦点，并不完全在于《史记》究竟是"不背于名教"还是有悖于名教；而是在于章学诚因推重名教，连《史记》中所可能反映出来的任何一种批判精神都予以否认。这跟也大讲"名教"的刘知几却又肯定"司马迁之述汉非"这一事实相比，章学诚的见解反倒显得逊色了。"名教"观念对于史学批评家的影响，从这里不是看得更加清楚么。

三、"名教"观念和史学发展

"名教"观念在史学上的反映，由来已久。东晋的袁宏，是较早提出在历史撰述上贯彻"名教"的原则的。他在《后汉纪·序》中说道：

夫史传之兴，所以通古今而笃名教也。丘明之作，广大悉备。史迁剖判六家，建立十书，非徒记事而已。信足扶明义教，网罗治体，然未尽之。班固源流周赡，近乎通人之作；然因籍史迁，无所甄明。

---

① 章学诚：《文史通义·史德》，中华书局1956年版，第146—147页。

> 荀悦才智经纶，足为嘉史，所述当世，大得治功已矣；然名教之本，帝王高义，韫而未叙。①

袁宏在对《左传》、《史记》、《汉书》、《汉纪》四书的评论中，着意指出了《汉纪》未叙"名教之本"。

袁宏对"名教"有比较完整的见解，这在他的历史思想和史学批评思想中都有明显的反映。他认为，"名教"的核心是："君臣父子，名教之本也"。他解释"名教"的产生，是"准天地之性，求之自然之理，拟议以制其名，因循以弘其教，辩物成器，以通天下之务者也"。因为"高下莫尚于天地"、"尊卑莫大于父子"，天地是"无穷之道"、父子是"不易之体"，所以"名教"是崇高而不变的（见《后汉纪》卷二六）。袁宏认为，"名教"的作用是"以统群生"，这是认识治乱盛衰的最要紧的问题。而"以统群生"之目的的达到，是通过"风化"、"风教"来实现的。"风化"、"风教"的主要内容是"亲疏尊卑之义"、"存本怀旧之节"。袁宏说："有尊有亲，则名器崇矣；有本有旧，则风教固矣。是以中古之世，继体相承，服膺名教，而仁心不二。"（《后汉纪》卷三）在他看来，名教维系了中古社会历史的秩序。袁宏的结论是：古之圣人，"作为名教，平章天下"，"故名教之益，万物之情大者也"（《后汉纪》卷二三）。袁宏的《后汉纪》，是把"名教"观念贯彻到历史撰述中的很有代表性的著作。

"名教"作为社会道德规范，在东晋以前就开始表现出来。《世说新语·德行》篇记："李元礼，风格秀整，高自标持，欲以天下名教是非为己任。"李元礼是东汉人，他要以"天下名教是非为己任"，说明"名教"观念有很广泛的社会影响。同书又记："王平子、胡毋彦国诸人，皆以任放为达，或有裸体者。乐广笑曰：'名教中自有乐地，何为乃尔也！'"这说明魏晋之际，"名教"受到了一定的冲击，袁宏提倡"名教"是有一定的社会历史原因的。

唐宋史家撰史，有的还囿于"名教"观念的影响。盛唐萧颖士认为

---

① 袁宏：《后汉纪·序》，中华书局2002年《两汉纪》本，下册第1页。

"仲尼作《春秋》,为百王不易法",而《史记》"失褒贬体,不足以训"。他"起汉元年、讫隋义宁编年,依《春秋》为传百篇"(《新唐书·萧颖士传》)。北宋欧阳修独撰《五代史记》即《新五代史》,又主持《新唐书》的撰写,都贯彻了《春秋》褒贬之例。萧书不传,欧阳二史俱在,其得显然,失亦显然。叶适批评欧阳修用《春秋》法撰唐、五代史事,"于纪则有掩郁不详之患,于传则有掠美偏恶之失,长空言之骄肆,而实事不足以劝惩,学者未当遵也"(《习学记言序目》卷三八)。《新唐书》处处欲示褒贬,以致"义例繁曲",于客观历史未必恰当,"而读史之家,几同于刑部之决狱矣"①。历史撰述中的这种保守倾向,势必限制了史家的成就,也不利于史学的发展。而这种力图恢复《春秋》褒贬之义的做法,正是"名教"观念在史学上反映的一种形式。

明清时期,史学上反映出来的"名教"观念受到了挑战。李贽申"是非"论于前,王夫之述"三义"论于后,显示出跟"名教"观念不尽吻合的倾向。李贽认为,看待历史,不当"咸以孔子之是非为是非";而是非也不是不变的,"昨日是而今日非矣,今日非而后日又是矣"(《藏书·世纪列传总目前论》)。他根据这个认识,批评了班固对司马迁的批评。他说:"班氏以此为真足以讥迁也,当也;不知适足以彰迁之不朽而已。使迁而不'残陋',不'疏略',不'轻信',不'是非谬于圣人',何足以为迁乎!"又进而指出:《春秋》是孔子所撰之史,"初未尝按古圣人以为是非也";《史记》是司马迁"发愤之所为作也,其不为后世是非而作也"②。李贽的"是非"论包含着相对主义的成分,但它在进一步批判历史撰述中的"名教"观念和《春秋》褒贬义例的传统影响方面,是有积极意义的。

君臣父子的尊卑名分关系是名教的核心,王夫之的"三义"论对君臣关系提出了批判性的认识。他说:"有一人之正义,有一时之大义,有古今之通义:轻重之衡,公私之辨,三者不可不察。""正义"对于"大义"

---

① 钱大昕:《廿二史考异》卷四六《唐书·宰相表》条,上海古籍出版社2014年版,第706页。
② 李贽:《藏书》卷四〇《史学儒臣传·司马迁传》后论,中华书局1959年版,第692页。

来说，前者是私，后者是公；"大义"对于"通义"来说，前者是私，后者是公。因此，人们在认识上"不可以一时废千古，不可以一人废天下"（《读通鉴论》卷一四）。根据这一认识，王夫之认为：君，有"天下之君"和"非天下之君"的区别，臣子对他们的态度自然是可以不一样的。君，又有"暗主"和"明君"的区别，前者"不足与谋"，而后者不可不与之谋，臣子也可以对其采取不同的态度。王夫之的"三义"论，包含有明显的正统观念和汉族中心论的思想，但它在批判君臣关系等同于天地关系的神圣性方面，也是有积极意义的。

　　总之，"名教"观念的产生虽有其历史的必然性，它在史学上的反映对于说明一定历史时期的史学的特点也是有意义的；但总的来看，"名教"观念不论对于历史撰述来说，还是对于史学批评来说，它所产生的影响是消极的。古代史学和史学批评的发展，尽管不断对此提出种种批评，但要最终清除其影响，却又是难以做到的。这正是它的局限性的一种表现。与此不同的是，刘知几所说的"直道"和章学诚所说的"心术"，强调史家主观道德的修养对于历史撰述的重要，则始终是古代史学和史学批评的优良传统。道德标准和伦理原则是有联系的，但又不好完全等同起来，它们在史学批评上的作用，自亦可分别看待。

国史·野史·家史的是非

——史学批评的方法论举例

一、三史是非和史学批评方法论

在中国古代史学批评史上，关于国史、野史、家史的评论，有种种不同的看法，尤其是关于它们在史学价值上的是是非非，存在着不少争论。这些看法和争论，从一个方面反映出古代史学批评中的方法论问题。

明代史家王世贞针对本朝的史学，就国史、野史、家史的是非阐述了精辟的见解。他说：

> 国史人恣而善蔽真，其叙章典、述文献，不可废也。野史人臆而善失真，其征是非、削讳忌，不可废也。家史人谀而善溢真，其赞宗阀、表官绩，不可废也。①

这一段话，概括地指出了国史、野史、家史各自所存在的缺陷方面及其终于"不可废"的方面，言简意赅，可谓史学批评上的确论。其中，包含着在史学批评方法论上的辩证认识，反映了王世贞的卓见。他所总结的"人恣而善蔽真"、"人臆而善失真"、"人谀而善溢真"的三种情况及其有关的概念，尤其具有理论的意义。

在古代史学批评史上，这是经过漫长的道路和反复的认识才达到的。

---

① 王世贞：《弇山堂别集》卷二〇《史乘考误》引言，中华书局1985年版，第361页。

二、"人恣"与"蔽真"

"国史人恣而善蔽真",这种情况当然不限于明代史学。《史通·古今正史》关于唐初以前国史撰述的批评,颇涉及一些"人恣"而"蔽真"的现象。如它借用班彪的话,批评扬雄、刘歆"褒美伪新,误后惑众,不当垂之后代者也"。批评曹魏王沈《魏书》"多为时讳,殊非实录"。指出十六国前赵刘聪时,领左国史公师彧撰刘渊时史事及功臣传,"甚得良史之体",但遭到他人诬陷,被刘聪"怒而诛之"。后赵石勒时,史臣徐光、宗历、傅畅、郑愔等撰《上党国记》、《起居注》、《赵书》,其后还有其他史臣"相次撰述";而至石虎时,"并令刊削,使勒功业不传"。后燕董统撰国史"后书"三〇卷,"但褒述过美,有惭董、史之直"。前秦史官赵渊、车敬、梁熙、韦谭相继撰述国史,符坚见书苟太后幸李威事,"怒而焚灭其本"。北魏史官崔浩"叙述国事,无所隐恶,而刊石写之,以示行路",由此而致"夷三族,同作死者百二十八人"。唐高宗、武则天时,史臣许敬宗所作国史纪传,"或曲希时旨,或猥饰私憾,凡有毁誉,多非实录"。从刘知几的这些批评来看,可见王世贞所说的"人恣"这个"恣"字,真是入木三分。国史一般出于官修,因有权势作为后盾,故而有一些人得以对撰史工作采取恣意放纵的做法。上述诸例,概而言之,有两种恣意放纵的做法。一是出于史官本人,如许敬宗撰史,"曲希时旨"、"猥饰私憾",结果是"凡有毁誉,多非实录"。二是出于最高统治者,如刘聪之诛公师彧、石虎之刊削国史、符坚之焚灭国史,以及拓跋焘之诛崔浩、夷三族、杀同作、废史官。其结果,都使历史真相被掩蔽起来。这两种情况,殊途同归,对历史撰述起了"蔽真"的作用。

唐初以后,这种"人恣"而"蔽真"的情况,也还不断有所发生,而在历朝实录撰写中表现得尤为明显。如晚唐时期,对于韩愈主持撰写的《顺宗实录》,"内官恶之,往往于上前言其不实,累朝有诏改修"(《旧唐书·路随传》)。穆宗、敬宗、文宗三朝,宦官攻击《顺宗实录》,鼓噪之声不绝,终于导致了文宗朝对《顺宗实录》的修改,刊削了其中所书德宗、顺宗朝有关"禁中事"，掩盖了宦官的恶迹。其后，唐武宗会昌年间，又发生了对文宗大和年间撰成的《宪宗实录》进行"重修"（《旧唐书·武宗纪》）的事情。这跟当时的宦官集团同官僚集团的矛盾、斗争有一定的联系，而症结则是涉及实录所记"禁中之语"（《册府元龟·国史部·议论二》）。又如《明实录》，问题更多。揭其主要者有：第一，《太祖实录》撰于建文之时，而永乐年间竟然两次改修，以证朱棣确系受命之主。第二，《英宗实录》中记景泰朝史事多达八十七卷，但实录中不承认有景泰帝，而称其为郕戾王。第三，焦芳等所修《孝宗实录》、霍维华等改修之《光宗实录》皆迎合权贵，颇多曲笔。第四，明世宗时，竟然命史臣为他的没有当过皇帝的父亲兴献王，也撰写了所谓《睿宗实录》，成为笑谈。王世贞在揭示明朝"国史之失职"的几种情况时说："而其甚者，当笔之士或有私好恶焉，则有所考无所避而不欲书，即书，故无当也。"（《史乘考误》引言）

可见，在中国史学上，"人恣而善蔽真"的弊病的存在，是无可讳言的。问题在于史学批评家们如何估量这一弊病，进而如何估量历代国史撰述。即以明代史学而论，有人针对上述《明实录》中存在的问题，便认为明代"无史"（郎瑛《七修类稿》卷十三）。还有人说："有明一代，国史失诬，家史失谀，野史失臆，故以二百八十二年，总成一诬妄之世界。"[1]这样的批评，无疑是全部否定明代史学的成就，而首先是否定《明实录》的史学价值，显然是片面的。史学批评中的这种片面认识，也反映在一些史学家和史学批评家对有的"正史"的认识上。如李百药批评魏收"既缘史笔，多憾于人"，并渲染魏收时人攻击《魏书》为"秽史"的说法，对《魏书》采取否定的态度（见《北齐书·魏收传》）。萧颖士批评《史记》说："仲尼作《春秋》，为百王不易法，而司马迁作本纪、书、表、世家、列传，叙事依违，失褒贬体，不足以训。"（《新唐书·萧颖士传》）叶适未曾深考纪传体史书的优点，也对《史记》"史法遂大变，不复古人之旧"（《习学记言序目》卷一九《史记一》），颇多微词。像这样的一些批

---

[1] 张岱：《石匮书·自序》，见《琅嬛文集》卷一，岳麓书社1985年版，第18页。

评，在方法论上都是有悖于辩证认识所致。

刘知几著《史通》，被人称为"心细而眼明，舌长而笔辣，虽马、班亦有不能自解免者，何况其余"（黄叔琳《史通训诂补》序）。然而刘知几之批评历代国史撰述，从总体上看，他在方法论上并未陷于片面性，反映出他的辩证的认识。而在具体论断上，他称赞王铨《晋书》"编次有序"、干宝《晋纪》"直而能婉"；称赞柳虬所撰北周国史，"直辞正色，事有可称"；称赞唐初史官李仁实所撰本朝人传记，"载言记事，见推直笔"等等，他还肯定朱敬则、徐坚、吴兢等对国史的整理和撰述。从上文所引来看，他对前赵、后赵、前秦、北魏的一些史官的撰述，评价也是很高的。《古今正史》篇最后说："大抵自古史臣撰录，其梗概如此。盖属词比事，以月系年，为史氏之根本，作生人之耳目者，略尽于斯矣。"这是刘知几对古今正史（包括国史撰述）作了总的考察之后得到的结论。

王世贞史学的批评是很激烈的，他认为："国史之失职，未有甚于我朝者也。"（《史乘考误》引言）明朝最高统治集团不仅没有组织编撰纪传体的国史，就连起居注也付诸阙如。王世贞的这个批评虽然激烈，但他在指出"国史人恣而善蔽真"的时候，还是肯定了国史即历朝实录在"叙章典、述文献"方面的"不可废"。在这一点上，他跟刘知几的史学批评在方法论上是相通的。

三、"人臆"与"失真"

"野史人臆而善失真"，王世贞这里说的"野史"，是同"国史"相对而言的。在中国史学上，历来还有以"野史"同"正史"相对而言的。南朝梁人阮孝绪著有《正史削繁》，其后《隋书·经籍志》史部有"正史篇"居群史之首，而刘知几《史通》则有《古今正史》篇，于是"正史"说法相沿成习，其含义多据《隋志》，即指纪传体通史和皇朝史。至清代，则专指《二十四史》。唐人陆龟蒙有诗云"自爱垂名野史中"[1]，这说

---

① 陆龟蒙：《奉酬袭美苦雨见寄》，《全唐诗》卷六三〇，中华书局1960年版，第7228页。

明此前已有"野史"之说。陆龟蒙同时代人沙仲穆撰有《大和野史》,"起自大和,终于龙纪"①。两宋以后,"野史"之说流行,至明代而大盛。

野史有几个比较显著的特点,一是作者多非史官;二是体裁不拘;三是所记一般限于闻见,且多委巷之说;四是记事较少忌讳。宋人洪迈《容斋随笔》卷四有"野史不可信"条,作者根据魏泰《东轩录》所记宋真宗朝事一条年代有误,沈括《梦溪笔谈》记真宗朝事一条年代不符、一条以玉带为"比玉"与事实不合,而作如下结论:"野史杂说,多有得之传闻及好事者缘饰,故类多失实,虽前辈不能免,而士大夫颇信之。姑摭真宗朝三事于左。"洪迈的论断大致是正确的,但他把这一条"随笔"名之曰"野史不可信",便在方法论上从正确走向了偏颇。

野史杂说的产生,是有它的历史根源和社会根源的。尽管历代具体情况有所不同,而其基本原因则是相通的。《隋书·经籍志》"杂史"小序说:

> 灵、献之世,天下大乱,史官失其常守。博达之士,愍其废绝,各记闻见,以备遗亡。是后群才景慕,作者甚众。又自后汉已来,学者多钞撮旧史,自为一书,或起自人皇,或断之近代,亦各其志,而体制不经。又有委巷之说,迂怪妄诞,真虚莫测。然其大抵皆帝王之事,通人君子,必博采广览,以酌其要,故备而存之。②

这些看法,虽是就"杂史"提出来的,然其论"史官失其常守"而博达之士"各记闻见,以备遗亡"这一社会历史原因,其论"通人君子,必博采广览,以酌其要"这一评论的方法论要求,是可以用来看待"野史"的。刘知几在《史通·杂述》篇的末了写道:"苟如是,则书有非圣,言多不经,学者博闻,盖在择之而已。"这也是在相近的方法论要求指导下,对待种种"杂述"的态度。人们同样可以用这种态度来看待"野史"。

---

① 王溥:《唐会要》卷六三《史馆上·修国史》,上海古籍出版社2006年版,第1296页。

② 魏征等:《隋书》卷三三《经籍志二》,中华书局1973年版,第962页。

王世贞评论明代野史，是在批评"国史之失职，未有甚于我朝者"的情况下展开的。他说："史失求诸野乎？然而野史之弊三：一曰挟郄而多诬。……二曰轻听而多舛。……三曰好怪而多诞。"（《史乘考误》引言）他对于每一弊端，都举出了实例，很有说服力。他把"挟郄"、"轻听"、"好怪"概括为一个"臆"字，即出于臆想而非全凭事实，因而易于"失真"。但他还是肯定了野史的"征是非、削讳忌"，故"不可废也"。明末喻应益为谈迁《国榷》作序，他写道：西汉以后，"皆以异代之史而掌前世之故，或借一国之才而参他国之志，然亦必稽当时稗官说家之言以为张本。孙盛以枋头受吓，崔浩以谤国罹祸，则亦秦之余猛矣，又安冀国有信史哉！野史之不可已也久矣"。他又认为：野史之作，"见闻或失之疏，体裁或失之偏，纪载或失之略，如橼阙焉"（见《国榷》喻序）。他的这些话是要说明：西汉以后，国无信史；野史虽有"疏"、"偏"、"略"的缺憾，但并非根本性的弊端。这就把野史的地位提到国史之上。

要之，在关于杂史、野史的看法上，从《隋书·经籍志》、《史通》到王世贞，贯串着一个基本思想，即反映在批评的方法论上的辩证认识。"野史不可信"和西汉以后国无信史的说法，都不免失于片面。

四、"人谀"与"溢真"

所谓"家史人谀而善溢真"，王世贞是说"家乘铭状"不过是"谀枯骨谒金言"罢了，这就必然流于"溢真"。但他还是肯定了家史在"赞宗阀、表官绩"方面的作用，认为这也是"不可废"的。王世贞把家乘铭状完全视为"谀枯骨谒金言"的虚妄之词，虽然也有点过分，但并不是毫无根据的。

什么是"家史"？刘知几说："高门华胄，奕世戴德，才子承家，思显父母。由是纪其先烈，贻厥后来，若扬雄《家牒》、殷敬《世传》、《孙氏谱记》、《陆宗系历》。此之谓家史者也。"（《史通·杂述》）根据刘知几的看法，谱系是家史的一种形式。《隋书·经籍志》有"谱系"篇，其序着重指出了它们在反映社会面貌方面的作用，如说："后魏迁洛，有八氏十姓，咸出帝族。又有三十六族，则诸国之从魏者，九十二姓，世为部落大人者，并为河南洛阳人。其中国士人，则第其门阀，有四海大姓、郡姓、州姓、县姓。"这是从一个方面反映出了当时社会门阀化的重要情况。刘知几认为，家史所记有两大局限，一是在内容上"事惟三族，言止一门"，二是在时间上倘若"薪构已亡，则斯文亦丧者矣"（《史通·杂述》），所以他对家史的价值评价不高。

家史本有这样的局限，加之作者"纪其先烈"，往往自夸，故虽处门阀时代，亦不能免于人们的批评。如刘知几本人曾撰《刘氏家史》和《谱考》二书，所论、所考"皆按据明白，正前代所误，虽为流俗所讥，学者服其该博"（《旧唐书·刘子玄传》）。严肃的家史著作尚且如此，更何况浅薄之作。家史如此，铭状尤然。中晚唐之际，史臣李翱有"论行状不实奏"。他指出：

> 凡人之事迹，非大善大恶，则众人无由知之，旧例皆访问于人，又取行状、谥议，以为依据。今之作行状者，非门生即其故吏，莫不虚加仁义礼智，妄言忠肃惠和。如此不惟处心不实，苟欲虚美于所受恩而已也。……由是事失其本，文害于理，而行状不足以取信。①

他进而建议："臣今请作行状者，但指事说实，直载其词，善恶功迹，皆据事足以自见矣。"王世贞说的家史铭状"人谀而善溢真"，"谀"、"溢"二字，简直就是对李翱所论的绝妙的概括。当然，并非所有的铭状都是如此，但"人谀"而"溢真"，确是不少铭状的通病。

这里要着重指出的是，郑樵对属于"家史"范围的"谱系之书"，提出了精辟的见解。他指出："自隋唐而上，官有簿状，家有谱系。官之选举，必由于簿状；家之婚姻，必由于谱系。……此近古之制，以绳天下，使贵有常尊，贱有等威者也。所以人尚谱系之学，家藏谱系之书。"②郑樵

---

① 王溥：《唐会要》卷六四《史馆下·史馆杂录下》，上海古籍出版社2006年版，第1311页。

② 郑樵：《通志二十略·氏族略序》上册，中华书局1995年版，第1页。

的这些见解，揭示了谱系之书产生和发展的社会条件，以及它们所反映的社会面貌的特点。这样来看待谱系之书，则其史学价值是应当受到重视的。而从史学批评的方法论来看，郑樵的上述见解，跟当今以社会学方法研究历史文献和社会历史，似有一定的吻合之处，因而是值得格外重视的。

中国古代史学批评在方法论方面的遗产，有不少需要发掘、清理和总结的地方。这里以国史、野史、家史的是非为例，扼要地阐述了史学批评方法论上的辩证认识与片面认识的有关论点。从近代以来的史学批评来看，这两种认识都还有很大的影响。总结古代史学批评在这方面的遗产，对于科学地认识中国史学的发展，丰富当今史学批评的思想和方法，都是有益的。

比较与批评
——兼说史学批评的活力

一、比较——一个古老的批评方法

比较的方法，在中国史学上，不论是关于历史的比较，还是关于史学的比较，都有长久的渊源和广泛的运用。从史学批评来看，也是如此。《隋书·经籍志》经部著录的不著撰人之《春秋公羊穀梁二传评》三卷，魏大长秋韩益撰《春秋三传论》十卷，东晋博士胡讷撰《春秋三传评》十卷。这些，可能是较早而又较系统地通过比较对"三传"（《左氏传》、《公羊传》、《穀梁传》）进行评论的著作。从《晋书·礼志中》和《礼志下》三处记胡讷的言论来看，他的《春秋三传评》，当是着眼于礼制的讨论。

西晋张辅以班固跟司马迁比较，认为班固《汉书》在几个方面不如司马迁《史记》，故司马迁终不愧为"良史"。他论道：

> 迁之著述，辞约而事举，叙三千年事唯五十万言；班固叙二百年事乃八十万言，烦省不同，不如迁一也。良史述事，善足以奖劝，恶足以监诫，人道之常。中流小事，亦无取焉，而班皆书之，不如二也。毁贬晁错，伤忠臣之道，不如三也。迁既造创，固又因循，难易益不同矣。又迁为苏秦、张仪、范雎、蔡泽作传，逞辞流离，亦足以明其大才。故述辩士则辞藻华靡，叙实录则隐核名检，此所以迁称良史也。①

---

① 房玄龄等：《晋书》卷六〇《张辅传》，中华书局1974年版，第1640页。

张辅从史文烦省、采撰得失、褒贬当否三个方面，明确指出班固不如司马迁。又从创造与因循有难易之别，以及司马迁在"述辩士"与"叙实录"的表述上有不同的处理而显示出鲜明的特色这两个方面，进一步强调司马迁堪称良史。

张辅对《史记》、《汉书》的比较和批评，引起后人千年聚讼，见仁见智，历代多有。对于张辅来说，这种聚讼，实在是不幸多于有幸。这是因为，后人对张辅上述论点的争论，基本上只限于有关史文烦省的方面，而很少对他的上述比较和批评作全面的评价。比如他提出的"良史述事"的原则，他指出司马迁"述辩士则辞藻华靡，叙实录则隐核名检"这种表述上的特色，都是值得深入探究的。可惜的是，人们在"五十万言"与"八十万言"孰优孰劣上做了不少文章，好像张辅对《史》、《汉》的比较和批评仅限于此。这不是张辅的不幸么！尽管如此，后来《史》、《汉》比较发展成为专门之学，张辅的方法和论点，终不曾湮没。

在更加自觉的基础上采用比较的方法而作广泛的史学批评，当始于刘知几的《史通》。刘知几采用比较的方法而评论前史，渗透于《史通》全书。他虽然没有专门论到"比较"的问题，但他的比较的意识是极明确的。他论编年、纪传"二体"说："惟此二家，各相矜尚，必辨其利害，可得而言之。"（《史通·二体》）他综合编年体和纪传体史书，辨析了它们的所长、所短，结论是："欲废其一，固亦难矣。"他清楚地认识到，在"各相矜尚"的情况下，只有通过比较才能"辨其利害"。可以认为，"辨其利害"的过程，就是以"二家"互为参照进行比较的过程。他在《六家》篇中指出："历观自古，史之所载也，《尚书》记周事，终秦穆；《春秋》述鲁文，止哀公；《纪年》逮于魏亡；《史记》唯论于汉始。如《汉书》者，究西都之首末，穷刘氏之废兴，包举一代，撰成一书。言皆精练，事甚该密，故学者寻讨，易为其功。"（《史通·六家》）这是对以往主要史书在记事的历史时段上进行的比较，而强调于完整的皇朝史撰述，即所谓"包举一代"之史。刘知几的这个认识，包含着合理的因素，即对于不断更迭的皇朝，应写出它的"首末"、"废兴"的全过程，以便于人们

"寻讨"、认识。但史家撰史，由社会的、史学的以至史家本身的种种原因所促成，不可能、也不必要都来撰写"包举一代"之史。关于这方面的比较，刘知几的结论多少有点偏颇。

刘知几以比较的方法评论前史得失，有一个极显著的特点，就是他做到了纵横驰骋，通达自如，给人以开阔的视野和流畅的动感。如他评论历代史家的"论赞"说：

> 必寻其得失，考其异同，子长淡泊无味，承祚偃缓不切，贤才间出，隔世同科。孟坚辞惟温雅，理多惬当；其尤美者，有典诰之风，翩翩奕奕，良可咏也。仲豫义理虽长，失在繁富。自兹以降，流宕忘返，大抵皆华多于实，理少于文，鼓其雄辞，夸其俪事。必择其善者，则干宝、范晔、裴子野是其最也，沈约、臧荣绪、萧子显抑其次也，孙安国都无足采，习凿齿时有可观。若袁彦伯之务饰玄言，谢灵运之虚张高论，玉卮无当，曾何足云！王劭志在简直，言兼鄙野，苟得其理，遂忘其文。观过知仁，斯之谓矣。①

最后，他还严厉批评了唐修《晋书》的史论。这一段，把《史记》以下大部分重要史书的论赞都评论到了。他的每一个具体的结论未必都是中肯的，但他在如此广阔的范围内以比较而展开评论的方法，却是许多史学批评家都难以做到的。

随着史学的发展，史书增多了，采用比较的方法进行史学批评的人也多了起来。自宋以后，这方面的专书、专论日渐丰富。除有关马、班的比较和评论外，还有关于南北朝"八书"与《南史》、《北史》的比较和评论，有关于新、旧《唐书》以及新、旧《五代史》的比较和评论，有关于《唐史论断》与《唐鉴》的比较和评论，有关于历代正史与《资治通鉴》的比较和评论，等等。就有关正史之间的比较和评论来看，赵翼的《廿二史札记》和王鸣盛的《十七史商榷》，可以认为是有代表性的著作。

---

① 刘知几:《史通·论赞》,浦起龙通释本,上海古籍出版社2009年版,第76页。

二、在比较中发展史学批评理论

以比较而展开史学批评，这在中国古代史学批评史上，不仅仅是一个方法问题，其中还贯穿着史学批评在理论上的发展。

刘知几因有高才博学、卓识独见，而其运用比较方法纵横捭阖，娴熟自如，或以两两相比，或以诸家互较，往往不乏新见。尤为难者，是以时代相比，揭示史风的变化。他在《史通·摸拟》篇中写道："大抵作者，自魏已前，多效'三史'，从晋已降，喜学《五经》。夫史才文浅而易摸，经文意深而难拟，既难易有别，故得失亦殊。"（《史通·摸拟》）从这个比较中，他提出了怎样继承前人成果的理论：

> 其如拟者非如图画之写真、熔铸之象物，以此而似也。其所以为似者，取其道术相会，义理玄同，若斯而已。
>
> 盖貌异而心同者，摸拟之上也；貌同而心异者，摸拟之下也。[①]

刘知几重视学习、继承前人成果，认为"述者相效，自古而然"；"况史臣注记，其言浩博，若不仰范前哲，何以贻厥后来？"上引两段话，表明他所注重的，是学习、继承前人的思想，而不是外在的形式，即所谓"取其道术相会，义理玄同"，"貌异而心同者"。这个道理，他讲得很深刻。刘知几还从先秦历史条件和汉代以后历史条件的不同，来说明何以古人撰史简约，而近人撰史芜累。他认为："论史之烦省者，但当求其事有妄载，苦于榛芜，言有阙书，斯则可矣。必量世事之厚薄，限篇第以多少，理则不然，伤于简略。"（《史通·烦省》）刘知几主张史文"尚简"，但他关于"烦省"的批评理论，又是实事求是的。他的这些史学批评上的理论性认识，同他善于运用比较的方法是有关系的。

章学诚通过对《史记》、《汉书》的比较，提出分史学为撰述、记注两

---

① 刘知几：《史通·摸拟》，浦起龙通释本，上海古籍出版社2009年版，第206、208页。

大宗门的理论；通过对各家通史的比较，总结出四种通史的特色和功用；又以自己跟刘知几相比较，提出"史法"、"史意"两个史学范畴；他还通过对于"史德"、"心术"的分析，提出了"文士之识"与"史识"的不同，从而发展了刘知几关于才、学、识的史学批评理论等等。这说明，比较的方法，在章学诚的史学批评理论的发展上，也占有重要位置。

清代史家在文献考订方面有卓越的成就。比较，也是文献考订、史实考证者常用的方法之一。以赵翼所撰《廿二史札记》为例，自《史记》、《汉书》以下，至新、旧《五代史》，便广泛采用了比较的方法。他跟刘知几、章学诚的不同之处，是重在作具体的、微观的比较。这种比较所得到的结论，一般不具有普遍的理论指导意义。这是史学上的理论家和考据家的不同之处。这是从他们各自的总的面貌来说的。但这并不等于说考据家没有理论，或者轻视理论。《廿二史札记》对《史记》、《汉书》作了比较，对宋、齐、梁、陈书与《南史》作了比较，对魏、齐、周、隋书与《北史》作了比较，对新、旧《唐书》和新、旧《五代史》作了比较，在文献和史实的考订上提出了许多有价值的见解。同时赵翼在史学方面也提出了不少独到的见解，从史学批评理论发展来看，是不可忽视的。如他肯定《旧唐书》记事，"即于本纪详之，不待翻阅各传，已一览了如，迁、固本有此体，非必纪内只摘事目也"。又认为："其余列传虽事迹稍略，而文笔极为简净，以《新书》比较，转逊其老成。则五代修史诸人，如张昭远、贾纬等，亦皆精于史学，当缺漏支诎中仍能补缀完善，具见撰次之艰，文字之老。今人动谓《新书》过《旧书》远甚，此耳食之论也。"[①]他还称赞唐代史官的"老于文学"。这些见解，是为了批评关于两《唐书》评论中的"耳食之论"而发，但事实上是涉及如何评论正史本纪和史家"文笔"的问题。又如赵翼以《后汉书》同《史记》、《汉书》比较，指出前者在"编次订正"方面有许多优长，而所议又"立论持平，褒贬允当，

① 赵翼：《廿二史札记》卷一六"《旧唐书》前半全用实录、国史旧本"条，王树民校证本，中华书局1984年版，第348页。

足见蔚宗之有学有识，未可徒以才士目之也"①。《后汉书》问世后的一千三百多年中，能够得到如同赵翼这样经过认真比较而作出的评论，还不多见。范晔高才、博学、卓识，身后终究有知音。赵翼又以《汉书》与《史记》所记汉事"比对"，发现："武帝以前，如《高祖纪》及诸王侯年表、诸臣列传，多与《史记》同，并有全用《史记》文，一字不改者。"这里，既包含了对《史记》所记汉事之"实录"性质的确认，也包含了对班固尊重《史记》之"实录"的实事求是态度的肯定。由此，赵翼提出"正史之未可轻议"的理论性认识（《廿二史札记》卷一"《史》、《汉》不同处"条）。他说的"未可轻议"，不是"全不可议"，他的《廿二史札记》就是专议正史的著作。问题在于：所"议"是否有根据，而这种根据是否又经得起推敲。赵翼作为一个以考史见长的学者，提出这个史学批评上的理论认识问题，更觉意味深长。

史学批评的理论，是随着历史的发展和史学的发展而发展的。比较方法之用于史学批评在这方面所起的作用，尽管不是决定性的，但我们必须认识到它所产生的积极作用。

三、史学批评的活力

史学的进步、发展，或隐或显，总伴随着史学批评。而史学批评的活力，首先来自社会的启动。孟子之评论《春秋》，汉高祖之评论《新语》，李大师、李延寿之评论南北朝诸史，唐太宗之评论诸家晋史和《汉纪》，以及《贞观政要》、《通典》、《资治通鉴》所获得的当时和后世的许多评论，都或多或少反映了社会从各个方面对于史学的批评、要求和期望。历代官方组织的大规模的历史文献的整理工作和官修史书工作中所包含的史学批评，从一定的意义上说，也是社会的史学批评。史家以外的各种私人撰述中包含的史学批评，数量要大得多，它们从更广泛的意义上反映了来

---

① 赵翼：《廿二史札记》卷四"《后汉书》编次订正"条，王树民校证本，中华书局1984年版，第82页。

自社会的史学批评。

其次，史学批评的活力也来自史学自身发展要求的启动。司马迁、班固、范晔、郑樵、马端临、王世贞、赵翼、钱大昕、王鸣盛等对前人历史撰述的批评，都深刻地反映了史学自身发展的要求，并且产生了一大批在史学上有重大影响的成果。而刘知几、章学诚分别在八世纪和十八世纪写出的《史通》、《文史通义》，对以往史学所作的理论、方法论方面的总结性批判，则是从更高的理性层次上反映出史学自身发展的内在活力。当然，归根结底，这种史学自身发展的要求，也是在一定的社会历史条件下才能提出来的。史学发展总是以历史发展为前提的。

再次，说到史学批评的活力，不能不考虑到人们对比较的方法的运用所产生的作用。没有比较，就没有鉴别，就没有完全意义上的史学批评。正是从这个意义上说，对比较方法的自觉认识和广泛运用，亦不失为史学批评的活力之一。《史》、《汉》比较，论者辈出，未可扼止，所论竟成专门之学。其间，高论深旨，代有所出，对史学批评潮流的发展，推波助澜。恰如胡应麟所说：

> 子长叙事喜驰骋，故其词芜蔓者多。谓繁于孟坚可也，然而胜孟坚者，以其驰骋也。孟坚叙事尚剪裁，故其词芜蔓者寡，谓简于子长可也，然而逊于子长者，以其剪裁也。执前说可与概诸史之是非，通后说可与较二史之优劣。[①]

这说的是史文的繁与简，然而所谓驰骋与剪裁却又超乎于繁简而涉及历史思想了；这说的是《史》、《汉》优劣，然而其批评原则却又超乎于《史》、《汉》适用于诸史了。又如关于编年、纪传二体优劣的比较和争论，在晋、唐之际持续了几百年，终于引发了唐人皇甫湜撰出《编年纪传论》一文。他认为："编年，纪传，系于时之所宜、才之所长者耳，何常之有？故是非与众人同辩，善恶得圣人之中，不虚美，不隐恶，则为纪、

① 胡应麟：《少室山房笔丛》卷一三《史书占毕》一，上海书店出版社2009年版，第124页。

为传、为编年，是皆良史矣。"（《文苑英华》卷七四二）此论为编年、纪传而发，其意却又超乎于二体之外，对继出的典制体、纪事本末体、学案体等，亦可作如是观。与此相联系的，还有马端临的评论编年、典制二体，他认为："编简浩如烟埃，著述自有体要，其势不能以两得也。"（《文献通考·序》）这几句话，道出了不同体裁的历史撰述承担着反映历史之不同方面的任务这一客观事实。这些评论，多是通过比较、鉴别、辩难提出来的，闪烁着理性的光芒。再如自司马光作《资治通鉴考异》，直至清代的考史学派，对大量的历史文献作了比较、考订，其有关是非、得失的评论，足以形成史学批评的一代风气，即在一件件具体史实、一条条个别史料的考察方面，亦应高扬实事求是的旗帜。这风气之优良方面的历史影响，培育出了一批史学名家。

史学批评的活力，在很大程度上反映着史学发展的活力。这是中国古代史学批评史上的一个重要的启示。

时有古今　述有体要
——史学批评与知人论世

一、从马端临评论《通典》、《通鉴》说起

史学批评是严肃的事情，没有严肃的态度，自亦难得有严肃的批评。中国古代史学遗产的精华之一，是许多史学家、史学批评家在撰写历史和评论史学中，都具有一种严肃的态度。《史记》、《汉书》孰高孰低的争论，编年、纪传孰优孰劣的辩难，以及关于其他一些问题的聚讼，其中凡见解精当者，大抵都离不开知人论世这个道理。上文说到马端临在评论杜佑《通典》和司马光《通鉴》时，提出了时有古今、述有体要的思想，可以看作是史学批评中之自觉的知人论世的方法论。马端临评论杜佑《通典》说：

> 有如杜书纲领宏大，考订该洽，固无以议为也。然时有古今，述有详略，则夫节目之间，未为明备，而去取之际，颇欠精审，不无遗憾焉。①

马端临著《文献通考》一书，是继承了杜佑《通典》的事业。这两部书，都是典制体通史巨著。《通典》分为九门叙历代典制；《文献通考》在此基础上分厘、增益为二十四门，卷帙也比《通典》增加了四分之三。在这种情况下，马端临怎样看待《通典》，无疑是对他的史学批评之见识的一个检验。马端临是从理论上回答了这个问题的。他说的"时有古今，述有详

---

① 马端临：《文献通考·序》，中华书局2011年版，第3页。

略"，一方面是看到古今的不同，即历史条件的变化；另一方面是指出了在不同的历史条件下，史家的撰述在内容上自会受到相应的影响，因而有详略的差别。这是从客观历史和主观意识两个方面来评价前人的成果、看待自身的撰述。因此，在他看来，《通典》一书"节目之间，未为明备"、"去取之际，颇欠精审"，是完全可以理解的；而他继承、发展前人的成果，正由此而起步。

马端临的治史兴趣、志向在于典制体通史，那么，他对于编年体通史《通鉴》作何种评价，这同样是对他的史学批评之见识的一种检验。马端临的高明，是他也从理论上回答了这个问题。他这样写道：

> 至司马温公作《通鉴》，取千三百余年之事迹，十七史之纪述，萃为一书，然后学者开卷之余，古今咸在。然公之书，详于理乱兴衰，而略于典章经制。非公之智有所不逮也，编简浩如烟埃，著述自有体要，其势不能以两得也。[1]

这里，他也是从两个方面来说明的。一方面是指出"编简浩如烟埃"，史家资以撰写历史的文献是那样的浩繁、丰富，可以采之不绝。另一方面又指出了"著述自有体要"，即史家只能按照一定的体裁、要求，有所侧重、有所选择地来利用这"浩如烟埃"的"编简"，撰写出新的著作，这就叫作"其势不能以两得也"。值得注意的是，他这里说的"势"，实质上是指出了历史撰述中本有自身的规律。因此，在他看来，《通鉴》一书"详于理乱兴衰，而略于典章经制"，是理所当然的；而他说的"非公之智有所不逮也"的话，就显得越发诚恳、越发有分量，没有溢美、过誉之嫌。

马端临联系自己的撰述对杜佑《通典》和司马光《通鉴》的评论，包含着历史地看待前人成果的理论和方法，是古代史学批评中历史主义因素的比较明显的反映。

---

[1] 马端临：《文献通考·序》，中华书局2011年版，第1页。

二、王圻对马端临《文献通考》的评论

明代史家王圻撰《续文献通考》，以接续马端临的《文献通考》。王著二百五十四卷，也是一部典制体史书的巨制、名作。它分为三十门，比《文献通考》增多六门；记事上起南宋宁宗时期，下迄当世。王圻自谓在内容、体例、时限几个方面，都是马书的续作。同时他也指出，《文献通考》"详于'文'而'献'则略"（《续文献通考·引言》）。他说的"文"，是指历代典籍；"献"，是指"上下数千年忠臣、孝子、节义之流及理学名儒"的言论。这本是马端临的思想，但他认为马端临并没有完全实现自己的学术主张，因而要弥补这一点。这是续作中包含着的发展。

王圻对《文献通考》的发展，最有意义之处是补叙了辽、金典制。而他对于这个问题的说明，也反映出他在史学批评上的知人论世的方法论。王圻在《续文献通考·凡例》第二条中作了这样的说明：

> 宋真以后，辽、金事迹十居六七。旧《考》削而不入，岂贵与（按：马端临字贵与）乃宋相廷鸾子，故不乐叙其事？抑宋末播迁之际，二国文献不足，故偶缺耶？然舆图之沿革，祥异之昭垂，及政事之美恶之可为戒法者，恶可尽弃弗录。余故撷其大节，补入各目下，事则取之史乘，序则附之宋末。[①]

尽管是处在元、明大一统政治局面之下，王圻如此重视辽、金事迹，仍是难能可贵的。从这里也可看出他对《文献通考》的评价，是有独立见解的。但他对《文献通考》不载辽、金事迹并未采取严厉批评的做法，而是设身处地地分析了其之所以如此的两种原因。一是作为曾是宋朝丞相马廷鸾之子，不愿涉及辽、金史事；二是宋、元之际，天下未定，文献难得，欲记而不能。这里，究竟他说的哪一种情况更符合马端临的亲身实际，并

---

① 王圻：《续文献通考》凡例，现代出版社1986年版，第1页。

不十分重要；重要的是他在评论此事时所反映出来的方法论。一则，他注意到了马端临撰写《文献通考》时的历史环境，即"宋末播迁之际"，辽、金典籍搜求困难。二则，他体察到马端临的父亲马廷鸾曾任宋相这一特殊的身份，可能会影响到马端临在撰述上的取舍。这两点，不论属于何种情况，都是能够被人们所理解的。

可以认为，王圻不仅继续了马端临的事业，也继承了马端临史学批评的理论和方法。

三、客观"时势"和前人"苦心"

清代考史学派的代表人物钱大昕以"实事求是"为考史的宗旨，这个宗旨也贯穿于他的史学批评之中：他不赞成"空疏措大，辄以褒贬自任，强作聪明，妄生疵瘢；不卟年代，不揆时势；强人以所难行，责人以所难受；陈义甚高，居心过刻"的学风；他以"惟有实事求是，护惜古人之苦心"为追求的目标（《廿二史考异》序）。从史学批评来说，这里所强调的考察"时势"和探究前人撰述之"苦心"，同样是要把握所认识的对象的客观环境和主观意图这两个方面。从表象上看，清代考史学派诸大家，所考之事、之书、之人，似乎是就事论事，没有什么理论。如果真持此种看法，则不免陷于肤浅。其实，考史学派是有自己的理论、方法论的。他们把"实事求是"，写在自己的旗帜上，以顾及所论对象的"时势"及"苦心"，不是就已经明确地提出了史学批评的方法论了么。

赵翼在讲到陈寿《三国志·魏书》为司马氏回护、范晔《后汉书》则直书其事而"犹有《春秋》遗法"时说："虽陈寿修书于晋，不能无所讳，蔚宗修书于宋，已隔两朝，可以据事直书，固其所值之时不同，然史法究应如是也。"①在这里，赵翼称赞了范晔"据事直书"的书法，即不认为陈寿书法是可取的。但是赞扬并不是高昂的，批评也不是严厉的。这为

---

① 赵翼：《廿二史札记》卷六"《后汉书》、《三国志》书法不同处"条，王树民校证本，中华书局1984年版，第119页。

什么呢？就是他顾及他们二人"所值之时不同"：在陈寿，"不能无所讳"；在范晔，"可以据事直书"。他们所处的"时势"即客观环境不一样，自不可同日而语。尽管如此，其间孰是孰非，还是不应模糊的，所以他说"然史法究应如是也"。这样评论前人，避免了不少偏颇。

关于两《唐书》的优劣得失，自宋以下，争论颇多。赵翼是推重"《春秋》遗法"的，但他并不附和"《新书》过《旧书》远甚"的一派看法，一个重要的原因，也是从客观"时势"和前人"苦心"着眼的。他在详细考察了唐代实录、国史凡两次散失后，指出："五代修《唐书》时，因会昌以后事迹无存，屡诏购访。"他还引用《旧唐书·宣宗纪》后论中的话说，关于宣宗朝史事，"惜乎简籍遗落，十无三四"。又引用《五代会要》所云，指出：五代时，唐史"有纪传者惟代宗以前，德宗亦只存实录，武宗并只实录一卷，则虽有诏购访，而所得无几。此五代时修《唐书》之难也。"同时，他也指出，《新唐书》卷一三二后论也承认唐代"国典焚逸，大中以后，史录不存"[1]。所以他充分肯定《旧唐书》作者"当缺漏支绌中仍能补缀完善"的"苦心"。

从钱大昕、赵翼所论，可以看出清代考史学家在史学批评上所持的知人论世的方法论及其具体运用的形式。

四、"古人之世"和"古人之身处"

从理论上对史学批评之知人论世的方法论作比较全面阐述的，是史学批评家章学诚。他的《文史通义·史德》篇，着重讲了撰述历史的原则；而其《文德》篇，则着重于讲史学批评的原则。他论史学批评的原则是："不知古人之世，不可妄论古人文辞也；知其世矣，不知古人之身处，亦不可以遽论其文也。"（《文史通义·文德》）概而言之，一则要知"古人之世"，一则要知"古人之身处"，才可批评前人的得失，否则便是无根据

---

① 赵翼：《廿二史札记》卷一六"唐实录、国史凡两次散失"条，王树民校证本，中华书局1984年版，第345页。

的"妄论",或是轻率的"遽论"。章学诚举例说:"昔者陈寿《三国志》,纪魏而传吴、蜀,习凿齿为《汉晋春秋》,正其统矣。司马《通鉴》仍陈氏之说,朱子《纲目》又起而正之。'是非之心,人皆有之。'不应陈氏误于先,而司马再误于其后,而习氏与朱子之识力偏居于优也。"(《文史通义·文德》)他在这里是转述了一种流行的说法,即对于《三国志》、《通鉴》以魏为正统而叙三国史事的批评。事情竟如此巧合,这同上文所述赵翼的举例几乎近于一致。可以想见此说流行的广泛及影响之大。章学诚完全理解"是非之心,人皆有之"的道理,但是作为严肃的史学批评家,仅有"人皆有之"的"是非之心"是不够的,而应该有更深刻的认识。

因此,章学诚进而认为:

> 而古今之讥《国志》与《通鉴》者,殆于肆口而骂晋,则不知起古人于九泉,肯吾心服否耶?陈氏生于西晋,司马生于北宋,苟黜曹魏之禅让,将置君父于何地?而习与朱子,则固江东、南渡之人也,惟恐中原之争天统也(原注:此说前人已言);诸贤易地则皆然,未必识逊今之学究也。①

这段话,是具体地讲到了"古人之世"和"古人之身处"了。在西晋之世写三国史,怎能公然斥责曹魏"禅让"于司马氏呢?而在北宋撰《通鉴》,也不能不考虑赵宋皇权是因后周的"禅让"而来这一事实。而习氏、朱子所当之世不同,其"身处"与陈氏、司马也有异,所以他们可以提出另外的看法。章学诚甚至认为:"诸贤易地而皆然。"这一句话,道出了不同的客观环境,必然会对处于特定位置的史家之历史撰述产生影响的规律性认识。

章学诚把他的这种见解概括为:"论古必恕";"恕非宽容之谓者,能为古人设身而处地也"。联系上文马端临说的时有古今、述有体要,钱大昕说的度古人之"时势"、察古人之"苦心",以及赵翼对不同史家"所值

---

① 章学诚:《文史通义·文德》,中华书局1956年版,第60页。

之时不同"的分析等等，是史学批评之知人论世方法论的不同表述形式。从今天的认识来看，这些理论上的认识，都在不同程度上反映出中国古代史学批评中的历史主义因素。这里说的历史主义，指的是人们在观察历史的时候，要有一种历史的态度，即历史地看待历史。具体说来，就是要把所认识、研究的对象提到与之相应的历史范围之内去加以考察，以判断其得失或价值。在这里，重要的是：第一，不只是说明认识、研究的对象是什么，而且要说明这个对象为什么是这样的；第二，在判断认识、研究的对象之得失或价值时，应着重考察其在历史上提供了什么新的思想、成果、业绩，以及其无法超越的历史局限性。中国古代史学批评中的历史主义因素之所以值得总结和称道，首先，是十分注重评论对象"所值之时"，即其所处的"时势"，或谓之"古人之世"。其次，是注意到即使是处在同一"时势"即"所值之时"相同的人，其各人之"身处"亦不尽相同。章学诚说："身之所处，固有荣辱、隐显、屈伸、忧乐之不齐，而言之有所为而言者，虽有子不知夫子之所谓，况生千古以后乎！"（《文史通义·文德》）这是反复论说了"知古人之身处"的重要。他说的在史学批评（不限于史学批评）中，要避免"妄论"和"遽论"，可谓至理名言。

素养·职责·成就
——史家批评论三题

一、史家的素养

从一般的理论原则上，或者以某种理论、主张同具体的历史撰述相合，对史家作比较广泛的评论，是中国古代史学批评史上经常碰到的一个问题。这些批评是针对史家提出来的，我们姑且把它们称为史家批评论。史家批评论涉及的问题很多，史家素养、史家职责、史家成就是其中比较重要的三个问题。

关于史家素养，魏晋以前已有一些人提出不少论断。南朝刘勰的《文心雕龙·史传》篇的赞语，是较早从理论上提出这个问题的。他写道："史肇轩黄，体备周孔。世历斯编，善恶偕总。腾褒裁贬，万古魂动。辞宗丘明，直归南董。"这里说的"体备周孔"、"辞宗丘明，直归南、董"，是分别讲到了史家关于史书体裁的创制、文辞的运用和直书的精神。他认为，史家的文辞应以左丘明为宗范，秉笔直书当以南史氏、董狐为榜样，从而提出了这两个方面史家所应追求的素养的目标。《隋书·经籍志》史部后序说："夫史官者，必求博闻强识，疏通知远之士，使居其位，百官众职，咸所贰焉。是故前言往行，无不识也；天文地理，无不察也；人事之纪，无不达也。""博闻强识"，出自《礼记·曲礼上》；"疏通知远"，出于《礼记·经解》。《隋志》作者援引这两句话，其意主要是用来说明史家在学识上的素养所应当达到的要求。这就是说，知识要广博，器局要辽远。所谓"前言往行"、"天文地理"、"人事之纪"，主要是从知识领域说的；所谓识、察、达，主要是就器局说的。也可以说，"博闻强识"是指知识上的素养，"疏通知远"是指见识上的素养；两者结合，相得益彰。

《隋志》的这个见解，是对《文心雕龙·史传》篇的重要补充。

在《隋志》之后约四五十年，刘知几在回答郑惟忠所问为什么"自古以来，文士多而史才少"时，提出了"史才须有三长"，即史才、史学、史识的论点，而尤其强调"好是正直，善恶必书"的精神。这是概括了刘勰说的体、辞、直和《隋志》所着眼的学与识。刘知几的史家须有"三长"的论点，是非常明确地提出了史家素养的全面认识，确立了史家批评论的基本范畴。千年以后，章学诚以"史德"论补充"三长"说，构成了史德、史才、史学、史识四大范畴，总结了古代史学批评的理论成果①。

关于对史家素养的评论，柳宗元的《与韩愈论史官书》是一篇杰作。它所讨论的主要问题，是关于史家的德行，柳宗元把"直道"这个范畴用于史学批评，指出："凡居其位，思直其道。道苟直，虽死不可回也；如回之，莫若亟去其位。"（《柳河东集》卷三一）柳宗元的著作中有不少讲"中道"的地方。"中道"，即中正之道。这里说的"直道"，意谓正直之道、公正之道，跟"中道"应是同一含义。柳宗元针对韩愈的"夫为史者，不有人祸则有天刑"的说法，进而指出："退之宜守中道，不忘其直，无以他事自恐。退之之恐，唯在不直、不得中道，刑祸非所恐也。"（《柳河东集》卷三一）他反复从唯物的观点阐述了刑祸之说的不能成立，为史家坚守"中道"即"居其位而直其道"排除思想上的障碍。可以认为，柳宗元是从哲学的高度来看待史家的德行的，这是他在史学认识论上高于一般史家的地方。

如前所述，章学诚以史德补"三长"说，对史家素养作了全面的讨论。他在这方面的理论贡献，是对德、才、学、识本身及其相互关系，均有理论的分析，比之于刘知几以比喻来说明"三长"更加深入了。他在这方面的论述，除已经举出的以外，主要还有：

  ——夫史有三长，才、学、识也。……夫识，生于心也；才，出

---

① 参见《一个有待辛勤耕耘的园地——古代史学批评的历史和理论》，见本书第24—26页。

于气也；学也者，凝心以养气，炼识而成其才者也。①

——族子廷枫曰："论史才、史学而不论史德，论文情、文心而不论文性，前人自有缺义。"此与《史德篇》俱足发前人之覆。②

——夫才须学也，学贵识也。才而不学，是为小慧；小慧无识，是为不才；不才小慧之人，无所不至。③

在章学诚看来，学，反映史家的功力；才与识，反映史家的思想和创造性；德，反映史家的治史态度。这种认识，在刘知几那里也是有的，章学诚把它进一步发展了，更加理论化了。

二、史家的职责

先秦史官的职责是记言、记事，同时还承担着祭祀和庆赏等活动的不少事务，兼有神职和人事两个方面的内容。秦汉以下，记言、记事仍是史官的主要职责之一，而人们对史家的职责也不断有了比较广泛的认识和要求。大抵说来，这种认识和要求主要反映在两个方面，一是保存信史，以明鉴戒；二是从现实中提出问题，以史经世。孟子和司马迁都认为孔子作《春秋》是从现实着眼的。孟子说："世衰道微，邪说暴行有作，臣弑其君者有之，子弑其父者有之。孔子惧，作《春秋》。""孔子成《春秋》而乱臣贼子惧。"（《孟子·滕文公下》）司马迁说："周室既衰，诸侯恣行。仲尼悼礼废乐崩，追修经术，以达王道，匡乱世，反之于正。见其文辞，为天下制仪法，垂六艺之统纪于后世。"（《史记·太史公自序》）他还说："《春秋》，辩是非。""《春秋》以道义。拨乱世反之正，莫近于《春秋》。""《春秋》者，礼义之大宗也。"他们的这些评论，十分强调《春秋》的社会作用，高度评价了孔子的社会责任感。这是从以史经世的观点来认识孔子作《春秋》的。章学诚在评论浙东之学时也指出："夫子曰：

---

① 章学诚：《文史通义·文德》，中华书局1956年版，第60—61页。

② 章学诚：《文史通义·质性》，中华书局1956年版，第89页。

③ 章学诚：《文史通义·妇学》，中华书局1956年版，第173页。

'我欲托之空言，不如见诸行事之深切著明也。'此《春秋》之所以经世也。"（《文史通义·浙东学术》）从这些评论来看，中国古代史家的经世之旨，当溯源于孔子作《春秋》。

刘向、扬雄、班固评论司马迁著《史记》，是从保存信史方面着眼的。班固援引刘、扬之说并结合自己的见解写道："自刘向、扬雄，博极群书，皆称迁有良史之材。服其善序事理，辨而不华，质而不俚。其文直，其事核，不虚美，不隐恶，故谓之实录。"（《汉书·司马迁传》后论）把《史记》看作"实录"，是对司马迁作史态度及其成果的极高评价。自孔子以下，人们多称道董狐、南史的秉笔直书精神和他们对历史负责的神圣责任感，可惜他们没有专书传世。刘向、扬雄等对《史记》的评价，当是这一思想传统的延续。联想到司马迁父亲司马谈临终前他们父子间的发自肺腑的对话（见《史记·太史公自序》），可以说，这个评价是对他们所具有的崇高的历史责任感的肯定。当然，司马迁著《史记》是要"述往事，思来者"，也是有明确的现实考虑的。

此后，关于对史家这两个方面的职责的评论，代有所出，并随着史学的发展而不断深入。评论深入的标志，是问题提得更加明确，也更带有自觉性。西魏柳虬针对汉魏以来史官"密书善恶，未足惩劝"的情况，曾上疏说：

> 古者人君立史官，非但记事而已，盖所以为监诫也。动则左史书之，言则右史书之，彰善瘅恶，以树风声。故南史抗节，表崔杼之罪；董狐书法，明赵盾之愆。是知直笔于朝，其来久矣。而汉魏已还，密为记注，徒闻后世，无益当时，非所谓将顺其美，匡救其恶者也。且著述之人，密书其事，纵能直笔，人莫知之。何止物生横议，亦自异端互起。[1]

从评论史家职责来看，这里有两点很重要。第一，史官的职责不只是记

---

[1] 令狐德棻等：《周书》卷三八《柳虬传》，中华书局1971年版，第681页。

事，而且要以所记之事作为鉴诫，是闻于后世、有益当时二者的结合。第二，史官记事存真，才能以为鉴诫，故"直笔于朝，其来久矣"，这是史家的优良传统。柳虬认为，史官"密书善恶"，有碍于全面履行其上述职责。他建议："诸史官记事者，请皆当朝显言其状，然后付之史阁。庶令是非明著，得失无隐。使闻善者日修，有过者知惧。"据说，西魏文帝采纳了他的这些建议。当然，史家按照这样的要求去做，是会有种种障碍的。这需要史家本身有崇高的职责感，也需要统治集团各方面的共识和配合，才可能消除或减少这些障碍。从刘知几《史通》的《直书》、《曲笔》、《忤时》等篇所揭露出武则天、唐中宗时史馆的情况来看，此种障碍之大，竟使他对"勒成国典"有"五不可"之叹。从唐代实录直至明代实录，都曾发生过恣意"改修"的情况来看，说明这些障碍是很顽固的。尽管如此，古代许多正直的史家还是努力恪尽职责，从唐代吴兢撰国史到明代王世贞作《史乘考误》，依然贯穿着秉笔直书、追求信史的优良传统。

自唐代起，史家以史经世的思想和实践有了相当明显的发展，史家批评论在这方面提出的理论性认识也越来越多了。在这方面影响最大的是杜佑和司马光。杜佑撰《通典》，自谓"实采群言，征诸人事，将施有政"（《通典》自序），把撰史跟施政直接结合起来。司马光主编《资治通鉴》，"专取关国家盛衰，系生民休戚，善可为法，恶可为戒者"入史（《进资治通鉴表》）。这两部巨著，一为典制体通史，一为编年体通史，相继问世后，评家蜂起，竞相称颂。唐人李翰反复申说《通典》的"致用"、"经邦"之旨，认为这书有警醒"学者之群迷"的作用（《通典》序）。权德舆称赞杜佑"阅天下之义理，究先王之法志，著《通典》二百篇，诞章闳议，错综古今，经代（世）立言之旨备焉"（《唐文粹》卷六八）。宋人朱熹说："杜佑可谓有意于世务者。"（《朱子语类》卷一三六）清帝乾隆《重刻通典序》称："此书……本末次第，具有条理，亦恢恢乎经国之良模矣！"从这些评论中不难看出，古代的史家批评论是何等推崇史家的以史经世之旨。在这方面，王夫之评论《资治通鉴》也是具有代表性的。他对资、治、通、鉴作了精辟的阐释，并大为感叹地说："旨深哉！司马氏之名是编也。"（《读通鉴论·叙论四》之二）他认为，《资治通鉴》具有"治身治世，肆应而不穷"的社会作用。对一个史家及其撰述的评价，还有什么比这更高的呢？清人龚自珍撰有《尊史》一文，认为："史之尊，非其职语言、司谤誉之谓，尊其心也。"他说的"心"，是指史家的知识和思想。史家的知识和思想为什么值得尊崇呢？一是"能入"，即通晓社会历史的方方面面，有"实录"的价值；二是"能出"，即可发"高情至论"，裨益于世。这样的史家，无疑是值得尊重的。他进而认为，史学与治道可以构成"大出入"，即："出乎史，入乎道，欲知大道，必先为史。"（见《龚自珍全集》第一辑）他从史家跟社会的关系说到史学跟治道的关系，这就把自古以来史家以史经世的旨趣上升到理论的高度了。

史家批评论在这两个方面提出的见解，反映了古代史家崇高的历史责任感和强烈的社会责任感，也反映了古代史学批评对于史家追求信史和注重经世的推重。

三、史家的成就

评论史家，最终还是要以其成就大小、影响广狭来确定高低和异同。《史通·辨职》篇指出：

> 史之为务，厥途有三焉。何则？彰善贬恶，不避强御，若晋之董狐，齐之南史，此其上也。编次勒成，郁为不朽，若鲁之丘明，汉之子长，此其次也。高才博学，名重一时，若周之史佚，楚之倚相，此其下也。[1]

刘知几盛赞董狐、南史的"彰善贬恶，不避强御"的精神，这同《史通·直书》篇的思想是一致的。相传左丘明是《左传》的作者，他同司马迁都有"编次勒成，郁为不朽"的名著，他们被评为"其次"。以上四人，是

---

① 刘知几：《史通·辨职》，浦起龙通释本，上海古籍出版社2009年版，第261页。

史学上经常提到的人物。刘知几把"高才博学，名重一时"的史佚、倚相，列为第三个等第。这两个人，在秦汉以后很少被提到。据说史佚是周文王、武王时的太史尹佚，《国语·周语下》记晋国大夫叔向援引史佚的四句话，即："动莫若敬，居莫若俭，德莫若让，事莫若恣。"这说明直到春秋时期史佚还是很有历史影响的史官。倚相是春秋时期楚国著名史官，《国语·楚语》记载了他的一些事迹和言论，以及别人对他的评论。《楚语上》记他说申公子亹、谏司马子期的谈话，表明他是一个历史知识丰富而又具有政治见识的史官。《国语·楚语下》记楚国大夫王孙圉聘于晋同赵简子的谈话，说楚国不以白珩为宝，"楚之所宝者曰观射父，能作训辞，以行事于诸侯，使无以寡君为口实。又有左史倚相，能道训典，以叙百物，以朝夕献善败于寡君，使寡君无忘先王之业"。刘知几说倚相"高才博学，名重一时"，是有根据的。他把"史之为务"分为上、其次、下"三途"，反映了他的史家价值观。他推重史家秉笔直书的精神，也顾及史家在当时的社会作用和影响，这是他的卓见。但他对史家的批评，缺乏作全面的分析。刘知几首倡"史才须有三长"，可是他没有运用这个标准对历史上的史家作具体的评论，这给他的史家价值观留下了缺憾。尽管如此，他的"史之为务，厥途有三焉"之说，在史家批评的方法论上，还是有启发性的。

宋人曾巩的《南齐书目录序》，也是一篇关于史家批评论的文章。他认为："古之所谓良史者，其明必足以周万事之理，其道必足以适天下之用，其智必足以通难知之意，其文必足以发难显之情，然后其任可得而称也。"（《曾巩集》卷一一）这是主张以明、道、智、文四条标准来衡量史家成就，其言甚高，然其意则不如才、学、识来得深刻、全面，因为他没有强调史家的直书精神和历史器识。脱离了这两条而讲"道必足以适天下之用"，也是没有根底的。在曾巩看来，司马迁都没有达到这四条标准，何况他人？

唐修《晋书》卷八二为两晋史家立传，反映了唐人对史家群体的历史地位的重视，在史家批评论的发展上是有意义的。《晋书》作者评论史家的总的原则是："若夫原始要终，纪情括性，其言微而显，其义皎而明，然后可以茵蔼缇油，作程遐世者也。"（《晋书》卷八二后论）他们推崇左丘明、司马迁、班固，认为两晋史家中陈寿是唯一"可以继明先典者"，对虞溥、司马彪、干宝、孙盛、习凿齿、徐广等人的成就，各有不同的评价。他们还指出："蹈忠履正，贞士之心；背义图荣，君子不取。"这是从史家德行上划出一条界限。《晋书》卷八二在史家批评方面，重在作具体分析，也大致采用综合的方法，但在理论上提出的问题不多。后来有的正史加以仿效，评论上各有异同。

在评论史家成就方面，章学诚提出的理论问题是尤其值得注意的。他首倡撰述与记注的区别，"以圆神、方智定史学两大宗门"（《文史通义·与邵二云论修宋史书》）；认为"神以知来"反映史家的才识，"智以藏往"反映史家的记诵（《文史通义·杂说》），这是把史家的工作划分为两个方面而考察他们各自的成就，也从比较中来论其高下。这些，是需要有专文来讨论的。

鉴识和探赜

——走出史学批评的误区

一、从"物有恒准，而鉴无定识"说起

《世说新语》有《识鉴》篇，讲的是对人的鉴识。《文心雕龙》有《知音》篇，讲的是文学作品的鉴识之难。它指出："知音其难哉！音实难知，知实难逢，逢其知音，千载其一乎！"作者刘勰认真地分析了文学作品的"知音其难"的种种原因，从另一方面看，也可以说是指出了文学批评中存在的一个个误区。同时，他也十分谨慎地指出了批评家如何走出文学批评误区的途径。刘知几《史通》有《鉴识》篇、《探赜》篇，章学诚《文史通义》有《知难》篇，虽论史学批评，而其意多与刘勰相通，反映了批评家们的共识。

《史通·鉴识》篇以评论人物开篇，随即转向评论史传。刘知几写道：

> 物有恒准，而鉴无定识，欲求铨核得中，其唯千载一遇乎。况史传为文，渊浩广博，学者苟不能探赜索隐，致远钩深，乌足以辩其利害，明其善恶！[1]

这里，刘知几提出了"物有恒准，而鉴无定识"的命题。意思是说，事物自身本有一定的尺度，而人们对它的审察、评论往往是不一样的。他认为，这种情况是人们的学识、思想的差异造成的，所以才会出现对于同一事物的"毁誉以之不同，爱憎由其各异"的现象。因此，他提出了"探赜索

---

① 刘知几：《史通·鉴识》，浦起龙通释本，上海古籍出版社2009年版，第189页。

隐，致远钩深"的重要，认为这是"辩其利害，明其善恶"的关键。

刘知几把"鉴识"同"探赜"联系起来，从认识论上阐述了史学批评是一件严肃而又艰难的事情。这就是说，在史学批评上，人们只有通过"探赜"，才能达到"鉴识"。从今天的认识来看，这是涉及史学批评中之主体修养与正确认识客体之间的关系了。浦起龙《史通通释》按语说：《鉴识》篇是"人之辨史"，《探赜》篇是"论论史"。他说的"史"，指的是史书。这说明浦起龙是深于这两篇的论旨的。

刘知几认为"欲求铨核得中，其唯千载一遇乎"，这是极而言之。他说的"世缺知音"，显然是受了刘勰讲的"逢其知音，千载其一"的影响。在这个问题上，章学诚的认识似近于符合实际。他论"知难"说：

> 夫人之所以谓知者，非知其姓与名也，亦非知其声容之与笑貌也，读其书，知其言，知其所以为言而已矣。读其书者天下比比矣，知其言者千不得百焉；知其言者天下寥寥矣，知其所以为言者百不得一焉。然而天下皆曰"我能读其书，知其所以为言矣"，此知之难也。[①]

章学诚指出所谓"知难"，不仅在于"读其书，知其言"，而尤在于"知其所以为言"，这就从一个重要的方面把刘知几说的"铨核得中"讲得更具体、更深刻了。知言之难，故于评论不可不慎。在这一点上，刘、章主旨是一致的。至于章学诚所批评的"天下皆曰'我能读其书，知其所以为言矣'"的现象的存在，恰是道出了史学批评之误区的难以避免。这正是刘知几《史通·探赜》篇所要论述的主旨。

二、误区种种

《探赜》篇首先指出评论的失误会造成不良的后果，这就是："前哲所

---

① 章学诚：《文史通义·知难》，中华书局1956年版，第126页。

作，后来是观，苟失其指归，则难以传授。而或有妄生穿凿，轻究本源，是乖作者之深旨，误生人之后学，其为谬也，不亦甚乎！"（《史通·探赜》）如果评论曲解了作者的思想而贻误后学，这是双重的错误，自应是不良后果中最为严重的。这些话，反映出了刘知几对于评论的严肃态度。

根据刘知几的概括，史学批评大致有这样几种误区：

一是猜度。刘知几针对孙盛"称《左氏春秋》书吴、楚则略，荀悦《汉纪》述匈奴则简，盖所以贱夷狄而贵诸夏"的说法，认为这是"强为庸音，持为足曲"的做法。刘知几从春秋时期"诸国错峙，关梁不通"的历史实际，说明"史官所书，罕能周悉"，同汉代"四海一家"史官所具备的条件是不可等量齐观的。他又举出《左传》详载戎子驹支、长狄、郯子之事，证明《左传》并不是要通过记载之略以表示"贱夷狄"的思想。他还指出《汉纪》取材于《汉书》，"其取事也，中外一概，夷夏皆均"，并不是有意于"独简胡乡，而偏详汉室"。刘知几对孙盛的批评，不仅有历史上的和史学上的根据，而且也反映出他在夷夏问题上的一贯的见解。《史通·称谓》篇说：西晋末年，"戎、羯称制，各有国家，实同王者"，而晋朝史臣们"党附君亲，嫉彼乱华，比诸群盗"，是一种"苟徇私忿，忘夫至公"的做法。这是刘知几在史学批评上表现出来的民族问题方面的鉴识，实为难能可贵。

二是穿凿。葛洪评论《史记》说："司马迁发愤作《史记》百三十篇，伯夷居列传之首，以为善而无报也；项羽列于本纪，以为居高位者非关有德也。"（见《探赜》篇所引）刘知几认为这属于"强为其说"。他指出，司马迁著《史记》，"驰骛今古，上下数千年"，春秋时期以前，得其遗事者，只有伯夷、叔齐二人；作者"考其先后，随而编次"，属于常理，有什么奇怪的呢。他进而论证说，如果一定要认为司马迁是以"善而无报，推为传首"，那么《史记》所记伍子胥、大夫种、孟轲、墨翟、贾谊、屈原等人，为什么作者不"求其品类，简在一科"呢。关于《史记》为何以伯夷居列传之首，评家、注家，众说纷纭，至今仍有作种种解释者。葛洪之说，并非全无根据。一则司马迁"发愤"著史，在《史记·太史公自序》和《报任安书》中都有明言。二则《史记·伯夷列传》中，司马迁针对"天道无亲，常与善人"的说法，确实讲过"余甚惑焉，倘所谓天道，是邪非邪"。但是，葛洪把这二者直接联系起来，以寓"善而无报"之意以自喻，那无疑是曲解从而也贬低了司马迁著史的崇高目标。刘知几从客观历史和史书编次两个方面批评葛洪，所驳甚是。至于刘知几批评葛洪所谓"项羽列于本纪，以为居高位者非关有德也"的说法，可谓是非参半。所谓是者，刘知几认为司马迁并不是以此来"怨刺"汉武帝。所谓非者，刘知几认为司马迁以项羽列为本纪，正是他的"纰缪"之一，又"何必有凭"呢。这是他拘于史例而不察司马迁著述之深意所致。刘知几曾为《汉书》为吕后立纪作了解释，说是"吕宗称制，故借其岁月，寄以编年"（《史通·鉴识》）。这无疑是对的，而《汉书》之前，《史记》已经这样处置了。按大致相同的道理，司马迁为项羽立纪，是因为项羽"将五诸侯灭秦，分裂天下而封王侯，政由羽出，号为'霸王'，位虽不终，近古以来未尝有也"（《史记·项羽本纪》后论）。根据同样的道理，《史记》还列了《秦楚之际月表》的专篇。故刘知几的"纰缪"之说，既不能完全澄清葛洪之误，又不足以使后人信服。仅此一点而论，或可说明"知音其难"，"欲求铨核得中，其唯千载一遇"。这也说明，史学批评的误区是极难避免的。批评家孜孜追求的，只是尽可能少地陷入这种误区罢了。

三是凭虚。隋朝内史李德林在北齐时，曾就《齐书》起元（纪年之始）事与魏收讨论，有书信往还。他在答魏收书中有一句话是："陈寿，蜀人，以魏为汉贼。宁肯蜀主未立，已云魏武受命乎？"（《隋书·李德林传》）刘知几把此事概括为："隋内史李德林著论，称陈寿蜀人，其撰《国志》（《三国志》——引者），党蜀而抑魏。刊之国史，以为格言。"刘知几是尊汉的，认为刘备"方诸帝王，可比少康、光武；譬以侯伯，宜辈秦缪、楚庄"，可是陈寿的评论"抑其所长，攻其所短"。他还认为，曹操是"罪百田常，祸千王莽"式的人物，曹丕也不是像样的君主，而陈寿对他们的评论，"皆依违其事，无所措言"。刘知几的结论是：《三国志》"曲称曹美，而虚说刘非，安有背曹而向刘，疏魏而亲蜀也？"（《史通·探赜》）陈寿本是蜀汉臣子，后为西晋史官。他撰《三国志》，于蜀、魏关系的处置上，颇为棘手。但西晋"受禅"于魏，故《三国志》以魏为"正

朔之国"，在当时实别无选择。他从《魏书》、《蜀书》、《吴书》分记三国
史事，而于《蜀书》中称刘备为先主、刘禅为后主。这在历史编纂上确是
一个创举，也隐约可见其不忘曾是蜀汉之臣的心迹。这些都是客观事实。
刘知几尊汉情重，对此缺乏冷静分析，故认为陈寿"曲称曹美"，"虚说刘
非"，似有未妥。李德林从正统观念出发，也是尊汉的，认为"汉献帝
死，刘备自尊崇"，陈寿既为蜀人，必当"以魏为汉贼"。可是李德林的说
法，在《三国志》中实难找到有力证据，所以刘知几批评他是"无其文而
有其说，不亦凭虚亡是者耶"。应当承认，刘知几对李德林的批评在总的
结论上是对的；而他在批评李德林中涉及到对陈寿的许多指摘，有些是难
以成立的，以致不免也有凭虚之嫌。同时，这也使他陷于在陈寿评价上发
生自相矛盾的困境。刘知几在《史通·史官建置》篇中指出，为史之道，
其流有二："当时草创者，资乎博闻实录，若董狐、南史是也；后来经始
者，贵乎俊识通才，若班固、陈寿是也。"董狐、南史自不待言，班固也
是备受刘知几推崇的史家，陈寿能与他们并列，实在是非同小可之事。然
而他在《探赜》篇中，其地位又跌落到如此地步。陈寿其人其书未变，而
是刘知几陷入了一个《探赜》篇中所没有说到的误区：抵牾。

　　上述种种误区，带有举例的性质，尚难以概括这一问题的全貌。如前
文所论《国史·野史·家史的是非》、《时有古今　述有体要》等，也都与
误区和走出误区这类问题相关联。

三、走出史学批评的误区

　　史学批评的目的，是为了鉴别历史撰述在史事、思想、体裁、体例、
文字表述等方面的高下优劣，考察史家的素养、职责和成就，探索史学在
社会中究竟起了何种作用，以辨明得失，总结经验，推进史学的发展。
《史通·自叙》篇说："《史通》之为书也，盖伤当时载笔之士，其义不
纯。思欲辨其指归，殚其体统。"又说："夫其为义也，有与夺焉，有褒贬
焉，有鉴诫焉，有讽刺焉。其为贯穿者深矣，其为网罗者密矣，其所商略
者远矣，其所发明者多矣。"章学诚也说他的《文史通义》议论开阔，"为

千古史学辟其榛芜"(《文史通义·与汪龙庄书》)。他们的这些话，或有自我评价过高之嫌，但绝非有意自夸之辞，其诚恳愿望、良苦用心，流露于字里行间。然而欲达此崇高目的，则必须有正确的史学批评。倘若批评陷入误区，那就使任何良好愿望都付之东流，甚至会给史学发展造成新的障碍。从这一点来看，刘知几在《史通》中撰《鉴识》、《探赜》两篇，尤其寄有深意。由此也可认识到，走出史学批评的误区，实为史学批评家们不能不再三思之的大问题。

那么，史学批评家怎样才能走出史学批评的误区呢？或者说，怎样才能不陷入或尽可能少地陷入这种误区呢？在刘知几的史学批评论中，他没有着意于从理论上来正面阐述这个问题。他的见解，多包含在具体的批评之中，从上文所述可窥其大概。不过，他在《鉴识》篇开篇时提出的"物有恒准，而鉴无定识"的命题，对于强调批评者应重视鉴识的锤炼，是有理论和实践意义的。他引用"探赜索隐，致远钩深"的古训，作为人们提高鉴识水平的途径，也是有方法论的价值的。他在《探赜》篇中写道："明月之珠不能无瑕，夜光之璧不能无颣，故作者著书，或有病累。而后生不能祗诃其过，又更文饰其非。"(《史通·探赜》)这是指出了史学批评中应取辩证的态度，不苛求也不掩饰前人。此篇末了又写道："考众家之异说，参作者之本意，或出自胸怀，枉申探赜；或妄加向背，辄有异同。"(《史通·探赜》)这是总结了史学批评往往是在众说纷纭中展开的，而其最基本的方法是要"考众家之异说，参作者之本意"，以寻求正确的评价，避免发生"出自胸怀"、"妄加向背"等错误。他的这些认识，结合他在一些具体的评论中提出的见解，大致反映了刘知几关于如何开展正确的史学批评的理论和方法。

应当承认，在同样的问题上，章学诚虽没有像刘知几那样作较多的具体评论，但他在理论和方法论的阐述上却超过了刘知几。章学诚在《文史通义·文德》篇中提出的"不知古人之世，不可妄论古人文辞也；知其世矣，不知古人之身处，亦不可以遽论其文也"的原则，以及上引《知难》篇中说的"读其书，知其言，知其所以为言"是为真知的标准，都是史学批评中最基本的理论和方法论。他举例说，对于《史记》、《汉书》，详察徐广、裴骃、服虔、应劭诸家注释，"其间不得迁、固之意者，十常三四焉。以专门之攻习，犹未达古人之精微，况泛览所及，爱憎由己耶？"（《文史通义·知难》）这个例子有力地说明，"泛览所及，爱憎由己"是史学批评之大忌。刘勰论文学批评说，要达到能够具有全面分析批评的水平，一是"博观"，二是作比较，三是"无私于轻重，不偏于憎爱"。有了这三条，才能"平理若衡，照辞如镜"（《文心雕龙·知音》）。这个道理，在基本原则上也是同史学批评相通的。

从史学批评的理论和实践来看，不陷入误区或走出误区，都不是绝对的，也不可能是绝对的，它们只具有相对的意义。"平理若衡，照辞如镜"，作为批评家追求的目标，诚然是可贵的，也是值得肯定的。但是，即使是优秀的批评家，也只能做到不断接近这个目标。章学诚在讲到史家撰述历史过程中主体与客体的关系时说："尽其天而不益以人，虽未能至，苟允知之，亦足以称著书者之心术矣。"（《文史通义·史德》）他深知"尽其天而不益以人"这个境界和目标是极难达到的，即历史撰述中是极难排除史家的主观作用的；但他仍然认为这是史家所必须追求的。对于中国古代史学批评亦应作如是观。

史学批评家的历史命运

——关于批评的批评

一、批评之批评的历史

大凡有影响的史学批评，都会在其后引出一连串关于批评的批评，以至形成一段批评之批评的历史。这种现象，在中国古代史学批评发展史上，是屡见不鲜的。孔子对董狐的评论，《左传》、孟子对《春秋》的评论，《国语》对左史倚相的评论等，都引发出后人在此基础上的许多评论。班彪、班固对《史记》的评论，张辅关于《史记》、《汉书》比较的评论等，在一二千年中不断地被后人所评论，成为《史》、《汉》评论长河的滥觞。刘知几披阅群史，评论众家，不仅涉及许多前人的评论，尤其为后来历代史家提供了评论的目标。所有这些，汇合成了汪汪洋洋的史学批评之批评的历史。

这种现象说明，史学批评作为史家对史学的一种认识活动，同人类对历史的认识活动一样，并不是一人一时所能完成的。顾炎武说："天下之理无穷"，"故昔日之得，不足以为矜；后日之成，不容以自限"（《日知录·自序》）。这是说的他自己对于治学的认识和境界，但这话却具有认识论上的真理价值。史学批评之批评的历史，从一个方面反映了历代史家对于史学不断认识的规律。刘知几自叙其少年时代读史的心得和感受说："自小观书，喜谈名理，其所悟者，皆得之襟腑，非由染习。故始在总角，读班、谢两汉，便怪前书（指班固《汉书》——引者）不应有《古今人表》，后书（指谢承《后汉书》，一说指谢沈《后汉书》——引者）宜为更始立纪。当时闻者，共责以为童子何知，而敢轻议前哲。于是赧然自失，无辞以对。其后见张衡、范晔集，果以二史为非。其有暗合于古人者，盖不可胜纪。始知流俗之士，难与之言。凡有异同，蓄诸方寸。"
（《史通·自叙》）这段话或许有所夸张，但它生动地反映了史学批评确
非一人一时所能完成的这一认识规律。当然，年轻时期的刘知几对于史学
批评之批评，还没有自觉的意识，只是停留在"暗合于古人"的阶段。而
在他撰写《史通》时，便明确地认识到"此书多讥往哲，喜述前非"，其
中便包含了对史学批评之批评的自觉意识。

　　史学批评之批评的历史，贯穿着史学批评家刻意创新的求异意识。顾
炎武《日知录》卷首说："愚自少读书，有所得，辄记之。其有不合，时
复改定；或古人先我而有者，则遂削之。积三十余年乃成一编。"《日知
录》不是史学批评的专书，但其中有不少内容是跟史学批评相关的。章学
诚在致友人书中诚恳地写道：

　　　　鄙著《通义》，凡意见有与古人不约而同者，必著前人之说，示
　　不相袭，幸足下与同志诸君为检先儒绪论，审有似此者否也？如其有
　　之，幸即寄示，俾得免于雷同剿说之愆，感荷非浅鲜矣。①

这里说的"有与古人不约而同者"，跟上文顾炎武说的"古人先我而有
者"，是同一个意思。顾炎武的做法是"削之"不载，章学诚的做法是
"必著前人之说"，反映了他们治学的严谨。章学诚认为他的《言公》、《诗
教》诸篇，"其言实有开凿鸿蒙之功，立言家于是必将有取"（《文史通
义·再答周筤谷论课蒙书》）。他更看重的，也是自己的创新部分。

　　史学批评之批评的自觉意识和创新意识，也是促进史学批评发展的主
观因素之一，甚至也可以说是促进史学发展的主观因素之一。还是章学诚
说得好："文章经世之业，立言亦期有补于世，否则古人著述已厌其多，
岂容更益简编，撑床叠架为哉！"（《文史通义·与史余村》）从总的方面
看，批评，以及对批评的批评，应当以此为目的。从单个方面说，则应作
具体分析。

————————————

　　① 章学诚：《文史通义·与陈鉴亭论学》，中华书局1956年版，第311—312页。

二、批评之批评的是非

史学批评之批评的历史，并非直线发展。虽说见仁见智，求同求异，各执己见，均无不可，但其中并不是不存在是非与正误的问题。

宋文帝命裴松之注陈寿《三国志》。裴松之于是"鸠集传记，增广异闻，既成奏上"，宋文帝览而善之，说："此为不朽矣。"（《宋书·裴松之传》）这是对《三国志注》最早的评论。《三国志》是一部优秀的历史著作，但记事简略，故宋文帝有此建议。裴松之肯定《三国志》"铨叙可观，事多审正"，是"近世之佳史"，"然失在于略，时有所脱漏"；所以他搜集了一百多种"三国异同"的撰述，为其作注，"以补其阙"，"以备异闻"，"以惩其妄"，有时也"有所论辩"（裴松之《上三国志注表》）。其注文字数几乎近于原书字数，从而丰富了人们对三国史事的认识，他因此受到了称赞。但后人也有不同看法，刘知几批评裴松之《三国志注》、刘昭《后汉书注》、刘孝标《世说新语注》等注家，是"好事之子，思广异闻，而才短力微，不能自达，庶凭骥尾，千里绝群，遂乃掇众史之异辞，补前书之所阙"（《史通·补注》）。这里，只有最末一句话肯定了"补阙"的作用，而在总的评论上是持否定态度的。与此说相近者，有宋人叶适，他认为裴注所载，"皆寿书之弃余也"（《习学记言序目》卷二八）。他甚至认为称赞裴注是"轻立议论，误后生见闻，最害事"。于是，又产生出第三种看法，认为："大抵本书固率略而注又繁芜，要当会通裁定，以成一家。"据称，包括陈亮在内的一些宋人颇有意于此（见《直斋书录解题》卷四）。宋人称裴注"繁芜"，可能包含一种误解，认为"其多过本书数倍"（《郡斋读书志》卷五），这是过分夸大了裴注的分量。而重作三国史，也只是一种理想罢了。

清代考史学者对于裴注大抵持肯定的看法。王鸣盛在引证了《史通·补注》篇中另一段批评裴松之的话（"喜聚异同，不加刊定，恣其击难，坐长烦芜")之后,认为裴注"未可废"①。赵翼经过认真钩稽,一一列出裴注所引的一百五十一种书名,认为:"凡此所引书,皆注出书名,可见其采辑之博矣。"他批评有的人偶然发现一两条材料,就想批驳陈寿《三国志》及裴注和范晔《后汉书》,"多见其不知量也"②。

关于宋文帝、刘知几对《三国志注》批评的批评,延续了一千多年,发表评论的,也不止上面所提到的这些人。从今天的认识来看,赵翼的评论近于公允,也最有说服力;陈振孙的评论比较温和,但他同试图重撰三国史的人一样,似未深于注家之旨;刘知几认为注史当如注经之例,叶适主观认为裴注所采皆陈书所弃,对裴注的评论都失于偏激。

再举一个聚讼纷纭的实例。北齐魏收所撰《魏书》,一经脱稿,便在朝廷上引起轩然大波,以至于北齐高洋、高演、高湛三朝皇帝都不能不亲自过问此事,魏收也奉诏两度修改《魏书》。其中症结在于,书中对于北魏、东魏一些人物的门第、郡望、谱系、功业的记述,偶有不妥、失实,而其子孙仍为北齐显宦,于是"众口喧然",指斥《魏书》"不实"。不过当时也有另外一种评论,尚书陆操认为:"魏收《魏书》可谓博物宏才,有大功于魏室。"左仆射杨愔对魏收说:"此谓不刊之书,传之万古。但恨论及诸家枝叶亲姻,过为繁碎,与旧史体例不同耳。"杨愔的话,触及"众口喧然"的起因。隋文帝时,命魏澹另撰一部以西魏为正统的《魏书》。隋承北周,北周承西魏,故此举不难理解(以上分别见《北齐书·魏收传》、《隋书·魏澹传》)。唐太宗时,议修前代史,"众议以魏史既有魏收、魏澹二家,已为详备,遂不复修"(《旧唐书·令狐德棻传》)。这是唐初史家们对《魏书》的评论。但是,七年之后,即贞观十年(六三六年),李百药在其所撰的《北齐书·魏收传》中,详载《魏书》经历的风波,并借用"诸家子孙"的口吻把《魏书》"号为'秽史'"。看来李百药并未在"已为详备"上着墨,而《魏书》"秽史"说则由此而起。不过,

---

① 王鸣盛:《十七史商榷》卷三九"裴松之注"条,黄曙辉点校本,上海书店出版社2005年版,第279页。

② 赵翼:《廿二史札记》卷六"裴松之三国志注"条,王树民校证本,中华书局1984年版,第133、134页。

跟李百药同时的李延寿并不同意这种评论，他在晚出的《北史·魏收传》的后论里，推崇魏收的才学，说他"勒成魏籍，追踪班、马，婉而有则，繁而不芜，持论序言，钩深致远"。又分析《魏书》之所以引起争议，是他"意存实录，好抵阴私，至于亲故之家，一无所说，不平之议，见于斯矣"。又批评魏收"凭附时宰，鼓动淫刑"的"失德"行为。可见，唐初史家对批评《魏书》的批评，已生分歧。

其后，刘知几承袭"秽史"说，指摘魏收《魏书》"谄齐氏，于魏室多不平。既党北朝，又厚诬江左"。又把"诸家子孙"的"众口喧然，号为'秽史'"，改成了"由是世薄其书，号为'秽史'"（《史通·古今正史》）。再其后，宋人刘攽、刘恕撰《〈魏书〉目录叙》，索性写成：魏收"党齐毁魏，褒贬肆情，时论以为不平"，"众口沸腾，号为'秽史'"①。《魏书》"秽史"说经一再"升级"，千百年中遂成"定论"。赵翼、章学诚均持此论（见《廿二史札记》卷一三"《魏书》多曲笔"条、《文史通义·史德》）。只是王鸣盛对《魏书》的"被谤独甚"颇致不平之意②。《四库全书总目》也认为："平心而论，人非南、董，岂信其一字无私。但互考诸书，证其所著，亦未甚远于是非。'秽史'之说，无乃已甚之词乎!"（卷四五《史部·正史类·魏书》条）

至此，关于《魏书》的批评之批评，在古代史学上的聚讼，算是告一段落了。考察这一桩史学公案的历史，至少有两点启示。第一，当"秽史"说逐步"升级"时，说者离历史真相也就愈远。第二，"秽史"与"曲笔"并不是含义完全相同的概念；"曲笔"是与"直书"的优良传统相悖的，历来受到正直史家的反对和纠正，但有"曲笔"缺陷的史书不能简单地否定为"秽史"。赵翼曾指出《三国志》、《宋书》、《梁书》、《陈书》也有曲笔、回护之处，批评得很激烈，但并未称它们为"秽史"。《魏书》有曲笔，同样是应当批评的，然李百药、刘知几、刘攽、刘恕等对其脱离真相的批评，实不足取，李延寿对它的评论有偏高之嫌，但看法比较全

　　① 见魏收：《魏书》附录，中华书局1974年版，第3063—3064页。
　　② 王鸣盛：《十七史商榷》卷六五"魏收《魏书》"条，黄曙辉点校本，上海书店出版社2005年版，第540页。

面；王鸣盛认为它与南北朝诸史相比，"亦未见必出诸史之下"；《四库全书总目》说它"亦未甚远于是非"；这些评论大抵近于中肯。从今天的认识来看，《魏书》是《二十四史》中第一部专记少数民族政权盛衰兴亡的"正史"，具有特殊的历史价值；它在撰述上首创《官氏志》、《释老志》等不少特点，也有不可忽视的史学价值。

关于批评的批评，在古代史学上头绪纷繁，议论横生，其中是非与正误，都须作历史的考察和具体的辨析。上述二例，可见一斑。

三、史学批评家的历史命运

柳宗元曾经批评过韩愈对史学家之命运的看法（见《柳河东集》卷三一《与韩愈论史官书》）。他们所讨论的，主要是关于史家本人的命运和结局。这里说的史学批评家的历史命运，着重于历史的眼光，即指其史学批评在史学发展上的命运。这里说的史学批评家，范围也比较宽，包括了那些写出了有较大影响的史学批评论著的作者。

从上文所述批评之批评的历史与是非来看，不难想象史学批评家们的坎坷的历史命运。孔、孟对史学的批评，在古代史学批评史上历来是被视为"圣人"的言论，虽有王充的"问孔"、"刺孟"，刘知几的"疑古"、"惑经"，他们的历史命运终究要好得多，这自然另当别论。

西晋张辅著论比较马、班优劣，他从几个方面论证班不如马，而马称良史之由。后人评论他对马、班的评论，或是或否，大多只引用他说的"迁之著述，辞约而事举，叙三千年事唯五十万言；班固叙二百年事乃八十万言，烦省不同"（《晋书·张辅传》）这一条，好像张辅其人评论史书优劣，竟如此浅薄而无其他任何深意，这是张辅的悲剧。柳宗元著《非〈国语〉》六十七篇，从历史思想和采撰内容上批评了《国语》的不当，从基本的方面看，堪称杰作。然有宋人苏轼批评于前，认为"柳子之学，大率以礼乐为虚器，以天人为不相知云云虽多，皆此类耳"（见《苏轼文集编年笺注·与江惇礼秀才五首之二》）。这话，倒是从另一个方面揭示和张扬了柳宗元之学的难能可贵处，尚不能谓之不幸。又有元人虞仲常批评于后，"以为《国语》诚可非，而柳子之说亦非也，著《非〈非国语〉》，时人已叹其有识"（《元史·虞集传》附传）。时人叹其《非〈国语〉》"亦非"之识，恐怕就不能说是柳宗元的幸运了。宋人吴缜撰《新唐书纠谬》，是批评《新唐书》的专书。后人对《新唐书纠谬》的批评，不仅在意见上有歧异，而且涉及吴缜的人品。《新唐书纠谬》凡二十门，共二十卷，所纠之谬四百余条。晁公武评论说：吴缜"不能属文，多误有诋诃"。并举出此书卷二"张九龄谏而太子无患"条吴缜之误，以证其说（见《郡斋读书志》卷七《唐书辨证》条）。南宋王明清在所著《挥麈录》一书中，则进而指出吴缜"著书之本意"。大意是说：当欧阳修等奉诏重修《唐书》时，吴缜"初登第"，上书欧阳修，"愿预官属之末"，欧阳修"以其年少轻佻，拒之"。吴缜乃"鞅鞅而去"，待《新唐书》成后，便"从其间指摘瑕疵，为《纠谬》一书"。这是说明吴缜所撰，是为报当年旧怨。此说又被《文献通考》所引，流传益广。尽管宋人对《新唐书》也有不少微词（见《文献通考·经籍考》卷一九《新唐书》条），但对《纠谬》却持否定态度。吴缜是在绍圣元年（一〇九四年）将此书堂而皇之上表奏呈哲宗皇帝的，但其在宋代的命运并不佳。到了清代，史家对《纠谬》的评论出现了明显的分歧。王鸣盛从历史考证方法上指出《纠谬》"止以本史自相质正"，未免过于"省事"，同时承认"其指摘却亦有精当处"[①]。这已不同于宋人的评论了，吴缜的命运可望有所转机。然而钱大昕却对《纠谬》取严厉抨击态度，他在乾隆三十九年（一七七四年）校阅此书后，仿虞仲常《非〈非国语〉》之例，写了一篇《新唐书纠谬跋》，列举实例，批评吴缜"读书既少，用功亦浅，其所指摘，多不中要害"，说他"未达于"地理、官制、史例、小学。跋文起首引《挥麈录》的说法，并加上"诋毁不遗余力"数字；文末又说，《新唐书》"舛谬固多"，吴缜所纠"非无可采"，"但其沾沾自喜，只欲快其胸臆，则非忠厚长者之道。欧公以轻佻屏之，宜矣"。以此来看，则吴缜的历史命运比之在宋代

　　① 王鸣盛：《十七史商榷》卷六九"新唐书纠谬"条，黄曙辉点校本，上海书店出版社2005年版，第596—597页。

更加不幸。不过吴缜终究还是幸运的。乾嘉时期另一位史学名家章学诚，在《文史通义》里也写了篇《唐书纠谬书后》，其论旨则与钱大昕大异其趣。他称赞吴缜所列二十门"贯串全书，用心精密，诚有功于研唐事者，前人比之箴膏肓、起废疾，殆将过之无不及也"。他据理力驳王明清、晁公武之说，认为批评应着重"问其理之当否"；吴缜"颇识文章体要，史氏鸿裁，而竟因一言之失，谓其不能属文，何恶之甚邪！"他批评欧阳修主裁史局而缺"大匠度材"之器，殊为可叹。（《文史通义·唐书纠谬》书后）章氏此论，因《纠谬》而发，意义却超乎《纠谬》之外，是关于批评之批评的一篇鸿文。这不独是吴缜之幸，更是史学批评之幸。

章学诚还概括了刘知几的历史命运，说："《史通》多讥先哲，后人必不服从，至今相去千年，其言颇验。盖其卓识不磨，史家阴用其法；其论锋可畏，故人多阳毁其书。"他又结合《新唐书纠谬》说："人情不容一人独是，故击人者人恒击之。"（《文史通义·与孙渊如观察论学十规》）这两段话，是说到了对古代史学批评家的历史命运之规律性的认识。

史学批评的社会意义

——史学批评的不同视角和层次

一、史学家和史学批评

　　史学家的思想和撰述一旦成为某种社会表现形态即以各种形式的著作出现，它就成了社会的一种精神产品，从而也就必然要接受社会的评论。在阶级社会中，这种社会的评论无疑总会带着阶级的烙印。同时，每一时代占统治地位的思想，都是统治阶级的思想，这一思想史上的规律，也会鲜明地反映在这种社会的评论之中。此外，社会中不同身份的人，也会从各自的视角来评论各种史学成果，反映出在史学批评上的不同的层次和要求。所谓不同的视角、层次、要求，只是相对来说，并没有绝对的界限。

　　这里先说史学家和史学批评。在以前各篇中，已经讲到了不少史学家和史学批评的关系。现在我是从另外一个方面来说明这层关系，即史书中为史家立传的问题。

　　史书为史家立传，尤其是历代正史为史家立传，反映了后辈史家对前辈史家业绩之社会影响的重视，也在一定程度上反映了社会对于史家及其撰述成果为社会生活中之不可缺少的组成部分的认识。《汉书》为司马迁立传，《后汉书》为班彪、班固、班昭（曹世叔妻）立传，也为蔡邕、荀悦、刘珍等立传，就反映了这种情况。班固批评司马迁《史记》"是非颇谬于圣人"，反映了他对司马迁历史思想的见解；同时又引用刘向、扬雄等人的话，说《史记》可称为"实录"（《汉书·司马迁传》后论），说明了《史记》的社会影响。范晔认为："司马迁、班固父子，其言史官载籍之作，大义粲然著矣。"（《后汉书·班彪传》后论）他说的"大义"，不只是从史学意义上来看，也包含了社会评价的尺度。《隋书·经籍志二》

145

正史类后序在讲到《东观汉记》、《三国志》的撰述后说："自是世有著述，皆拟班、马，以为正史，作者尤广。一代之史，至数十家。唯《史记》、《汉书》，师法相传，并有解释。"所谓"师法相传，并有解释"，是说它们在史学上的影响；"皆拟班、马，以为正史"，这就讲到它们的社会和历史意义了。

盛唐史家，视野开阔，他们为前辈史家立传并总而论之，有更自觉的意识。一个突出的例子，是唐修《晋书》卷八二集中为两晋史家立传。其中包括陈寿、王长文、虞溥、司马彪、王隐、虞预、孙盛、干宝、邓粲、谢沈、习凿齿、徐广等十二人。陈寿是西晋初年人，徐广则处于东晋末世，相距一百余年。《晋书》作者把这些史家的行事、著述综括起来，编在同一卷里，这是前所未有的。它一方面表明史学家之自我反省的批评意识发展到更加自觉的阶段；一方面也表明史学家们的活动及其撰述成果，在社会生活中占有越来越重要的位置，成为反映一代之史不可缺少的内容之一。本卷后论认为，史家的作用是"昭法立训"，这是指出历史撰述同政治统治的关系。至于讲到一些史家或"奋鸿笔"、"骋直词"，或"继明先典"，或"综缉遗文，垂诸不朽"等等，都是从史学成就上作出的评论。而所谓"蹈忠履正，贞士之心；背义图荣，君子不取"，则表明对于史家的批评，同评论其他历史人物一样，要受到社会伦理、道德法则的裁决。《晋书》还为另外一些史家立了传，如卷三四有《杜预传》，卷九二有《袁宏传》，说明《晋书》作者在为史家立传上，也有视具体情况而灵活处置的地方。

还有一个突出的例子，是刘知几在《史通》一书中写了《史官建置》的专篇。从政治的观点或从反映一代之史的观点来看，《史通》是不能同《晋书》相比的，这首先是它们的内容不同所决定的，同时也反映了官书和私撰在当时所处地位的差别。但是，从史学家和史学批评的发展史来看，《史通》具有里程碑的意义。其中《史官建置》一篇，概括地阐述了唐初以前的史官的历史，可以看作是史家之史的论纲。这也是前所未有的。刘知几在此篇中，开宗明义，指出了史学的社会功用。他认为，任何人的活动，犹如马驹过隙，转瞬即逝；但若书于竹帛，就能做到"其人已亡，杳成空寂，而其事如在，皎同星汉"。这就是史官的职责，即所谓"史官不绝，竹帛长存"。后人读史，就可"见贤而思齐，见不贤而内自省"，就可"劝善惩恶"。他的结论是："史之为用，其利甚博，乃生人之急务，为国家之要道。"刘知几的这一段论述，过去不大为人所注意。他在这里阐述了一个很深刻的理论问题，即人们对于历史的认识，是凭借史家记事载言实现的；人们从历史中受到教育、启示，是通过"坐披囊箧"、"穷览千载"而获得的。他从这样的高度来写史家之史，评论他们的得失，这就比《晋书》说的"昭法立训"具有更高的层次了。

要之，为史家立传，写史家之史，既反映了史家对史学活动自我反省的自觉意识，又反映了史学批评的社会意义。在《晋书》、《史通》之后，不论是官修正史，还是私人撰述，都继续着这个传统。如《旧唐书》卷七三为姚思廉、颜师古、令狐德棻等立传，并以邓世隆、顾胤、李延寿、李仁实为附传；卷一〇二为刘知几、徐坚、元行冲、吴兢、韦述等立传；卷一四九为蒋乂、柳登、沈传师等三姓父子立传。而《新唐书》则更近于《晋书》的做法，其卷一〇二、卷一三二集中了唐代大部分著名史家。《宋史》于史家失载较多，但它也以欧阳修、刘敞（弟攽）、曾巩等传为同卷，以司马光、吕公著、范镇（从孙祖禹）等传前后相次。李贽著《藏书》，人物列传分为大臣、名臣、儒臣、武臣、贼臣、亲臣、近臣、外臣等类。儒臣传又分为德行、文学二门。文学儒臣又包含词学、史学、数学、经学、艺学，而于史学儒臣传中列举司马谈至欧阳玄等十七人。值得注意的是，他把"史学儒臣"置于"经学儒臣"之前，反映出他为史家立传的新意。

从历史的发展观点来看，史学家和史学批评，绝不只是史学本身的问题，它折射出社会对于史学的评论，也在很大的程度上反映了史学在社会生活中所处位置的重要。

二、政治家和史学批评

政治家和史学批评的关系，比史学家和史学批评的关系，更直接地反映出史学批评的社会意义。这是因为政治家考虑问题，大多集中在兴亡盛衰、治乱成败之故这些问题上。《史记·郦生陆贾列传》记：汉高祖命陆贾著书说，"试为我著秦所以失天下，吾所以得之者何，及古成败之国"。于是陆贾"粗述存亡之征，凡著十二篇。每奏一篇，高帝未尝不称善，左右呼万岁，号其书曰《新语》"。这是汉初政治生活中的一件大事，即重视对于得失成败的历史经验的总结。《新语》是政论，也是史论，刘邦对它的评论，反映了政治家所最为关注的问题。在这方面，唐太宗是最有代表性的人物。他的《修晋书诏》，极概括地评论了唐初以前的史家和史书，认为："大矣哉，盖史籍之为用也！"（《唐大诏令集·政事》）他对已有的诸家晋史深致不满，一一指出它们的不足之处，提出重修《晋书》的主张，也是基于这一认识。唐太宗还曾就一部史书发表过比较具体的评论。史载，他对凉州都督李大亮"论今引古，远献直言"的正直之心极为赞赏，除赐物以为纪念外，又赠给荀悦《汉纪》一部，并下书说：

> 卿立志方直，竭节至公，处职当官，每副所委，方大任使，以申重寄。公事之闲，宜寻典籍。然此书叙致既明，论议深博，极为治之体，尽君臣之义，今以赐卿，宜加寻阅也。①

所谓"叙致既明"，是肯定《汉纪》在材料组织和文字表述上的优点；"论议深博"，是肯定它的历史见识。至于"极为治之体，尽君臣之义"，当指其内容及现实意义而言，也是对"论议深博"的具体说明。显然，他是从统治方略和君臣关系这两个方面来看待《汉纪》的，而且也希望他的大臣们能在这两个方面身体力行。荀悦《汉纪》序自谓："汉四百二十有六载，皇帝拨乱反正，统武兴文，永惟祖宗之洪业，思光启于万嗣。"又说："中兴以前，一时之事，明主贤臣，规模法则，得失之轨，亦足以监矣。"（《汉纪》卷三〇）联系这些话来看，唐太宗之评论《汉纪》以及把它赐给臣下"寻阅"的深意，就更加清澈可见了。

---

① 刘昫等：《旧唐书》卷六二《李大亮传》，中华书局1975年版，第2388页。

宋神宗《资治通鉴序》，也是反映政治家和史学批评之关系的一篇佳作。它起首就讲到"《诗》、《书》、《春秋》，皆所以明乎得失之迹，存王道之正，垂鉴戒于后世者也"。它称道司马迁"其是非不谬于圣人，褒贬出于至当，则良史之才矣"。它概括《资治通鉴》的内容说："其所载明君、良臣，切摩治道，议论之精语，德刑之善制，天人相与之际，休咎庶证之原，威福盛衰之本，规模利害之效，良将之方略，循吏之条教，断之以邪正，要之于治忽，辞令渊厚之体，箴谏深切之义，良谓备焉。"这些话，主要是从政治上着眼的。所以序文末了才写出了这样的结语："《诗》云：'商鉴不远，在夏后之世。'故赐其书名曰《资治通鉴》，以著朕之志焉耳。"①王安石和司马光都是宋神宗时名臣，前者以轰轰烈烈的变法而终于失败，成了政治上的悲剧人物；后者以皇皇巨制的史著而享有盛誉，成了史学上的一代名家。他们的政见不合，但他们政治目的却并不是对立的。这就如同宋神宗既支持王安石变法、又对《资治通鉴》作上述评论一样，二者在政治上的目的本是一致的。这样一个历史环境和政治背景，对于认识宋神宗之评论《资治通鉴》的社会意义，是很有启发的。

历代政治家对史书有不少评论，自唐宋以下，他们评论得较多的是《贞观政要》、《通典》和《资治通鉴》。《贞观政要》反映了"贞观之治"的历史和当时君臣论政的风貌，《通典》备载历代典制的源流、得失而以"经邦"、"致用"为旨趣，《资治通鉴》以"监前世之兴衰，考当今之得失"为撰述的宗旨，这是它们多为政治家所关注的原因。《通典》在当时就受到政治家的重视，权德舆评论它说："《通典》二百篇，诞章闳议，错综古今，经代（世）立言之旨备焉。"（《唐文粹》卷六八）清乾隆《御制重刻通典序》说："观其分门起例，由食货以讫边防，先养而后教，先礼而后刑，设官以治民，安内以驭外，本末次第，具有条理，亦恢恢乎经国之良模矣。"（《通典》附录一）他们的评论，强调了《通典》的"经世"、"经国"的社会意义。在辽、金、元三朝，《贞观政要》、《资治通鉴》都是最先被译成本朝文字的史书。金世宗曾对宰臣说："近览《资治

---

① 司马光:《资治通鉴》书首，中华书局1956年版，第33—34页。

通鉴》，编次累代废兴，甚有鉴戒，司马光用心如此，古之良史无以加也。"（《金史·世宗本纪中》）这个评价，也落脚在"累代废兴，甚有鉴戒"上。

总的来看，政治家的史学批评，大多包含着从史书中可以得到丰富的历史鉴戒这个根本性的认识。尽管这个认识在他们的政治活动中所产生的作用各不相同，但由此反映出来的史学批评的社会意义，则是毋庸置疑的。

三、思想家、教育家和史学批评

思想家和教育家的史学批评有一个共同的特点，即他们更注重于思想和理论方面。孔子作了《春秋》，在史学上有突出的地位，但他更是一位大思想家和大教育家。孟子和朱熹，也是大思想家和大教育家。他们对史书和史家都有过一些评论。孔子称赞董狐是"古之良史"，还着重在"书法"方面；及至他评论自己所作的《春秋》，便说是"后世知丘者以《春秋》，而罪丘者亦以《春秋》"（《史记·孔子世家》）。孟子解释这话的含义是："《春秋》，天子之事也；是故孔子曰：'知我者其惟《春秋》乎！罪我者其惟《春秋》乎！'"又说："孔子成《春秋》而乱臣贼子惧。"（《孟子·滕文公下》）他还说孔子最重视史书的"义"（《孟子·离娄下》）。司马迁进而解释说："《春秋》之义行，则天下乱臣贼子惧焉。"这都说明孔、孟之评论史书，尤其着重于"义"，即思想的作用。这种"义"，包含着等级观念、伦理观念和道德观念，故他们的史学批评，具有更广泛的社会意义。孟子的史学批评，还包含着对政治变化与史学发展之关系的理论性认识，他说："王者之迹熄而《诗》亡，《诗》亡然后《春秋》作。"（《孟子·离娄下》）从今天的认识来看，这是涉及历史变化与史学发展之关系的较早的理论概括。

朱熹的史学批评，更多地反映出在教育上的特点。学生问他读史之法，他回答得很详尽：

先读《史记》及《左氏》，却看《西汉》(《汉书》)、《东汉》(《后汉书》)及《三国志》，次看《通鉴》。温公(司马光)初作编年，起于威烈王，后又添至共和(公元前八四一年——引者)后，又作《稽古录》，始自上古。然共和以上之年，已不能推矣。独邵康节却推至尧元年，《皇极经世》书中可见。编年难得好者……温公于本朝又作《大事记》。若欲看本朝事，当看《长编》。若精力不及，其次则当看《国纪》。《国纪》只有《长编》十分之二耳。①

这一段话是回答读史的方法，实则也包含着对各种史书之可接受性的先后次序的评论。所以当有人问到读《通鉴》与读正史的关系时，他明确回答说："好且看正史，盖正史每一事关涉处多。只如高祖鸿门一事(指刘邦、项羽鸿门之会——引者)，本纪与张良、灌婴诸传互载，又却意思详尽，读之使人心地欢恰，便记得起。《通鉴》则一处说便休，直是无法，有记性人方看得。"又说："《通鉴》难看，不如看《史记》、《汉书》。《史记》、《汉书》事多贯穿，纪里也有，传里也有，表里也有，志里也有。《通鉴》是逐年事，逐年过了，更无讨头处。"②朱熹讲读史方法，侃侃而谈，完全是从一个读者的身份来描述读史的感受；他的谈话对象，又并非治史之人，也是以一般读者的身份来请教问题。这里没有任何矫揉造作的地方，也就越发可以反映出朱熹在答问中所涉及的史学批评问题，具有广泛的社会意义。朱熹对纪传体史书的称赞，恰恰从它们的可接受性上说明了历代正史何以采用这种体裁的原因。这同刘知几把《史记》的"同为一事，分在数篇，断续相离，前后屡出"视为它的"短"处(《史通·二体》)，恰成相反的认识，正表明刘知几所论，有过分拘泥于史书体例的局限。由此可以进一步证明，史学批评绝不只是史学家的事情；而史学批评的标准，在很大程度上还要参照社会的尺度。

王充、柳宗元、叶适等思想家在史学批评方面的见解，其理论上的价

---

① 黎靖德编：《朱子语类》卷一一《读书法下》，中华书局1986年版，第195—196页。

② 黎靖德编：《朱子语类》卷一一《读书法下》，中华书局1986年版，第196页。

值已不限于史学方面，而对思维的历史的发展有重要的意义。王充批评所谓"《尚书》二十九篇者，法曰斗〔四〕七宿也"之说，批评所谓"《春秋》二百四十二年者，上寿九十，中寿八十，下寿七十。孔子据中寿三世而作，三八二十四，故二百四十年也"之说等（《论衡·正说篇》），虽属于批评之批评的范围，但对于廓清人们笼罩在这些史书上的神秘迷雾是很有意义的。王充批评《史记》说："观《世表》，则契与后稷，黄帝之子孙也；读殷、周本纪，则玄鸟，大人之精气也。二者不可两传，而太史公兼记不别。"以致"世人疑惑，不知所从"。但他还是认为司马迁"少臆中之说"（《论衡·案书》篇），肯定了《史记》的历史真实性的价值。柳宗元、叶适的见解，已多处论及，不再赘述。

思想家和教育家的史学批评，是从更高的认识层次上反映了史学批评的社会意义。

附论　中国史学发展概说

历史意识与史学意识

一、历史意识

在文字产生以前，先民已有了原始的历史意识，这从口口相传的神话、传说中得以反映出来，其中包含着先民对于自身历史的记忆。在文字出现以后，先民的这种原始历史意识逐渐发展为自觉的历史意识，这从卜辞、金文、官文书和史官记事中得以反映出来，其中包含着对于时事的记载和对于历史的追述。《尚书·召诰》说："我不可不监于有夏，亦不可不监于有殷。"意谓我们不能不以夏为鉴戒，也不能不以殷为鉴戒。又说："上下勤恤，其曰，我受天命，丕若有夏历年，式勿替有殷历年。欲王以小民，受天永命。"意谓君臣上下，常把忧虑放在心里，这样才差不多可以说：我们接受上天的大命，才能够像夏那样经历久远的年代，才不至于经历像殷那样的年代。我们希望成王以小民的安乐使上天高兴，以便从上天那里接受永久的大命。[1]《诗经·大雅·荡》说："殷鉴不远，在夏后之世。"[2]这种历史鉴戒思想所反映出来的，正是一种很强烈的自觉历史意识。周人关于先祖和王朝的颂诗，见于《诗经·大雅》中的许多篇章，也都反映出这种自觉的历史意识。卜辞和金文所记大多关于时事，它们作为文字记载由简而繁的确证，其中包含了后来作为历史记载的几个主要因素

---

[1] 译文采自王世舜《尚书译注》，四川人民出版社1982年版，第189—190页。
[2]《诗经·大雅》，《十三经注疏》本，中华书局1980年版，第554页。

即时间、地点、人物、活动或事件。值得注意的是，卜辞中有关祭祀祖先的记载，涉及殷王朝的世系，则已包含了追寻历史的意识。金文中"子子孙孙永宝用"的观念，反映出希望现实不被未来所遗忘的历史意识。《大盂鼎》铭文关于殷人因酗酒而"丧师"的记载，同上引《尚书》、《诗经》中的话属于同一种含义，也是自觉的历史意识的反映。

在这个发展过程中，古代最早的史官起了重要的作用。据《周官》、《礼记》等书所记，古代史官名称很多，有太史、小史、内史、外史、左史、右史之别。史官职责亦各有异：太史掌国之六典，小史掌邦国之志，内史掌书王命，外史掌书使乎四方，左史记言，右史记事。《礼记·曲礼上》还说："史载笔，大事书之于策，小事简牍而已。"这表明史官对于所记之事在选择上和处理上的不同。在目前所知最早的古代文献之一《尚书》中，讲到了"册"与"典"。如《多士》篇说："惟殷先人，有册有典。"《金縢》篇称："史乃册祝。"《顾命》篇记："太史秉书"，"御王册命"。册、典、志、记言、记事等等，都同史官的活动相关联。到了西周末年和春秋时期，周王室和各诸侯国先后出现了"国史"，编年纪事。这些国史，当时统称为"春秋"，也有称为"乘"和"梼杌"的。这个时期，涌现出一批著名的史官，周王室的史伯，晋国的董狐、史墨，齐国的太史、南史，楚国的倚相，各以其见识、博学和秉笔直书的精神受到后人的称颂。春秋末年，孔子据《鲁春秋》而写出编年体史书《春秋》，成为中国史学上最早的私人撰史的史家。自此以后，直至清代，在大约两千五百年中，史官以及并非史官的史家层出不穷，代有名家。他们世代相承，把中华民族的自觉的历史意识传袭和发展下来。

中国史学的这个特点，不仅中国古代学人有许多论述，而且为近代以来西方学人所推重。黑格尔指出："中国'历史作家'的层出不穷、继续不断，实在是任何民族所比不上的。"[1]李约瑟博士在简述"中国历史编纂法"时，他根据王国维的研究成果，在评论司马迁关于商代历史的撰述中写道：

---

[1]《历史哲学》中文本，王造时译，三联书店1956年版，第161页。

一般认为，司马迁不可能拥有足够的一千多年以前的史料来写历史。可是当人们从无可争辩的真迹——安阳甲骨文——中清楚地找到商代三十个帝王中的二十三个帝王的名字时……大家可以想象，许多人该是何等地惊异。由此可见，司马迁一定拥有相当可靠的史料。这一事实再一次说明中国人有深刻的历史意识，也说明对商代是完全应予承认的。[①]

他们是从世界各民族的比较和"中国人"这个整体来看待这个问题的，因而具有重要的认识价值。

这种"深刻的历史意识"在史学发展过程中，反映在史家历史观点上的突出成就，首先是认识到历史、现实、未来的联系，如司马迁说的"述往事，思来者"（《汉书·司马迁传》）。其次，是认识到历史是变化的，如《左传》昭公三十二年记史墨的话说："社稷无常奉，君臣无常位，自古以然。"因此，"通古今之变"成为司马迁以后不少史家追求的目标之一。第三，是肯定历史在变化中的进步，如杜佑《通典》论分封、郡县的弊与利，认为"建国利一宗，列郡利百姓"（《职官典十三·王侯总叙》）；论民族风尚，认为"古之中华，多类今之夷狄"（《边防典一·边防序》）；论人才状况，认为"非今人多不肖，古人多材能，在施政立本，使之然也"（《选举典一·序》），等等，反映出鲜明的历史进化思想。第四，这是很重要的一条，就是早已有所发展的，认为历史可以为现实提供借鉴的思想，如司马光所说"监前世之兴衰，考当今之得失，嘉善矜恶，取是舍非"（《进〈资治通鉴〉表》）。这些历史观点，还有其他一些进步的历史观点，在中国史学发展中都有丰富的积累。

这种深刻的历史意识产生于人们的社会历史实践活动，同时又反转过来影响着人们的社会历史实践活动。秦孝公时商鞅等人关于变法和"法古"论辩；汉初君臣关于秦亡、汉兴历史经验教训的总结，以及后来桑弘

---

① 李约瑟：《中国科学技术史》第一卷，《导论》，科学出版社、上海古籍出版社1990年版，第88页。

羊同贤良、文学关于盐铁政策的论难；还有唐初君臣关于秦、隋兴亡比较的探讨，以及关于严刑罚、行教化的争论和关于是否还应实行分封的辩论，都直接影响到当时政治上的重大决策。唐太宗说："以古为镜，可以知兴替。"①这话极简洁地概括了历史意识对社会实践（这里主要是指政治实践）的反作用。

这种深刻的历史意识在中华民族的发展史上，对促进各族之间的历史认同、增强中华民族的凝聚力，有重要的作用。自司马迁著《史记》而以周边少数民族入史，此后成为历代"正史"撰述的传统。北魏雄踞北方百余年而自称"中国"。唐初以北齐和隋朝所撰两部《魏书》为正史，以十六国史为"载记"写入《晋书》，于新撰南朝、北朝史中删除旧史所谓"索虏"、"岛夷"的称谓，大力称颂"胡、越一家"、"天下一家"的政治局面。辽、金皇朝大力翻译汉文史籍为本民族文字，金代科举考试以"十七史"为重要内容之一。元代修宋、辽、金三史，皆列为正史。《辽史·世表》序称："君四方者，多二帝子孙，而自服土中者本同出也。"这里说的"二帝"，指的是"炎、黄"二帝。这些事实表明，中国历史上人们这种深刻的历史意识表现为大原则上的共同的社会心理和历史价值观，这是中华民族之凝聚力不断发展的一个重要的思想渊源。

总起来看，可以认为，中华民族的深刻的历史意识，是中国史学之优良传统的核心之一。

二、史学意识

史学的发展，不仅仅表现在史家对于历史的认识，还表现在史家对于史学的认识。这种对于史学的认识，也有一个不断发展的过程。大致说来，从春秋、战国之际到秦汉时期，中国史学上已经滋生了明确的史学意识并进而演变为自觉的史学发展意识。反映这一过程的史书主要是《春秋》、《左传》和《史记》。

---

① 吴兢：《贞观政要·任贤》，上海古籍出版社1978年版，第33页。

《春秋》在史学意识上的突出表现，一是"属辞比事"，二是用例的思想。如《礼记·经解》说："属辞比事，《春秋》教也。""属辞比事而不乱，则深于《春秋》者也。"所谓"比事"，是按年、四时、月、日顺序排比史事，是编年纪事的概括性说法。"属辞"，是指在表述史事时讲求遣词造句，注重文辞的锤炼。"不乱"，除了编年纪事这种体裁之外，还包含了"属辞"中用例的思想。《左传》称赞《春秋》说："《春秋》之称，微而显，志而晦，婉而成章，尽而不汙。"（成公十四年"君子曰"）司马迁评论孔子修《春秋》："笔则笔，削则削，子夏之徒不能赞一辞。"（《史记·孔子世家》）这些都说明孔子在"属辞比事"和用例上的严格要求。《春秋》的"属辞"和用例，不只是形式上的要求，它还突出地反映出孔子对于"义"（褒贬之义）即历史评价的重视。孟子这样说过："王者之迹熄而《诗》亡，《诗》亡然后《春秋》作。晋之《乘》，楚之《梼杌》，鲁之《春秋》，一也；其事则齐桓、晋文，其文则史。孔子曰：其义则丘窃取之矣。"（《孟子·离娄下》）孔子以前，已有一些史官善于指陈历史形势，对历史发展趋势作出判断；对所记史事作出评论，显示出相当深刻的历史见解。但在史学上明确提出"义"的要求，孔子是最早的，这对后来史学的发展产生了极其深刻的影响。孔子还称赞晋国史官董狐秉笔直书的精神，说他是"古之良史"（《左传》宣公二年）。孔子又提出了尊重历史文献的认识，他说："夏礼，吾能言之，杞不足征也；殷礼，吾能言之，宋不足征也。文献不足故也。足，则吾能征之矣。"（《论语·八佾》）论证前朝的制度，不能不以历史文献为根据，这是孔子提出来的史学上的一个基本原则。从《春秋》和孔子的这些言论来看，可以认为，孔子是中国史学上第一位具有明确的史学意识的史家。

　　上引《左传》和《孟子》诸文，表明它们在史学意识的发展上都占有重要的位置。孟子不是史家，但他关于孔子作《春秋》的许多言论，在先秦史学思想中却是不可忽视的。他指出："世衰道微，邪说暴行有作，臣弑其君者有之，子弑其父者有之。孔子惧，作《春秋》。""孔子成《春秋》而乱臣贼子惧。"（《孟子·滕文公下》）这两句话，是讲到了史家作史的社会环境、社会目的和社会作用。孟子关于史学与社会之关系的认识，在先秦时期的史学上是有代表性的，对以后史学思想的发展也有深刻的影响。

从《春秋》和孔子的言论，以及《左传》和孟子的言论，可以看出这一时期的史学意识所具有的丰富内涵：（一）重视史书的结构和文辞；（二）重视史家对于史事的评价；（三）推崇"书法不隐"的秉笔直书精神；（四）提出了史学发展同历史发展的关系的初步认识；（五）提出了历史撰述的社会条件、社会目的和社会作用的认识；（六）提出了事、文、义这三个史学上的重要范畴。这些，对后来史学思想、史学理论的发展，都有重要的意义。

西汉时期，司马迁把先秦时期的史学意识推进到更高的认识层次，即自觉的史学发展意识阶段。所谓自觉的史学发展意识，有一个突出的特征，就是它不只是提出了有关史学的某些方面的认识，而且进一步提出了史学是史学家们不应为之中断的、具有连续性的神圣事业的认识。司马迁在《史记·太史公自序》中深沉地写道：

> 先人有言："自周公卒五百岁而有孔子。孔子卒后至于今五百岁，有能绍明世，正《易传》，继《春秋》，本《诗》、《书》、《礼》、《乐》之际？"意在斯乎！意在斯乎！小子何敢让焉。[①]

"先人"，是指他的父亲太史令司马谈；"小子"，是司马迁自称。他们父子是把"绍明世"、"继《春秋》"的工作同周公、孔子的事业联系起来，还有什么比这更崇高的呢！在司马迁看来，"《春秋》辨是非，故长于治人"；"《春秋》以道义"；"拨乱世反之正，莫近于《春秋》。《春秋》文成数万，其指数千。万物之散聚皆在《春秋》"。如此看来，"继《春秋》"确乎是神圣的事业。司马迁自觉的史学发展意识可谓鲜明而又强烈。"小子何敢让焉"，显示了他的当仁不让的勇气和崇高的历史责任感。

司马迁的这种自觉的史学发展意识促使他创造出伟大的成果，写出了

---

① 司马迁：《史记》卷一三〇《太史公自序》，中华书局1959年版，第3296页。

《史记》（他自称为《太史公书》）这部巨著。他说：《太史公书》"以拾遗补艺，成一家之言，厥协《六经》异传，整齐百家杂语"（以上均见《史记·太史公自序》）。这是他的史学发展意识在实践上的要求，即把继承前人的成果同自己的"成一家之言"结合起来，作为努力的目标。从广泛的意义上看，司马迁提出的"成一家之言"不仅仅是指《史记》说的，也是指"史家"说的。战国时期有诸子百家而无史家的突出地位，司马迁要改变这种传统，使历史撰述也能成为一"家"。"成一家之言"的庄严目标的提出，反映了自觉的史学发展意识产生时所达到的高远的境界，在史学发展上是一件具有划时代意义的大事。

自司马迁以后，史学意识的发展经历两汉、魏晋南北朝至唐前期而出现了《史通》，经历唐、五代至两宋而出现了史学批评的繁荣，经历元、明至清前期而出现了《文史通义》，经历清后期的社会变动和史学分化至二十世纪初出现了梁启超的《新史学》和章太炎的《訄书》，以及至二十年代出现了李大钊的《史学要论》等，在两千年中有丰富的积累并不断走向更高的层次，逐步达到对于史学的科学认识。

最初的步履

一、传说、官书和史诗

史学是在先民创造出来文字以后才开始产生和逐步发展起来的，最早的官书、史诗和国史，是史学产生的初步阶段的表现形式。而在文字出现以前，先民对历史的记忆、认识和传播，则反映在口耳相传的传说中。不论是从客观的历史内容来看，还是从人们的主观历史意识的发展来看，远古的传说本是史学的源头。

在文字出现以后，远古的传说经过人们的整理、加工并记述下来，从中可以看到文字出现以前的古史的一些踪影。根据现有的和比较可靠的材料，远古的传说主要是关于氏族社会里英雄人物的故事。其中包含两大类：一类是战胜自然灾害和在生产中取得成功的传说，一类是氏族由来和氏族、部落间原始战争的传说。

治水和耕稼的故事是第一类传说中最重要的内容。在传说中，有许多氏族都曾流传着治水有功的英雄人物的故事。原在今山西境内居住的金天氏的昧及其子台骀，都是善于治水的人物，台骀后来成为汾水之神（《左传》昭公元年）。原在今山东境内居住的少皞氏的脩和熙，因能治水而"世不失职"，受到后人的祭祀（《左传》昭公二十九年）。原在今河南北部居住的共工氏，是一个善于治水的氏族，产生了后土、四岳这样的治水能手（《国语·鲁语上》，又《周语下》）。相传，四岳曾协同禹治水，而禹是传说中最杰出的治水英雄。禹在"洪水横流，泛滥于天下"的严重情况下，采用疏导的办法，制服了洪水（《孟子·滕文公上》、《国语·周语下》），备受后人景仰。女娲补天的故事，是中国南方和西南方许多氏族中广泛流传的治水女英雄的传说。女娲补天、正极、治水、除害，使人们得以生存（《淮南子·览冥训》），成为有大功的女神。

水患而外，人们还要同干旱作斗争。相传，在羿的时候，"十日并出，焦禾稼，杀草木"，人们没有吃的，还有许多妖物为害。羿射下了九个日头，除掉了妖物，人们都很感激他（《淮南子·本经训》），他也成了神。

耕稼的英雄人物，也在不同的氏族中出现过。柱，是烈山氏的耕稼英雄（《国语·鲁语上》、《左传》昭公二十九年）。弃，是周人的始祖，是比柱更有影响的耕稼英雄，他在传说中的地位，差不多是同禹相等的（《尚书·吕刑》、《诗经·鲁颂·閟宫》、《论语·宪问》）。柱和弃都成了农神，弃也被称为稷或后稷。

关于氏族由来的故事，大多反映了母系氏族社会的特点。相传，夏后氏的始祖禹，是从鲧腹中生出来的（《楚辞·天问》、《山海经·海内经》）；商族是由于其老祖母简狄吞了燕子的蛋，生了契，才开始有了这个氏族（《诗经·商颂·玄鸟》、《楚辞·天问》）；周族的始祖弃，是因姜嫄践巨人迹怀孕所生的（《诗经·大雅·生民》）。禹、契、弃后来被尊为夏、商、周三个王朝的始祖。关于氏族、部落间原始战争的传说，《山海经·大荒北经》所记黄帝与蚩尤之战是最有名的，黄帝、蚩尤都是神通广大的英雄，他们的时代比禹、弃还要早。

传说虽然不能全面和真实地反映历史，但其中毕竟包含着一些后人无法抹去的历史真实，为后人认识和研究古史留下了可以追寻的踪迹。传说对于史学的关系，恰恰在于它是远古的和非史学的，它一方面提供了关于史学来源的最原始的资料，一方面又曾在相当长的年代里影响着文明时代史家历史观点的发展和史学的面貌。史学要走出传说的投影，那是许多代史学家经过巨大的努力才能做到的。

卜辞和金文，是中国历史上目前所知最早的官文书。卜辞是殷、周奴隶主贵族贞卜的记录，因刻于龟甲、兽骨之上而有甲骨文之称。殷代卜辞所反映的年代，自盘庚迁殷迄于殷的灭亡，所记以农事、戎事、祭祀方面的内容较多，它们作为档案被储存起来，具有官方文书的性质。金文因是铸在铜器上的铭辞，故又有铭文和钟鼎文之称。殷代晚年至战国之末，都有金文的出现，而以西周金文占有重要的地位。金文所记主要内容，反映了当时王臣庆赏、贵族纠纷、财产关系等方面的情况。卜辞、金文同史学产生的关系更密切了，它们所记虽多是当时的事情，但已包含了后来的历史记载所必不可少的几个方面，即时间、地点、人物、活动，因而可以被看作是历史记载的萌芽。金文中还常有"其万年子子孙孙永宝用"的话，则反映了一种自觉的历史记载意识的滋生。卜辞记事，短的只有几个字，长的可达百余字；金文，从百字上下，直至五百字之多。

被后人汇集起来而称为《书》、《尚书》、《书经》（指今文《尚书》二十八篇）中的若干篇，也是较早的文字记载，它比卜辞、金文具有更明显的官书性质，所记都是殷、周王朝的大事。《尚书·商书》中的《盘庚》篇记盘庚迁殷这件大事，是写成最早的一篇。周初八诰即《大诰》、《康诰》、《酒诰》、《梓材》、《召诰》、《洛诰》、《多士》、《多方》，反映了西周征服东土、加强对殷控制的历史过程。在性质和形式上同《尚书·周书》相近的，还有《逸周书》中的《世俘解》、《克殷解》、《商誓解》，可信为西周初年的记载。《尚书》以记言为主，但它在表述一件事情上已显示出略具首尾的规模，《金縢》、《顾命》分别写出了金縢藏书、启书的经过和成、康交替的细节，是这个发展阶段上很有代表性的历史记载。章学诚称赞《尚书》在体裁上的优点是"因事命篇"，当主要指此而言。

《尚书》在史学萌芽时期所表现出来的成就，还在于它发展了金文中的自觉的历史意识，同时提出了历史鉴戒的思想。《酒诰》反复讲到"罔（无）敢湎于酒"和"荒腆于酒"，是殷代所以兴、所以亡的重要原因，提出了"人无于水监（鉴），当于民监"的著名见解。这个认识，也反映在《召诰》、《多士》、《无逸》等篇中。

这里说的史诗，是指《诗经》中的《大雅》。《诗经》是西周至春秋时期的诗歌总集，它包含风、雅、颂三个部分。风，以抒情为主；雅、颂，以咏事为主。《大雅》中的一些诗篇，反映周族和周王朝某些发展阶段的传说和历史，可以作为史诗看待。如《生民》、《公刘》、《绵》、《皇矣》和《大明》，歌咏后稷、公刘、古公亶父建立基业，王季继续经营，直至文王、武王的武功。《下武》、《假乐》等篇歌咏成、康以下"率由旧章"、"绳其祖武"的升平时期。《崧高》、《江汉》等篇是咏颂宣王的中兴。《桑柔》、《召旻》等篇是感叹、讽刺厉王和幽王时的失政与衰败。它们大致写出了西周的盛衰史。作为史诗来看，它们半是诗歌，半是史篇，写得笼统而夸张；但它们对先王的歌颂或讥刺，对史学在传记和纪事本末方面的发展，都包含着创始的意义。《大雅·荡》中有"殷鉴不远，在夏后之世"的诗句，也反映出历史鉴戒思想。

广义地看，《诗经》中的其他部分，也具有史诗的价值。

二、国史和《春秋》

西周末年，周王朝和各诸侯国已有了更具有史书性质的史册，我们把它们称为国史。而在当时，则一般统称为"春秋"。《左传》昭公二年记晋国韩宣子至鲁，"观书于大史氏，见《易象》与鲁春秋"。《国语·晋语七》和《楚语上》分别记有"习于春秋"、"教之春秋"的话。《墨子·明鬼下》还有"周之春秋"、"燕之春秋"、"宋之春秋"、"齐之春秋"的引证。孟子从政治形势的变化，指出了国史代替史诗的趋势，他说："王者之迹熄而《诗》亡，《诗》亡然后《春秋》作。晋之《乘》、楚之《梼杌》、鲁之《春秋》，一也。"（《孟子·离娄下》）孟子的话，说明了史学萌芽阶段的一个重要的变化。

当时的国史，没有一部流传下来。根据现有的文献记载推断，国史在形式上当具备时间、地点、人物、人物活动和这种活动的连续性的记载条件，在内容上仍是对于贵族活动的记录，书写工具上主要是"书之竹帛"。国史记载人物活动的连续性，这是它的一大特点，是较之于卜辞、金文记载的一大进步。国史不独记本国之事，也记诸侯会盟与他国见告之事，所记范围较之于《尚书》来得开阔，这也是它的一个特点和进步。国史还有一个特点和显示出进步的地方，是它的记载不像《诗经·大雅》带着史诗那样的笼统和夸张，也不像卜辞、金文和《尚书》记载那样突出贞卜和册祝，而着重于德刑礼义这些世俗的内容。对于国史的这些认识，我们可以通过《左传》、《国语》等书的有关片段的记载而窥其踪迹。国史的出现，标志着严格意义上的史书的诞生。

春秋末年，孔子以鲁国国史（"鲁之春秋"）为基础，参考周王朝国史和列国国史，撰成了《春秋》一书。对此，司马迁概括说：

> 孔子明王道，干七十余君，莫能用，故西观周室，论史记旧闻，兴于鲁而次《春秋》。上记隐，下至哀之获麟，约其文辞，去其烦重，以制义法，王道备，人事浃。[1]

司马迁把这段话写在《十二诸侯年表》序中，是着意于突出《春秋》产生的时代特点，上承孟子的见解而有所发挥。

《春秋》以鲁国纪年记春秋时期大事，上起隐公元年（周平王四十九年，前七二二年），下迄哀公十四年（周敬王三十九年，前四八一年）。今传《春秋》止于哀公十六年，末二年为后人所补，非孔子《春秋》原文。《春秋》记事，具有严格的编年史的要求，即按年、时、月、日顺序记事。全书包含二百四十二年，每年都有史事记载。这样规范的编年体史书，是中国史学上前所未有的。《春秋》所记内容，主要是周王朝和各诸侯国的政治、军事活动，以及一些自然现象。书中还涉及各族关系，包含着许多民族历史的思想。《礼记·经解》说："属辞比事，《春秋》教也。"这是指出了《春秋》在编撰体例和表述要求上的特点。属辞，是遣辞造句，缀辑文辞；比事，是排比史事。它们都以严格的义例思想为指导，对后来史学的发展有深远的影响。《春秋》在撰述思想上的核心是尊"王道"、重"人事"。尊王道，就是遵周礼及周礼所规定的等级秩序，反映了孔子思想还不能完全适应当时社会的变化。重人事，就是着重记载了春秋时期政治上的得失成败，没有《雅》、《颂》中神灵气氛，也没有国史中怪异现象，这同孔子"不语怪、力、乱、神"（《论语·述而》）的思想是一致的。《春秋》是最早摆脱天、神羁绊的史书，这是它在历史思想上的

---

① 司马迁:《史记》卷十四《十二诸侯年表》序，中华书局1959年版，第509页。

进步的方面。从孟子、司马迁以下，历代思想家、史学家都十分强调《春秋》的社会作用：孔子作《春秋》而乱臣贼子惧。这说明它在中国史学发展上的影响之大。

《春秋》作为中国史学上第一部编年体史书，它的出现是有划时代意义的。孔子在"学在官府"的历史条件下，开创私人讲学之风，同时开创私人撰史之风，也是有划时代意义的。

三、私人历史撰述的发展

在孔子修《春秋》之后，战国时期，私人历史撰述有了大的发展，出现了多种形式的撰述。其中，有解释《春秋》的作品，也有关于春秋时期历史的著作和文献汇编；有关于战国时事的辑录；还有萌芽形态的通史性质的撰述。这是先秦时代历史著作比较发展的时期。尽管在"百家争鸣"中史学还不能成为一"家"，但诸子百家的历史观点的展开及其在社会实践与思想论辩中的运用，反映出史学的社会作用已在更大的范围内被人们所认识，人们的历史知识对于推动社会的进步有重要的意义。

《左传》和《国语》是战国早期的私人撰述，是记述春秋时期史事最重要的两部史书。《左传》是编年体史书，采用鲁国纪年，记事的上限与《春秋》相同，下限迄于鲁哀公二十七年（周贞定王元年，前四六八年）。它记事比《春秋》详赡，比《国语》连贯，写出了这个时期王室衰微、诸侯争霸、陪臣执国命的历史趋势。《左传》扩大了编年体的容量，在写战争、辞令方面显示出很高的表述上的成就。它写民族交往和民族组合的进程，在先秦史书中也是最丰富和最具有特色的。《国语》二十一卷，是分国记言的文献汇编，按周、鲁、齐、晋、郑、楚、吴、越编次。所记以政治言论为主，故富于政治见解和历史见解而独具特色。《左传》和《国语》在历史思想上发展了《春秋》重人事的进步思想，但又不像《春秋》那样拘守周礼，而是重视人事的发展和历史人物对社会变动的认识。这个时期还出现了解释《春秋》的书，流传全今的有《公羊传》、《穀梁传》，它们在保存史料、阐发史论和宣扬大一统思想方面，都各有贡献。近年在长沙马王堆汉墓出土的帛书《春秋事语》，对了解先秦时期的历史观点可以有些帮助。

《战国策》三十三篇（卷），是记载战国史事的著作，主要记载了各国辩士的活动以及他们的策谋权变，也记载了一些军国大事和社会情况。它在记言上同《国语》相比，可谓各有千秋。它写辞令，则写出了《左传》、《国语》少有的气势。长沙马王堆汉墓出土的帛书《战国纵横家书》，二十七章中有十七章不见于《战国策》，可据以补订后人对于战国史事的记载。

这个时期，还出现了萌芽形态的通史作品。一是《竹书纪年》，编年体，记夏商周至战国后期事；一是《世本》，包含多种体例，记传说中的黄帝至战国末年事。但二书只有辑佚本行世。此外，还有《山海经》、《尚书》中的《尧典》和《禹贡》、《仪礼》和《周官礼》等撰述，它们各从不同的方面影响着秦汉以后史学的发展。

成一家之言

一、秦与汉初历史思想的发展

秦汉的政治统一，对中华民族的形成和发展产生了深远的历史影响。这种政治统一给予意识形态的影响是多方面的，其中最重要的是推动了大一统思想的形成和发展。

秦始皇在完成统一事业之后，在总结历史经验上有一个十分重要的方面，即认识到"天下共苦战斗不休，以有侯王"。因此，他采纳李斯的建议，不为封国而设郡县。这在历史认识和政治实践上都是一件大事。可惜秦始皇没有把总结历史经验的工作继续下去，竟然演出了"非秦记皆烧之"的史学悲剧，而且殃及《诗》、《书》、百家语，接着又坑诸生四百六十余人，使人不敢再道及秦国以外的历史（参见《史记·秦始皇本纪》）。秦始皇用"焚书坑儒"的办法来统一思想，不仅是史学工作的失误，而且是政治统治的失误。

刘邦作为楚汉战争的胜利者，他在建立西汉皇朝以后，起初也不曾想到总结历史经验的重要。他的高明之处，是适时地接受了陆贾的"居马上得之，宁可以马上治之乎"的启发，命陆贾"试为我著秦所以失天下，吾所以得之者何，及古成败之国"。于是，陆贾"粗述存亡之征，凡著十二篇。每奏一篇，高帝未尝不称善，左右呼万岁，号其书曰《新语》"。可以想见，刘邦君臣为巩固政治统治而如此重视总结历史经验，这在当时是何等庄严、深沉而又富有生气的场面！从史学上来看，这无疑推动了人们的历史思想的发展。陆贾根据"汤、武逆取而以顺守之，文武并用，长久之术"这一认识（以上均见《史记·郦生陆贾列传》），指出秦朝的统治者不懂得这个道理："秦非不欲为治，然失之者，乃举措暴众而用刑太极故也。"（《新语·无为》）他强调历史与现实的联系，认为："善言古者，合之于今。能述远者，考之于近。故说事者上陈五帝之功，而思之于身；下列桀纣之败，而戒之于己。"（《新语·术事》）《新语》作为汉初统治者总结历史经验的第一部史论和政论，它的历史思想和政治思想，对当时和后世有很大的影响。

贾谊和晁错是陆贾之后汉初著名的政论家和史论家，他们的政论和史论，大致上都是跟陆贾一脉相承的。贾谊的论著中有不少分析秦何以亡、汉何以兴的名篇。他认为秦亡的历史教训，归结起来就是"不知守成之数、得之之术也"（《新书·时变》）。他列举具体历史事实，反复阐述"取与守不同术"、"攻守之异势"的道理（《新书·过秦论》）。这跟陆贾说的"逆取而以顺守之"，是相通的，反映了他们在这个重大历史经验上的共识。贾谊把历史经验运用于当世，提出著名的《治安策》。其主要论点是：第一，关于封国问题，"欲天下之治安，天子之无忧，莫如众建诸侯而少其力"。第二，关于秦朝以来"以侈靡相竞"的世风问题，主张皇帝本人要亲自过问"移风易俗，使天下回心而向道"的事情。他的这两条建议，都被汉文帝采纳了。

晁错在《举贤良对策》中，根据汉文帝诏策提出的问题：关于"明于国家大体"，他"以古之五帝明之"；关于"通于人事终始"，他"以古之三王明之"；关于"直言极谏"，他"以五伯之臣明之"；关于"吏之不平，政之不宣，民之不宁"，他"以秦事明之"。他论"秦事"，又是从"能兼六国，立为天子"，讲到"上下瓦解，各自为制"（《汉书·晁错传》）。从五帝、三王、五伯到战国与秦，这是一个历史发展过程，对这个过程的不同阶段的历史经验教训作出总结，这是很有意义的。晁错根据历史经验，在封国问题上力主"削藩"，终于为此而献出了生命。

陆贾、贾谊、晁错的历史思想有一个共同点，就是十分重视秦汉之际的历史经验并把它同当时的政治统治结合起来加以考察。司马迁论陆贾说："余读陆生《新语》书十二篇，固当时之辩士。"（《史记·郦生陆贾列传》后论）班固引用刘向的话说："贾谊言三代与秦治乱之意，其论甚美，通达国体，虽古之伊、管，未能远过也。"（《汉书·贾谊传》后论）马、班还肯定晁错的"为国家树长画"、"锐于为国远虑"的思想和精神。汉初历史思想的发展，是史学成一家之言的准备条件之一。

二、《史记》的"成一家之言"

先秦史学已初步显示出了中国古代史学发展的前景，但史学之成为"家"，则是从司马迁著《史记》才奠定了坚实的基础的。

司马迁（前一四五年，一说前一三五年—约前九〇年），字子长，左冯翊夏阳（今陕西韩城）人。他的史学活动是在汉武帝统治时期。他父亲司马谈任太史令，曾总结先秦学术思想而著《论六家要指》，评论阴阳、儒、墨、名、法、道德各家主旨及得失。司马谈有志于论述汉兴以来"海内一统"的历史，因未能参与汉武帝封泰山的大典忧愤而死。他临终前嘱咐司马迁"无忘吾欲论著"。司马迁执行父亲的遗言，终于撰成《史记》（当时称《太史公书》）一百三十篇，记述了自传说中的黄帝至汉武帝太初约三千年间的历史。

司马迁著《史记》有很高的目标和要求，这就是"究天人之际，通古今之变，成一家之言"[1]。这包含了历史认识、历史内容、历史表述等几个方面的深思和创造。天人关系、古今变化，这是前人曾经涉及的，而把它们综合起来加以考察，使它们获得历史的形式而"成一家之言"，则是司马迁第一次提出来的。司马谈论"六家要指"而无史家，称颂周公、孔子的贡献而慨叹战国以来"诸侯相兼，史记放绝"的局面（《史记·太史公自序》），是已包含了史学成"家"的思想。司马迁总结先秦史学成果，继承汉初的历史思想倾向，秉承先人的遗志，在史学上首次提出了"成一家之言"的伟大抱负，标志着中国古代史学已发展到一个新的阶段，即走向成长的阶段。司马迁在青年时代曾有广泛的漫游，这对他了解各地的风土、人情、历史，有极大的教益。他在父亲死后三年出任太史

---

[1] 班固：《汉书》卷六二《司马迁传》，中华书局1962年版，第3735页。

令，得以"纳史记石室金匮之书"，博览皇家藏书。他后来受到李陵事件的牵连，"就极刑而无愠色"，忍辱负重，继续撰述。这是司马迁终能"成一家之言"的几个主观方面的条件。

《史记》创造了中国史学上史书的纪传体表现形式，用以表述丰富、生动的历史内容。它包含由不同体例构成的五个部分：

本纪，十二篇，有五帝、夏、殷、周、秦、秦始皇、项羽、高祖、吕后、文、景、今上。这是集中地反映了司马迁的"网罗天下放失旧闻，王迹所兴，原始察终，见盛观衰，论考之行事，略推三代，录秦汉，上记轩辕，下至于兹"（《太史公自序》）的撰述宗旨，也是全书表述历史进程的总纲，意在"原始察终，见盛观衰"，阐述历代兴亡大势。

表，十篇，有世表、年表、月表，自三代迄于太初，意在反映"并时异世，年差不明"、头绪纷繁的历史事件发生的年月。

书，八篇，有礼、乐、律、历、天官、河渠、封禅、平准，涉及礼乐制度、历法、天文、地理、重大祭祀、经济财政等社会生活及人与自然的关系之诸多方面，意在明其"损益"、"改易"之迹，"承敝通变"之状。

世家，三十篇，意在记述王朝或皇朝"辅拂股肱之臣"的"忠信行道，以奉主上"的史事，也写出了朝廷与地方的关系及其变化。

列传，七十篇，是为古往今来，能够"扶义俶傥，不令己失时，立功名于天下"的各种历史人物立传，写出了各个阶层、各种行业代表人物的形形色色的心态和面貌。

纪传体以纪、传隐括诸体，它实际上是综合体。其中每一种体例都可从先秦史学中找到它的踪迹，但又包含着司马迁的再创造；把诸体综为一书，为表述历史提供了广阔的领域，这是司马迁的杰出贡献，是《史记》成一家之言的一个重要方面。

《史记》是一部规模宏大的通史，是一部关于古代社会的经济、政治、军事、民族、思想、文化、社会风貌及各阶层人物群像的百科全书。它以黄帝作为中国历史的开端，在历史上和史学上都产生了深远的影响。它详尽地、深刻地、生动地写出了秦和西汉前期的历史，总结了秦汉之际的历史经验，储存了丰富的历史智慧。这是《史记》成一家之言的又一个方面。

《史记》成一家之言，还有一个重要方面，即它的"究天人之际，通古今之变"的历史思想。司马迁在基本倾向上是否认"天"有意志，明确表示："余甚惑焉，倘所谓天道，是耶非耶？"（《史记·伯夷列传》）他批评项羽所谓"此天之亡我，非战之罪也"，"岂不谬哉"（《史记·项羽本纪》）。他嘲笑汉武帝一再为方士所愚弄（《史记·封禅书》）。同时，司马迁写了大量的历史人物，从不同的方面表明人是历史活动的主体，这在史学发展上是空前的。从本纪、诸表可以看出，司马迁对历史进程有一个上下贯穿的总的认识，对历史进程每一阶段及其特点有明确的把握，并从"成败兴坏"之中总结出来"物盛而衰，固其变也"、"物盛则衰，时极而转，一质一文，终始之变也"（《史记·平准书》）的规律性认识。他有时也讲到循环论，但他用以观察历史的方法论主要是"原始察终，见盛观衰"（《史记·太史公自序》）的朴素辩证方法，他甚至认识到历史的变化不过是"事势之流，相激使然"的"自然之验"（《史记·货殖列传》）的过程，是不足为怪的。司马迁认为历史在变化中是向前发展的，他称赞秦国"世异变，成功大"（《史记·六国年表》序），最能反映他的这种认识。

《史记》写出了多民族的历史，反映了秦汉政治大一统的政治局面，这也是它成一家之言的重要方面。

《史记》奠定了中国古代史学发展的基础。《史记》的成一家之言，标志着在意识形态领域史学已卓然成为一"家"，因而越来越受到社会的重视。

三、皇朝史的创立

在《史记》以后，班固《汉书》和荀悦《汉纪》的继出，标志着皇朝史创立的成功。这是东汉时期史学的主要成就。

班固（三二年—九二年），字孟坚，扶风安陵（今陕西咸阳东北）人。他继承父亲班彪《王命论》的思想和续撰《太史公书》的事业，以兰台令史之职，积二十余年，至汉章帝建初年间，大致完成了《汉书》的撰述。其《天文志》及八表，由班固之妹班昭及马续续成。

班氏父子在历史思想上主张"汉绍尧运"，不承认秦朝和项羽的功绩，不赞成司马迁把汉朝的历史"编于百王之末，厕于秦、项之列"（《汉书·叙传》）。因此，《汉书》断汉为史，起自汉的建立，迄于王莽之诛，记西汉皇朝二百三十年历史。它包含：纪十二篇，表八篇，志十篇，传七十篇，共一百篇。后人作注时，对篇帙较长者析有子卷，故今存《汉书》凡一百二十卷。《汉书》的特点，首先是以西汉兴衰为断限，突出了皇朝史的地位。其次是在继承《史记》有关汉史的基础上，补撰了汉武帝太初以后的史事。第三是内容恢宏，结构严谨。它仿效《史记》的表现形式，但不立世家，而于表、志方面有所发展，其"经典之义在于是也"（《汉书》颜师古注）。如《汉书》新创的《百官公卿表》、《古今人表》，对于反映西汉官制和谱列古今人物，很有意义。《汉书》十志在继承《史记》八书的基础上创造尤多：《食货志》、《沟洫志》和《刑法志》，着重反映经济和政治；《地理志》记载西汉疆域、行政建置及各地自然条件、物产、民风、人口多少；《艺文志》反映了刘向、刘歆父子整理历史文献的成果，著录了先秦以来学术文化的门类、源流及著作，是较系统的学术史专篇。班固自称《汉书》"综其行事，旁贯《五经》，上下洽通"（《汉书·叙传》），是名副其实的。第四，是它具有突出的正宗思想。班固用董仲舒的"天人感应"说来"证明"汉朝是得"天之正统"。他还批评《史记》"是非颇谬于圣人，论大道则先黄老而后《六经》，序游侠则退处士而进奸雄，述货殖则崇势利而羞贱贫"（《汉书·司马迁传》后论）。这些，在《汉书》中都有明显的反映。

《汉书》继承《史记》而变通史为断代，开创了皇朝史撰述的先河。唐代史学评论家刘知几称道《汉书》"究西都之首末，穷刘氏之废兴，包举一代，撰成一书，言皆精练，事甚该密，故学者寻讨，易为其功，自尔迄今，无改斯道"（《史通·六家》），说明了它在史学上的重大影响。

《史记》、《汉书》被后人称为"正史"的开创者，其实它们在历史思想和撰述原则上却各异其趣。

东汉末年，汉献帝命荀悦据《汉书》而撰《汉纪》三十卷，其书"辞约事详，论辨多美"（《后汉书·荀淑传》附《荀悦传》）。这是中国史学上第一部编年体皇朝史，后世史家亦多仿效。

多途发展时期

一、史学多途发展的气象

三国两晋南北朝时期，由于封建皇朝的迭起、对峙和大规模的民族迁移活动，以及门阀地主在政治上的活跃和中外交通的发展等历史特点，史学出现了多途发展的气象。其具体表现是史风旺盛，史家辈出，史书数量剧增而种类繁多。这是秦汉时期史学所不能比拟的。

这时期的史官制度有了新的发展，大著作、佐著作郎或著作佐郎，是专掌史任的；南朝，又有修史学士的设立。其中，不乏"史官之尤美，著作之妙选"（《史通·史官建置》），另一方面，由于私家修史之风的盛行，一批"挥翰蓬茨之下"的"立言之士"适时而起（《隋书·经籍志》史部后序）。三百七十年间，史家辈出，蔚为壮观。

这个时期的史书数量的剧增和种类的繁多，可以从《隋书·经籍志》同《汉书·艺文志》所著录的史书的比较中得其大体。《汉志》以史书附于《春秋》之后，凡十二种，五百五十二篇。《隋志》分经籍为四部，其史部又分史书为十三类，即正史、古史、杂史、霸史、起居注、旧事、职官、仪注、刑法、杂传、地理、谱系、簿录，共著录史书八百一十七部，一万三千二百六十四卷；通计亡书，合八百七十四部，一万六千五百五十八卷（《隋书·经籍志》史部后序。清人姚振宗《〈隋书·经籍志〉考证》统计略异）。这些史书，绝大部分出于这一时期的史家之手。它们约占《隋志》四部书种数五分之一弱，卷数三分之一强。西汉时，史学一度附属于经学。自司马迁倡导史学"成一家之言"，激发了史家更高的自觉意识。而史学真正成为泱泱大国，则在这时形成。

史书独立为四部之一，且又可以分为十三类，足以反映其多途发展的气象。其中，"正史"撰述尤其受到重视："世有著述，皆拟班、马，以为正史，作者尤广。一代之史，至数十家。"（《隋书·经籍志二》）刘知几《史通》除有《古今正史》专篇（含编年体史书），还有《杂述》篇列举"史氏流别，殊途并骛"的盛况。他把"史氏流别"概括为十种：偏记、小录、逸事、琐言、郡书、家史、别传、杂记、地理书、都邑簿。此外，南朝萧统编纂《文选》，专立"史论"一目。刘勰撰《文心雕龙》，有《史传》篇，是关于史学批评的专文。史注也大为发展，裴骃《史记集解》、晋灼《汉书集注》、臣瓒《汉书音义》、裴松之《三国志注》、刘昭《续汉书注》、刘孝标《世说新语注》、羊衔之《洛阳伽蓝记》自注，皆史注名家。

三国两晋南北朝时期，史家视野开阔，撰述多途，除大量的皇朝史著述外，在民族史、地方史、家族史、人物传、域外史、史论、史评、史注等许多方面，都有丰富的成果，显示出史学多途发展的盎然生机。

二、撰写皇朝史的高潮

《史记》奠定了纪传体史书的基础，《汉书》开皇朝史撰述的先声，继而有《东观汉记》和《汉纪》的行世，于是后世史家极重视皇朝史的撰写。这一时期，由于封建政权割据、对峙和频频更迭，出现了大批皇朝，其中不少虽兴替匆匆，然皆各修其史。这是史家撰写皇朝史出现高潮之史学上和历史上的原因。《隋书·经籍志》以纪传体皇朝史为"正史"，刘知几《史通·古今正史》篇则包含有编年体皇朝史在内。这里说的皇朝史，是兼含两种体裁的。

这一时期，史家所撰东汉史有十二种，今存的只有司马彪《续汉书》八志三十卷、袁宏《后汉纪》和范晔《后汉书》。各史佚文，有清人汪文台《七家后汉书》辑本和今人周天游《八家后汉书辑注》。这一时期的三国史撰述有十五种，今仅存陈寿《三国志》。裴松之作《三国志注》，保存了诸史部分佚文，为世所重。晋史撰述有二十三种，包括纪传体十二种、编年体十一种，尽佚。今人乔治忠采前人所辑佚文，合为《众家编年体晋史》一册，可资参考。关于十六国史的撰述，这时期共有二十九种，以崔鸿《十六国春秋》最为完备，然尽数亡佚。清人汤球有《十六国春秋辑补》，庶可窥其一斑。这时期的南朝史撰述有二十二种，今存者仅有沈约的《宋书》和萧子显的《齐书》（后人称《南齐书》）两种。北朝史的撰述，相形之下，显得寥落不振。今存魏收《魏书》是最能反映北朝史撰述成就的著作。此外，两晋南北朝时"起居注"的发展，也是这时期皇朝史撰述的一个方面。

下面，依次略述几部现存的有代表性的著作。

关于《续汉书》八志、《后汉纪》和《后汉书》。《续汉书》八十篇，西晋司马彪（？—约三〇六年）撰，是一部"通综上下，旁贯庶事"（《晋书·司马彪传》），包括纪、志、传的完整的东汉史。后纪、传散亡，仅存八志，即律历、礼仪、祭祀、天文、五行、郡国、百官、舆服，共三十篇。其中百官、舆服二志，是《史》、《汉》所没有的。它的思想特点是：注重考察典章制度的变化以及与前史的联系，强调以"君威"、"臣仪"为核心的"顺礼"等级秩序，推崇"务从节约"的政治作风。它把对历史的考察和现实的需要结合起来了。而现实的需要便是"教世"。南朝梁人刘昭注范晔《后汉书》，惜其诸志未成，"乃借旧志，注以补之"。唐太宗有《咏司马彪〈续汉志〉》诗，其中四句是："前史殚妙词，后昆沈雅思，书言扬盛迹，补阙兴洪志。"（《全唐诗》卷一）这都反映出后人对它的评价。《后汉纪》三十卷，编年体东汉史，东晋袁宏（三二八年—三七六年）撰。他读诸家后汉书，觉其"烦秽杂乱，睡而不能竟"（《后汉纪·序》，下同），乃仿《汉纪》而撰此书，历时八年而成。其记事，起于"王莽篡汉"，终于魏封汉献帝为山阳公；正式纪年，起更始元年（二三年），终建安二十五年（二二〇年）。袁宏用"言行趣舍，各以类书"的撰述方法，在编年纪事中顺带写出了大量人物，以"观其名迹，想见其人"。袁宏的撰述思想是通古今而笃名教"，而名教的核心是君臣、父子关系。袁宏生活在东晋统治集团内部矛盾、斗争日益积累和发展的年代，他借撰述东汉史来阐发名教思想，是有他的一番深意的。《后汉书》九十卷，含纪十卷、传八十卷，南朝宋人范晔（三九八年—四四五年）撰。范晔还打算撰成志十卷，合为一百卷，但未能完成。后刘昭以司马彪《续汉书》志补入《后汉书》，流传至今。范晔撰《后汉书》时，至少有十种汉晋史家所著后汉史作为参考。范晔自称，他的《后汉书》虽"博赡"不及班固《汉书》，但"整理未必愧也"；而其"杂传论，皆有精意深旨"，"至于《循吏》以下及《六夷》诸序论，笔势纵放，实天下之奇作。其中合者，往往不减《过秦》篇。尝共比方班氏所作，非但不愧之耳"（《狱中与诸甥侄书》）。范晔虽是据众家后汉史撰《后汉书》，而他撰述目标却是以"最有高名"的《汉书》为参照的。他对于材料的整理之功和对于史事评论的精深，是《后汉书》的两个特点。在历史观上，范晔继承了司马迁的历史哲学。

关于《三国志》和《三国志注》。《三国志》六十五卷，是唯一保存至今同时又是兼记魏、蜀、吴三国史事的优秀著作。它的著者陈寿（二三三年—二九七年）大致与司马彪同时，他们是西晋最有成就的两位史家。陈寿被时人称为"善叙事，有良史之才"（《晋书·陈寿传》）。《三国志》记事，起于东汉灵帝光和末年（一八四年）黄巾起义，迄于西晋灭吴（二八〇年），上限不限于三国开始的年代（二二〇年），故与《后汉书》在内容上颇有交叉。陈寿的史才，首先是他对三国时期的历史有一个认识上的全局考虑和编撰上的恰当处置。三国鼎立局面的形成，三国之间和战的展开，以及蜀灭于魏、魏之为晋所取代和吴灭于晋的斗争结局，都是在纷乱复杂中从容不迫地叙述出来。在编撰体例上，陈寿以魏主为帝纪，总揽三国全局史事；以蜀、吴二主传名而纪实，既与全书协调，又显示鼎立三分的政治格局。这是正史撰述中的新创造。陈寿的史才，还表现在他善于通过委婉、隐晦的表述方法，写出汉与曹氏、蜀之与魏、魏与司马氏关系中的真情。叙事简洁，也反映了陈寿的史才。陈寿在历史观上显得苍白，他用"天禄永终，历数在晋"（《三国志·魏书·三少帝纪》）来说明三国的结局。后人评论《三国志》是"辞多劝诫，明乎得失，有益风化"（《晋书·陈寿传》）。这里说的"风化"，跟司马彪强调"顺礼"、袁宏提倡"名教"有相通之处。陈寿死后一百三十二年，南朝宋人裴松之"采三国异同以注陈寿《国志》"，于元嘉六年（四二九年）作成《三国志注》。裴注内容主要有四个方面：一是"以补其阙"，二是"以备异闻"，三是"以惩其妄"，四是"有所论辩"（《上〈三国志注〉表》）。注文引书二百一十种①，约三十二万字，近于原著的三十六万字，有很高的史学价值。

关于《宋书》、《南齐书》和《魏书》。《宋书》一百卷，包含纪、传七十卷，志三十卷，南朝梁人沈约（四四一年—五一三年）撰。《南齐书》包含纪八卷，志十一卷，传四十卷，序录一卷，已佚，今存五十九卷，南朝梁人萧子显（四八七年—五三七年）撰。它们记载了南朝宋、齐两个皇朝的历史。《宋书》在反映门阀风气、南北对峙、人口迁移等时代特点方面有许多有价值的记载。它的志，上溯曹魏，补《三国志》有纪、传而无志的不足，显示了作者的见识。《南齐书》写人物，做到"不著一议，而其人品自见"（《廿二史札记》卷九"《齐书》书法用意处"条），显示出作者的史才。《魏书》包括纪十四卷，传九十六卷，志二十卷，例目一卷，已佚，今存一百三十卷，北齐魏收（五〇五年—五七二年）撰。它记述了中国北方鲜卑族拓跋部从四世纪后期至六世纪中期（即北魏道武帝至东魏孝静帝）的历史：拓跋部的发展兴盛、统一北方、封建化和门阀化过程，以及北魏早期与东晋的关系和北魏、东魏与南朝宋、齐、梁三朝的关系的发展。这使它在正史中具有突出的特色。从中国历史发展来看，它不仅是西晋末年以来我国北方各少数民族历史进程的生动记录，而且是这个时期我国民族融合新发展的历史总结。历史上曾有人把《魏书》说成是"秽史"，那是没有根据的。《宋书》、《南齐书》和《魏书》，在不同程度上都宣扬了神秘思想，这是它们共同的缺陷。

三、地方史、家史、谱牒和别传

地方史、民族史，关于中西交通和域外情况的记述，以及家史、谱牒

---

① 王仲荦：《魏晋南北朝史》下册，上海人民出版社1981年版，第887页。

和别传，是魏晋南北朝时期史学之多途发展的几个重要方面。

地方史，如刘知几所说的郡书和地理书，多是"乡人学者，编而记之"，"各志其本国，足以明此一方"（《史通·杂述》）。它们或侧重人物、社会，或注重自然、风俗。今存东晋常璩所著《华阳国志》十二卷，兼记巴、蜀、汉中、南中一带的历史、地理、人物，涉及政治、民族、风俗、物产，是一部内容丰富的地方史。民族史撰述，大多包含在皇朝史的民族传专篇和地方史撰述当中，其中以《三国志》、《后汉书》中的民族史专篇最有价值。有的皇朝史如《十六国春秋》、《魏书》，包含了更多的民族史内容。皇朝史中的民族史专篇，有的已超出了当时或今日国境的范围，这就涉及对当时或今日域外情况的记述了。如《三国志·魏书》中的"倭人"传，是关于日本古代史的重要资料，迄今仍为中外学者所重视。佛教盛行，大量的中国僧人西行"求法"，促进了中外交通和域外情况的记载。如僧人智猛于刘宋元嘉元年（四二四年）"求法"归来，写出《游行外国传》，惜其书早佚。稍早于他的僧人法显（约三三七年—约四二二年）所写的《佛国记》，是我国现存最早的中外交通的原始记录。它记录了印度、巴基斯坦、尼泊尔、斯里兰卡等国的历史、宗教，以及中国同这些国家的交通情况，成为世界文明史上的宝贵文献。

家史、谱牒和别传的发展，都是门阀的政治要求和意识形态在史学上的表现形式。家史、谱牒都出自"高门华胄"之家（《史通·杂述》）。《隋书·经籍志》杂传类自《李氏家传》以下，至《何氏家传》止，著录家史二十九种，多为两晋南北朝人所撰，谱牒之盛，更为壮观。仅南朝梁人刘孝标《世说新语注》引用的四十六种谱书，有四十三种不见于《隋志》著录，可见其佚亡或失于著录的数量之多。谱牒撰述之盛导致了谱学的发展，东晋贾弼之是贾氏谱学的创始人，其子贾匪之、孙贾渊"三世传学"，撰成《姓系簿状》，是为东晋南朝谱学之渊薮（《南齐书·贾渊传》）。梁武帝时，王僧孺创王氏谱学，撰有《百家谱》三十卷，又集《十八州谱》七百一十卷等（《南史·王僧孺传》）。刘宋王弘以"日对千客，不犯一人之讳"而名噪一时，足见谱学地位之尊。魏晋以下，"品藻人物"，提倡"名教"，讲究"风化"，又推动了种种别传撰写的发展。《隋书·经籍志》杂传类著录的高士、逸士、逸民、高隐、高僧、止足、孝子、孝德、孝友、忠臣、良吏、名士、文士、列士、童子、知己、列女、美妇等传，都属于"类聚区分"形式的别传。《世说新语注》引用个人别传八十余种，《隋志》均未著录。家史、谱牒、别传的发展，说明史学跟社会的接触面更加扩大了。

在史学多途发展时期，史学批评也有了发展。袁宏《后汉纪·序》、范晔《狱中与诸甥侄书》、刘昭《后汉书注补志序》、裴松之《上〈三国志注〉表》、萧统《文选·序》，以及正史中史学家传记的后论等，提出了一些有价值的史学批评见解。南朝梁人刘勰著《文心雕龙》，其中有《史传》篇。这是关于史学批评的一篇综论，是史学批评进入更加自觉阶段的征兆。

发展中的重要转折

一、官修史书成绩斐然

魏晋南北朝时期，史学经历了多途发展的历程。隋唐五代时期，史学在发展中出现了新的重要转折。第一个转折，是皇家设立了专门的修史机构——史馆，完善了史官制度，官修史书成绩斐然。第二个转折，是产生了对史学工作进行总结的专书，史学批评趋于成熟，标志着史学的发展进入了更加自觉的阶段。第三个转折，是在编年体和纪传体史书长期发展的基础上，出现了成熟的典制体史书巨著，这一新的表现形式丰富了史学的内涵，扩大了历史撰述领域。第四个转折，是通史撰述呈现出复兴的趋势。这些重要转折，从不同的方面反映出这个时期的历史特点和史学特点，并对后来的史学发展产生了很大的影响。这里，先说第一个转折。

隋皇朝在史学上有两件大事。第一件事，开皇十三年，隋文帝下诏："人间有撰集国史、臧否人物者，皆令禁绝。"（《隋书·高祖纪下》）这是表明皇家要垄断修史，魏晋以来私人修史之风的势头显然受到抑制。第二件事，是"《汉书》学"的兴盛。刘臻精于两《汉书》，时人称"汉圣"。杨汪学于刘臻，后为国子祭酒，炀帝"令百僚就学，与汪讲论，天下通儒硕学多萃焉，论难蜂起，皆不能屈"，为一时之盛况。萧该、包恺更是《汉书》学宗匠，"聚徒教授，著录者数千人"（均见《隋书》本传）。这两件事，反映出隋皇朝统治者的历史意识的强化。

唐皇朝历史意识的强化是另一种表现形式。唐高祖以宏大的气魄，下诏修撰梁、陈、魏、齐、周、隋六代史，为唐代史学发展奠定了格局。贞观三年（六二九年），唐太宗设史馆于禁中，复诏诸大臣修撰梁、陈、齐、周、隋五代史。贞观十年（六三六年），五代史纪传同时修成，唐太宗表示：秦始皇"焚书坑儒"、隋炀帝"尤疾学者"，皆不足取，而他本人"将欲览前王之得失，为在身之龟镜"（参见《唐大诏令集》卷八一，《册府元龟·国史部·恩奖》）。五代史纪传是：

《梁书》五十六卷：纪六卷，传五十卷。姚思廉（五五七年—六三七年）撰。

《陈书》三十六卷：纪六卷，传三十卷。姚思廉撰。

《北齐书》五十卷：纪八卷，传四十二卷。李百药（五六五年—六四八年）撰。

《周书》五十卷：纪八卷，传四十二卷。令狐德棻（五八三年—六六六年）、岑文本（五九四年—六四四年）、崔仁师撰。

《隋书》五十五卷：纪五卷，传五十卷。魏征（五七九年—六四二年）、颜师古（五八一年—六四五年）、孔颖达（五七四年—六四八年）等撰，其史论及梁、陈、齐三史总论皆出于魏征之手。

五代史记述了梁、陈相继，齐、周并立，以及隋朝统一南北、由兴而亡的历史。至此，南北各朝及隋之统一的历史已粲然齐备。贞观十七年（六四三年），唐太宗又命褚遂良监修《五代史志》（亦称《隋书》志），至高宗显庆元年（六五六年）成书，由长孙无忌奏进。参与撰述的有于志宁、李淳风、韦安仁、李延寿等。《五代史志》包括十志三十卷，上接《南齐书》志和《魏书》志。其中，《经籍志》在学术史、文献学史和目录学史上有极重要的价值。

在《五代史志》成书之前，贞观二十年（六四六年），唐太宗下诏重修晋史。他在《修晋书诏》中批评尚存的十八种晋史"虽存记注，而才非良史，事亏实录"（《唐大诏令集》卷八一）。重修工作以房玄龄、褚遂良监修，以曾经"总知类会"五代史修撰述的令狐德棻为首，参与其事者凡二十一人。贞观二十二年（六四八年）撰成，包含纪十卷、志二十卷、传七十卷、载记三十卷，记述了两晋、十六国史事。唐太宗为宣、武二帝纪及陆机、王羲之二传写了后论，故新修《晋书》曾题为"御撰"。《晋书》的志有很高价值，郑樵评论说："《隋志》极有伦类，而本末兼明，惟

《晋志》可以无憾，迁、固以来，皆不及也。"（《通志二十略·艺文三》）。《晋书》以载记体例记十六国历史，是其一大独创，在民族史撰述上有特殊的意义。《晋书》卷八十二为陈寿、司马彪等一批史家立传，反映了突出的史学批评的自觉意识。在《五代史志》成书后三年，即显庆四年（六五九年），李延寿撰成《南史》纪传八十卷、《北史》纪传一百卷，这是通叙南朝史和北朝史的两部著作。李延寿的撰述工作，颇得力于史馆的条件和令狐德棻的支持。

以上是唐初所修八史，占了古代"正史"即《二十四史》的三分之一，显示了官修史书所具有的实力。唐初所修八史都宣扬"天下一家"的观念，这同隋唐的政治统一是相关联的。唐代官修史书在国史、谱牒和礼书等方面，也多有创获。五代时期还有官修《唐书》的面世。

二、划时代的史学批评著作——《史通》

盛唐时期，杰出的史学批评家刘知几（六六一年—七二一年）于中宗景龙四年（七一〇年）写出了《史通》一书。这是中国古代史学上一部划时代的史学批评著作。《史通》的问世，标志着中国史学进入到一个更高的自觉阶段，是史学思想和史学理论发展的新转折。

刘知几从武则天长安二年（七〇二年）起担任史职，直至去世止，首尾二十年。他参与了实录、国史、大型谱书等许多重要撰述工作，对史学源流，历史文献的聚散、得失、性质，以及武则天、唐中宗时史馆修史状况，均有深入的认识。刘知几的史学批评意识由此而显得格外强烈，加之他少年读书"喜谈名理"的禀赋，也逐渐培养起一种批判精神。他撰《史通》的原因，是因为"任当其职，而吾道不行；见用于时，而美志不遂"，"故退而私撰《史通》，以见其志"（《史通·自叙》）。

《史通》二十卷，包括内篇十卷三十九篇，外篇十卷十三篇，合为五十二篇。其中内篇的《体统》、《纰缪》、《弛张》三篇亡于北宋以前，全书今存四十九篇。内篇是全书的主要部分，着重阐述了史书的体裁、体例、史料采集、表述要求和撰史原则，而以评论纪传体史书体例为多。外篇论述史官制度、正史源流，杂评史家、史著得失，也反映了作者对于历史的一些见解。

《史通》以《六家》、《二体》开篇，从史书的内容和形式阐述了史学的起源；以《史官建置》、《古今正史》勾勒了史学发展大势；以《杂述》概括了史学的多途发展。这五篇，是对史学发展的历史的清理。它的《载言》、《本纪》、《世家》、《列传》、《表历》、《书志》、《论赞》、《序例》、《题目》、《编次》、《称谓》、《序传》等篇，是关于史书表现形式的理论，而以论纪传体史书的结构、体例为主。它的《采撰》、《载文》、《补注》、《因习》、《邑里》、《言语》、《浮词》、《叙事》、《点烦》、《核才》、《烦省》等篇，是关于史书编撰方法和文字表述的理论。它的《品藻》、《直书》、《曲笔》、《鉴识》、《探赜》、《摸拟》、《书事》、《人物》等篇，是关于历史认识和撰述原则的理论。《辨职》、《自叙》、《忤时》三篇，是阐说作者的经历、撰述旨趣和对史学社会功用的认识。外篇中的其余各篇，列举实例，杂评前史得失，以证上述有关理论。《史通》精髓在于"商榷史篇"、"喜述前非"（原序与《自叙》），主旨是史学批评。

从今天的认识来看，《史通》的史学批评理论有它逻辑上的体系，这就是：关于史书内容，即史家对客观历史的认识和概括；关于撰述方法，而尤其强调慎于采撰；关于史书体裁、体例，认为"史无例，则是非莫准"（《序例》）；关于文字表述，强调美、工、简要、用晦；关于撰述原则，以"直书"、"曲笔"划定史家邪正、曲直的基本分野；关于史学功用，认为是"生人（民）之急务"，"国家之要道"（《史官建置》），史家则因其贡献不同而可略分等第。时人徐坚评论《史通》说："居史职者，宜置此书于座右。"（《旧唐书·刘子玄传》）直到今天，它仍然是古代史学批评理论的经典性著作。

刘知几还提出了"史才三长"论，认为史家兼具才、学、识，方可称为良史之才。他用才、学、识三个范畴，把史家的修养提高到自觉的理论认识阶段，影响所及，直至于今。

三、典章制度史巨著的创立——《通典》

《史通·二体》篇备言编年、纪传两种史书体裁的长短、得失，但刘知几何曾想到，九十年后，即唐德宗贞元十七年（八〇一年），杜佑（七三五年—八一二年）所撰《通典》面世，二体"角力争先"的格局即被雍容大度的典制体巨著的出现所改变。

杜佑在六十年宦海中，勤于读书、撰述，用三十六年时间著成《通典》两百卷。他批评《尚书》、"三传"等"然多记言，罕存法制"，批评"历代众贤著论，多陈得失之弊，或阙匡拯之方"；指出"所纂《通典》，实采群言，征诸人事，将施有政"（见《进〈通鉴〉表》、《通典》自序、《旧唐书·杜佑传》）。重"法制"即制度，这是《通典》在内容和形式上的要求，重"施政"，这是它的撰述旨趣。

《通典》继承先秦以来礼书的传统和《史》、《汉》以来"正史"书志的体例，创立了典制体通史的格局。它以典章制度为中心，附以诸家言论，总为一书，上起传说中的黄帝，下迄本朝玄宗天宝之末（有的地方一直写到德宗贞元十三年，距书成上奏仅隔四年）。全书分为九门：食货、选举、职官、礼、乐、兵、刑、州郡、边防。时人亦称为"分门书"。每门之下分若干子目，子目之下更有细目，条分缕析，结构严谨，浑然一体。《通典》创造了综合性的典制体通史形式，奠定了独立的制度史撰述的基础，扩大了历史研究和历史撰述的领域。

分门和会通是《通典》的两个显著特点，而它的分门则自觉不自觉地反映了逻辑和历史的一致，杜佑在《通典》自序中着重阐述了他对分门的逻辑认识：

> 夫理道之先在乎行教化，教化之本在乎足衣食。……夫行教化在乎设职官，设职官在乎审官才，审官才在乎精选举，制礼以端其俗，立乐以和其心，此先哲王致治之大方也。故职官设然后兴礼乐焉，教化隳然后用刑罚焉，列州郡俾分领焉，置边防遏戎敌焉。是以食货为

之首，选举次之，职官又次之，礼又次之，乐又次之，刑又次之，州郡又次之，边防末之。或览之者，庶知篇次之旨也。[①]

"教化"同"衣食"的关系是精神同物质的关系，而以衣食为"本"。这是杜佑关于国家职能的总的认识。在此基础上而有各种制度和设施，其中又"以食货为之首"。这些认识，在历史理论上是前无古人的。杜佑的历史理论，在全书的叙、论、说、议、评、按中，有极充分的反映；而历史进化思想和传统门阀观念的冲突，也反映出杜佑的历史观和社会观的矛盾。

《通典》因其续作屡代不绝而被称为"十通"之首，在史学上有崇高的地位。

四、通史撰述的复兴趋势

《史记》以通史的成就饮誉汉魏两晋南北朝，然数百年间关于通史方面的撰述则甚为寥落。梁武帝曾命史家吴均等撰《通史》六百卷，北魏元晖也召集史家崔鸿等撰《科录》二百七十卷，这两部通史都没有流传下来。唐代，这种情况发生了很大变化，至中晚唐形成通史复兴的趋势，成为古代史学发展中的一个重要转折。

盛唐时期，有虞世南撰《帝王略论》，这是一部关于历史的通论，它的价值在于运用比较方法而展开评论，今有敦煌文书抄本和日本国镰仓时期抄本，均为残卷。有韩琬撰《续史记》一百三十卷和萧颖士撰编年体汉隋间通史，这两部书都失传了。

中晚唐时期，除杜佑撰典制体通史外，还有：许嵩撰《建康实录》二十卷，编年体，今存；韩潭撰《统载》三十卷，传记体，已佚；高峻撰《高氏小史》六十卷，纪传体，已佚；马总撰《通历》十卷，编年体，今存后七卷；陈鸿撰《大统纪》三十卷，编年体，已佚；姚康撰《统史》三百卷，编年体，已佚。这些书，除《建康实录》是通记三国·吴、东晋、

---

① 杜佑：《通典》卷一，中华书局1988年版，第1页。

宋、齐、梁、陈六朝史事外，其余都是贯通古今的著作。其中，《统载》"采虞、夏以来至于周、隋，录其事迹善于始终者六百六十八人为立传"（《册府元龟·国史部·采撰二》）；《高氏小史》"一以《太史公书》为准"（《史略》卷四）；《统史》"上自开辟，下尽隋朝，帝王美政、诏令、制置、铜盐钱谷损益、用兵利害，下至僧道是非，无不备载，编年为之"（《旧唐书·宣宗纪》）。加上《通典》，这四部书分别采用了传记、纪传、编年、典制等不同的体裁，通史撰述，蔚然大观。

通史撰述发展中的这一转折，具有几个明显的特点，一是体裁多样，二是产生了名作，三是开拓了历史撰述领域，四是发展了史学上的会通思想。

辉煌的时代

一、《资治通鉴》和《通志》

两宋时期是中国古代史学取得辉煌成就的时代；早于北宋建立的辽和先于南宋灭亡的金，同两宋的关系至为密切，它们在发展史学上的成就丰富了中华民族史学的内容。

两宋史学，在通史撰述、当代史撰述和历史文献学方面都有巨大的成就，在民族史、域外史、学术史和史学批评方面也都取得了重要成果。《资治通鉴》和《通志》是宋代史学上影响最大的两部通史著作。

《资治通鉴》，北宋司马光（一〇一九年——一〇八六年）主编，刘恕、范祖禹、刘攽分撰，最后由司马光删削、修定成书。全书二九四卷，编年记事，上限起自战国时期韩、赵、魏三家分晋（前四〇三年），以示"周虽未灭，王制尽矣"，下限迄于五代周世宗显德六年（九五九年），以衔本朝国史，是一部包含了一千三百六十二年史事的编年体通史巨著。同时，司马光还撰有《资治通鉴目录》三十卷，"略举事目，年经国纬，以备检寻"；《资治通鉴考异》三十卷，"参考群书，评其同异，俾归一涂"。（《进〈资治通鉴〉表》）《目录》相当于大事编年提要，《考异》以明史料取舍之故，与本书相辅而行。《资治通鉴》继承了《春秋》、《左传》、《汉纪》、《后汉纪》、《统史》等书的传统和优点，把编年体史书发展到成熟的阶段。

《资治通鉴》记事连贯而丰赡，扩大了编年体史书在时间维度和空间维度上的容量。所记内容以政治、军事、民族关系等为主，兼及社会经济、思想文化和重要历史人物。在丰富、纷繁的历史内容中，司马光"专取关国家盛衰，系生民休戚，善可为法，恶可为戒者"而特意详述，以达到"鉴前世之兴衰，考当今之得失，嘉善矜恶，取是舍非"（《进〈资治通鉴〉表》），为现实提供借鉴的目的。清人王夫之认为，《资治通鉴》包含了"君道"、"臣谊"、"国是"、"民情"等多方面内容，证明它在历史借鉴方面有广泛的作用。

《资治通鉴》对历史的表述有很高的艺术成就。它写战争，善于把战事前的紧张策划、战事中的防守和奇袭写得十分出色。其中关于赤壁之战、淝水之战、西魏韦孝宽之守玉壁、唐朝李愬平蔡州之役等战事的描述，都是脍炙人口的精彩史文。它写历史场面，能使人感受到不同的气氛。如卷一九四记唐太宗置酒故汉未央宫，颉利可汗起舞，南蛮酋长冯智戴咏诗，李渊高兴地说："胡、越一家，自古未有也！"李世民也说，他不学刘邦"妄自矜大"，于是"殿上皆呼万岁"。这是写出了和谐、热烈的气氛。又如卷二二三记郭子仪单骑见回纥，是先写出了军营中的紧张，然后转向热烈气氛。它也善于从具体的事件中写出人物的心理、精神和智慧，如淝水之战中的谢安的心理活动，北魏孝文帝迁都洛阳所用的谋略，在唐太宗盛怒之下长孙皇后"具朝服立于庭"而贺其得魏征直臣等，都使人读后回味无穷，深受启迪。

《资治通鉴》的思想价值，在于它以极其丰富的历史事实证明：政治统治的存在、巩固和发展，离不开对于历史经验教训的总结。为它作序的宋神宗，为它作注的胡三省，为它作全面阐释的王夫之，都十分强调它的这个价值。书中对"生民"、"民心"、"民事"的重视，是司马光历史观上颇有光彩的一面。《资治通鉴》又有很高的文献价值，它所引之书多达三百二十二种，"网罗宏富，体大思精，为前古之所未有"（《四库全书总目》），被誉为"后世不可无之书"（《日知录》卷一九）。

司马光能够同司马迁并称史学上的"两司马"，是跟《资治通鉴》作为编年体通史的多方面成就相关联的。《资治通鉴》对宋代和后世的史学发展产生了极大的影响：补撰，改编，续作，注释，仿制，翻译，评论，诸家蜂起，蔚为大观。宋人朱熹的《资治通鉴纲目》、袁枢的《通鉴纪事本末》、李焘的《续资治通鉴长编》，元人胡三省的《资治通鉴音注》，清人王夫之的《读通鉴论》、毕沅的《续资治通鉴》等，都由它繁衍、发展而来。近人张须撰《通鉴学》一书，总结了《资治通鉴》在史学发展上的影响。

宋代的另一部通史巨著《通志》，是南宋郑樵（一一〇四年——一一六二年）所撰。《通志》是纪传体通史，全书两百卷，包含本纪十八卷、年谱四卷、略五十二卷、世家三卷、载记八卷、列传一百一十五卷。其记事起三皇，迄隋末，诸略所记下及于唐。这六种体例中，略由书、志而来，年谱是年表的别称，世家本于《史记》，载记采自《晋书》。《通志》是《史记》以后纪传体通史的新成果。郑樵历史撰述的主旨是"会通"。他说的"会通之义"、"会通之旨"、"会通之道"（《通志·总序》），主要包括两层意思：一是重视古今"相因之义"，意在贯穿历史的联系；二是揭示历代损益，意在"极古今之变"。这两点，包含着朴素的辩证思想，在历史理论发展上是值得重视的。郑樵过分贬抑"断代为史"的一些说法，并不足取。

《通志》最重要的成就是它的二十篇略，通常称为《通志·略》或简称《二十略》。它们可分为三种情况：一是立目与内容都依据前史，如礼、职官、选举、刑法、食货五略，大致出于《通典》；二是立目参照前史而在内容上有所继承和发展，如天文、地理、器服、乐、艺文、灾祥六略；三是立目与内容多属作者首创，这包括氏族、六书、七音、都邑、谥、校雠、图谱、金石、昆虫草木等九略。郑樵所创九略涉及广泛的领域：氏族、谥，是关于中国社会的传统和特点的两门学问；都邑，讲政治与地理的关系；六书、七音，讲文字、音韵；校雠、图谱、金石，是提出了历史文献学的几个新领域；昆虫草木，是在天文、地理、灾祥之外，扩大了对自然史认识和研究的范围。这都是前史诸志不曾专门论述的，是郑樵的新贡献。

《二十略》继《隋书》志和《通典》之后，进一步扩大了史学对于典章制度和专史的研究，加强了对于文化和自然的认识；它包含了丰富的无神论思想，对天人关系提出了新认识；它批评"穷理尽性之说"的片面性，力倡"实学"；它的各篇序言提出了不少历史方面和史学方面的理论认识。这些都表明它在史学上有很高的价值。明人龚用卿撰《刻通志二十略序》引时人之言，称《二十略》是郑樵"自得之学，非寻常著述之比"，可谓确论。

二、三部当代史

宋代史家关于前朝正史的撰述是有成绩的。薛居正的《五代史》（即《旧五代史》），欧阳修的《五代史记》（即《新五代史》）和《新唐书》，都被后人列入《二十四史》。由于宋与辽、金关系的复杂和政治形势的变幻，宋代史家对本朝史或者说当代史显得格外关注。其中，以李焘（一一一五年——一一八四年）的《续资治通鉴长编》、徐梦莘（一一二六年——二〇七年）的《三朝北盟会编》、李心传（一一六六年——一二五三年）的《建炎以来系年要录》最为知名。

《续资治通鉴长编》全书九百八十卷，另有《举要》六十八卷，记事起自北宋开国，迄于北宋灭亡。这是中国史学史上前所未有的、部帙浩繁的编年体皇朝史，因记事上接《资治通鉴》，"纂集义例"亦悉用司马光之所创立，故称此名。本书的特点，除浩繁以外，还很翔实。李焘自谓"错综铨次，皆有依凭"；对于"大废置、大征伐，关天下之大利害者"，都"宁失之繁，无失之略"。李焘还仿《资治通鉴考异》的做法，自撰注文，以存异说。宋人叶适评论此书说："《春秋》之后，才有此书，信之所聚也。"（以上引自《文献通考·经籍考》卷二〇）今传《续资治通鉴长编》，系后人自《永乐大典》中录出，时已缺熙宁至绍圣年间部分记载及徽、钦二朝史事，重加编次，仅得五百二十卷，仍不失为宋人所撰最翔实的北宋史。李焘以四十年时间撰成此书，他自己说"精力几尽此书"，《宋史》本传称他"平生生死文字间"，反映了他的坚韧不拔的追求。

《三朝北盟会编》，二百五十卷，是记载两宋之际历史的编年体史书。三朝，指北宋徽宗、钦宗二朝和南宋高宗朝。北盟，记事以宋、金和战为主要线索，故称。会编，此书按编年纂述史事，而每记一事则并列诸说，每取之说则原文照录，"参考折衷，其实自见"（《三朝北盟会编》序）。

徐梦莘据两百多种书成此巨制，反映了他"自成一家之书，以补史官之阙"的"本志"。时人评价这书的价值是："东观直笔多所资，蓬莱汉阁生光辉。"

《建炎以来系年要录》，两百卷，编年记事，起建炎元年（一一二七年），止绍兴三十二年（一一六二年），记南宋高宗朝三十六年史事，今传本亦系清四库馆臣自《永乐大典》辑出。《要录》比之于《长编》，叙事凝练；比之于《会编》，采撰精审。它征引赅博，所据书在两百种左右，凡有异同，也仿《资治通鉴考异》之法多有自注，反映了作者在采撰和体例运用上的严谨。清四库馆臣认为："大抵李焘学司马光而或不及光，心传学李焘而无不及焘。"（《四库全书总目》卷四七）这是评价了二李及其与司马光史学的关系。

《长编》撰成于淳熙九年（一一八二年），《会编》完成于绍熙五年（一一九四年），《要录》进呈于嘉定元年（一二〇八年），在二十六年中宋代史家相继写出三部编年体当代史巨著，是中国史学史上罕见的、有重大创获的年代。历史启发着史家的沉思和撰述激情，这三部当代史是极好的明证。

三、历史文献学的多方面成就

两宋时期，历史文献学有长足的发展，也有新的开拓。首先说考异、纠谬、刊误和考史。司马光为说明《资治通鉴》所据文献的同异及其取舍之故，自撰《考异》一书，在历史撰述和历史文献学史上都是首创，其"参考群书，评其同异，俾归一涂"的主旨，在治史的理论和方法上都有重要意义，影响亦颇深远。《考异》原系单行，后胡三省注《资治通鉴》，乃分记各条于所考之事文下，以便于阅读。吴缜作《新唐书纠谬》，摘举《新唐书》的谬误，取其同类，分为二十门。因其所得多据《新唐书》纪、表、志、传参照、对勘而来，未必一一中肯，但确指出了原书的不少谬误。吴缜在自序中提出史学批评的三条准则是事实、褒贬、文采，而事实是根本的认识，在理论上有重要价值。他还撰有《五代史纂误》，也是这类性质的著作。刊误，意即勘误，修订、改正之意。宋人刊误前史，重点在《汉书》和《后汉书》，有张泌《汉书刊误》，余靖《汉书刊误》，刘敞、刘攽、刘奉世《三刘汉书标注》，刘攽《后汉书刊误》，吴仁杰《两汉刊误补遗》等。宋仁宗读《后汉书》，见"垦田"之"垦"皆作"恳"，于是使侍中传诏中书俾刊正之。时刘攽为学官，遂刊其误。这件事可能推动了学人的刊误工作。考异、纠谬、刊误都关系到考史，宋人考史以王应麟为名家。他的名作《困学纪闻》二十卷，其中卷十一至卷十六专为考史，上起先秦，下迄南宋，还有专题性质的考证。所考所论，"辞约而明，理融而达"（牟应龙《困学纪闻》序）。

其次是目录学的新发展。晁公武的《郡斋读书志》和陈振孙的《直斋书录解题》，是题解目录书的名作，在分类、解题、批评三个方面都有重要价值。再次是金石学的创立。欧阳修的《集古录》、赵明诚的《金石录》是现存最早的金石学专书。二书的序文和各条跋尾，包含有丰富的文献学思想以至研究历史的理论和方法论。欧阳修说的"为善之坚，坚于金石"（《集古录》卷九《唐人书杨公史传记》跋尾），就包含着深刻的历史见解。

两宋史学，在民族史、地方史、学术史、佛教史、中外交通史、野史、笔记，以及历史评论、史学批评方面，都有不少成就。它们对元、明、清史学的发展，产生了积极的影响。

四、辽、金史学的特点

辽、金皇朝都创制了本民族的文字，即契丹字和女真字，它们也仿唐、宋制度建立了国史院等修史机构。辽朝史家萧韩家奴以契丹字翻译史家马总《通历》、吴兢《贞观政要》、欧阳修《五代史》，参撰本朝实录、起居注，有突出的成就。耶律俨撰有《皇朝实录》七十卷和国史《辽志》。辽圣宗读《唐书》，尤留意高祖、太宗、玄宗三本纪，大臣马得良"乃录其行事可法者进之"（《辽史·马得良传》）。《辽史·列女传》记耶律氏，小字常哥，是太师耶律适鲁之妹。常哥"读《通历》，见前人得失，历能品藻"。她写了一篇政论文，辽道宗读后"称善"。

金朝在翻译汉文经史方面成绩更为突出，除《五经》、诸子，还有《贞观政要》、《史记》、《汉书》、《新唐书》等。金朝科举考试，始以《五经》、三史内命题，后来扩大为从《六经》、十七史、诸子内命题。金熙宗读《贞观政要》，认为："见其君臣议论，大可规法"（《金史·熙宗本纪》）。金世宗读《资治通鉴》，说它"编次累代废兴，甚有鉴戒，司马光用心如此，古之良史无以加也"（《金史·世宗本纪》）。金朝重视实录的编撰，又经两三代史家的不断努力撰成《辽史》。金朝史学还有一些私人撰述是很重要的，元好问的《壬辰杂编》、《中州集》和刘祁的《归潜志》，是影响最大的。蔡珪的《金石遗文》及《跋尾》、《南北史志》也是当时的知名之作。可惜有的已经失传了。

辽、金史学从很多方面反映出史学跟政治的关系，史学跟多民族历史文化发展的关系。

多民族史学的新发展

一、《蒙古秘史》及其他

中华民族的历史发展一再证明：多民族历史的演进，反映在史学上是史学之民族内容的不断丰富。元朝统治者固然重视本民族的历史以及元皇朝政治统治的历史，同时也重视辽、金、宋三朝的历史，显示出了政治上的博大胸怀和对多民族历史的新认识。元朝统治者的现实的民族政策同他们对于多民族国家历史的认识存在着并不完全一致的地方，这尽管是由于多种原因造成的，但这种不完全一致的地方至少也是元朝统治不能长期稳定存在的原因之一。这个时期，还出现了典制史巨著《文献通考》和"《通鉴》学"的力作；地理书和关于中外交通的撰述，也有新的成就。

这里，先从《蒙古秘史》说起。

《蒙古秘史》十二卷，含正集十卷，续集二卷，共二百八十二节。原文是用畏兀儿体蒙古文写成，蒙文名称是《忙豁仑·纽察·脱卜察安》（或作《脱卜察颜》、《脱必赤颜》）。明初有汉文译本行世，书名题为《元朝秘史》，后收入《永乐大典》。此后，蒙古文原本遂佚。作者佚名。通常认为，据此书书末所记"既聚大会，于子年之七月……书毕矣"来看，它当撰成于窝阔台（斡歌歹）十二年（一二四〇年，一说为一二二八年或一二六四年），作者当是成吉思汗、窝阔台同时代人。

《蒙古秘史》是中国史学上第一部比较全面地记载蒙古族的起源、发展、社会生活、军事征服活动和文化面貌的历史著作。它记事起于成吉思汗第二十二代远祖，迄于窝阔台十二年，前后约五百年左右史事，而尤详于成吉思汗事迹。全书内容次第大致是：卷一主要记蒙古族起源和成吉思汗家族世系及蒙古族的社会情况；卷二至卷十一主要记成吉思汗的活动、功业；卷十二记窝阔台事迹。《蒙古秘史》反映了十三世纪中期以前蒙古族的历史进程以及与此相关的北方民族关系的变化。从今天的认识来看，它通过写成吉思汗家族的繁衍，写出了蒙古族的发展、强大，也写出了蒙古族社会的婚姻关系、财产关系、阶级关系，及军事、政治制度的建立。如写孛端察儿兄弟等通过掳掠他族，"至此有马群、家资、隶民、奴婢而居焉"[①]。写成吉思汗娶妻，颇带传奇色彩；写他被三蔑乞惕围追，历尽曲折、磨难而终于脱险，直至被立为"罕"（卷二、卷三）。写他的军事活动，而以写征服乃蛮部最有声色，其间还交织着写他与札木合合作的形成和破裂；写到了公元一二〇六年"斡难河源"的大会，"建九斿之白纛，奉成吉思合罕以罕号"，"整饬蒙古之百姓"，建置"蒙古国之千户官，凡九十五之千户官"，嘉奖有功者（卷四至卷八）。写到了成吉思汗建立和完善军事、政治制度（卷九、卷十），以及他同窝阔台的大规模军事征服活动，以及窝阔台对自己的"益四事焉，作四过焉"的总结（卷一一、卷一二）。

《蒙古秘史》在表述上有两个特点。一是以写战争见长：卷七记成吉思汗与乃蛮部塔阳罕之战，卷一〇记征秃马惕之役，写出了双方的士气、军容和战事结束后的场面，也写出了战役中的用智、设谋而致胜的曲折过程。二是描述与诗歌的结合：卷二记成吉思汗兄弟们幼时与其母诃额仑夫人相依为命、度过艰难岁月的母子深情，就是用诗歌来表达的；而更多的诗歌是用以写人的谈话和人们之间的对话。

《蒙古秘史》有很高的文献价值。清人钱大昕指出："元太祖创业之主也，而史述其事迹最疏舛，惟《秘史》叙次颇得其实。"又说："论次太祖、太宗两朝事迹者，其必于此书折其衷欤。"（《潜研堂文集》卷二八）它是后人关于蒙古史研究和撰述的必据之书。

《圣武亲征录》和《元朝名臣事略》，是元朝建立后史家关于本朝史的有代表性的两部撰述。《圣武亲征录》一卷，不著撰人，记成吉思汗、窝

---

①引文据《蒙古秘史》卷一，道润梯步新译简注本，内蒙古人民出版社1978年版，第15页。

阔台统治时期史事。所记简略，但首尾完具、文字古朴，有时也写出了征战的军容和战役的细节，是记载元初历史的重要文献。其书久以抄本传世，讹误甚多，经钱大昕、张穆、何秋涛分别校正，渐为世所重，现有王国维校注本为最佳。《元朝名臣事略》（初名《名臣事略》或《国朝名臣事略》）十五卷，苏天爵（一二九四年——一三五二年）撰。书首有元文宗天历二年（一三二九年）欧阳元序和至顺二年（一三三一年）王理序，或可表明它撰成的时间。此书收录自元初至延祐年间（一三一四年——一三二○年）自太师诸王以下文武大臣共四十七人入传，依蒙古人、色目人、汉人、南人为序编次。所据为诸家墓志、行状、家传，间亦取自可信之书。全书叙致井然，体例划一。各传之前有撰者所写的提要，交代传主的名讳、郡望、任官、卒年及享寿多寡。它在体例上参考了朱熹的《名臣言行录》而始末较详，又参考了杜大珪的《名臣碑传琬琰集》而不尽录全篇、有所取舍，大致反映出元初期、中期名臣的面貌，清人认为它"不失为信史"（《四库全书总目》卷四八）。元人所撰蒙古征战及元初史事，还有李志常的《长春真人西游记》、耶律楚材的《西游录》、刘郁的《西使记》、刘敏中的《平宋录》等。元朝设有翰林国史院，撰修各朝实录，附有事目和诰制录，还有文字翻译上的烦难，工程很大。这些实录都已不存。

二、《文献通考》和《通鉴》胡注

这是元代史学的两部名作。《文献通考》三百四十八卷，元初马端临（约一二五四年—约一三二三年）撰。本书分二十四门，记事起自上古，迄于南宋宁宗嘉定（一二○八年——一二二四年）六年，是继杜佑《通典》之后的又一部典制体通史巨著。此书自始撰至泰定元年（一三二四年）刊印问世，经历了四十年时间。马端临在本书序中提出了一些认识，有理论上的重要性。第一，关于历史撰述，主张"会通因仍之道"。这主要反映在两个领域，一是"理乱兴衰"，二是"典章经制"，故十分推崇《资治通鉴》和《通典》的成就。第二，是对历史进程"相因"说提出具体的分析，认为"理乱兴衰"前后并不"相因"而各有殊异；"典章经制"历代继承、损益而实"相因"。他把这二者加以区别,不免有点绝对化,但在认识上仍有一定意义。第三,对"文献"作了界定,认为:经史、会要、百家传记之信而有证者谓之"文";奏疏、评论、名流燕谈、稗官记录之可证史传之是非者谓之"献"。(《文献通考·序》)这是把叙事和论事作了区别。

《文献通考》把《通典》的九门发展为二十四门,从而扩大了典制体史书的内容和范围。它把《通典》的《食货典》析为田赋、钱币、户口、职役、征榷、市籴、土贡、国用等八门,分《选举典》为选举、学校二门,又分《礼典》为郊社、宗庙、王礼三门,增加《通典》所没有的经籍、帝系、封建、象纬、物异等五门,总共比《通典》多出十五门。马端临强化了杜佑以"食货为之首"的历史见识,又把《经籍》纳入典制体通史之中,这是他对前人的继承和发展。

《文献通考》反映了马端临的进步的历史思想,这表现在他重视历史上的社会经济活动;他对于"异常"的社会现象和自然现象大致都作了唯物倾向的解释;他阐说国用和政治统治的关系以及"公心"和"封建"的关系,都包含有辩证认识的因素;他批评主张恢复"封建"和"井田"的言论是"书生之论",认为那将是"自割裂其土宇"、"强夺民之田产"的危险局面,认为"沿袭既久,反古实难",反映了他的历史进化思想。(《文献通考·卷一》)《文献通考》在历史文献上也有重要价值,其论宋代典制最详,是稍后所出的《宋史》诸志未能囊括的;它接续了《通典》断至唐天宝之末至宋嘉定之末四百六十多年典制发展的历史,增加了《通典》所无的五个门类,改变了"礼"在全书中所占分量的比例,《兵考》以叙历代兵制为主,都从历史文献上丰富了、发展了《通典》。后人把《通典》、《通志》、《文献通考》合称"三通",它们对元、明、清史学的发展有长久的影响。

南宋开始逐步形成的"《通鉴》学",到了元代有了新的发展。据钱大昕《补元史艺文志》卷二"编年类"所考,这方面的著作有郝经《通鉴书法》以下共十六种,其中以胡三省(一二三〇年——三〇二年)的《资治通鉴音注》最负盛名。胡三省同马端临一样,都是宋、元之际人。他注

《通鉴》有两个动因，一是承袭家学，执行先人遗命；二是痛感"亡国"，寄寓民族气节。他在自序末尾以太岁纪年书为"旃蒙作噩"（即乙酉年，是为至元二十二年），表示不奉元朝为正朔。这个思想也反映在他的注文中。

胡三省的《资治通鉴音注》（亦称《新注资治通鉴》），后人简称《通鉴》胡注或胡注。其成就首先在于它对《通鉴》在记事、地理、制度、音读等方面都有疏通之功。其自序说："凡纪事之本末，地名之同异，州县之建置离合，制度之沿革损益，悉疏其所以然。"这种疏通包括校勘、考订、辨误、训释音义等。胡注的成就，还表现在寓历史评论于注文之中，反映注者的进步的历史思想。卷二八六注文嘲笑后晋皇后崇佛而终于"冻馁"于封禅寺，嘲笑"契丹主犹知用夏变夷"。这样的评论，由事而发，随文作注，在胡注中占有很重的分量。胡注的另一个贡献，是它最早把司马光的《资治通鉴考异》散于《通鉴》各文之下，使《考异》同正文直接联系起来，便利了人们对《通鉴》的阅读、研究，也有利于《通鉴》的广泛流传。在胡三省之前和之后，有很多人为《资治通鉴》作注，胡注是最经得起历史检验的。直到今天，人们读《资治通鉴》还是不能不读胡注。它同"前四史"的诸家注文一样，都是中国史学上的著名史注。

三、元修辽、金、宋三朝正史

元代官修史书，除实录、政书外，撰修辽、金、宋三朝正史是一项巨大工程，从史学发展来看，其价值也在前者之上。

早在元世祖即位之初，翰林学士承旨王鹗已提出撰修辽、金二史的建议，认为："自古帝王得失兴废，班班可考者，以有史在。""宁可亡人之国，不可亡人之史。若史馆不立，后世亦不知有今日。"元世祖"甚重其言，命国史附修辽、金二史"（《元朝名臣事略》卷一二《内翰王文康公》）。元灭南宋后，又不断有撰修辽、金、宋三史的措施，皆"未见成绩"（《元史·虞集传》）。主要原因，是"义例"难定，即三朝的正统地位不知怎样处置为妥。直至元代后期顺帝至正三年（一三四三年），右丞相脱脱等再次提出撰修三朝正史的建议，元顺帝下达了撰修三史的诏书，史臣们制订了《三史凡例》，这项工程才真正着手进行。《三史凡例》全文只有一百三十五个字，但它解决了几十年讨论中未能解决的问题。关于"帝纪"，它规定："三国各史书法，准《史记》、《汉书》、《新唐书》。各国称号等事，准《南·北史》。"这是明确承认辽、金、宋三个皇朝皆各为"正统"。关于"列传"，它特别强调"金、宋死节之臣，皆合立传，不须避忌。"它规定撰修原则是："疑事传疑，信事传信，准《春秋》。"于是，辽、金、宋三史陆续问世。

《辽史》、《金史》始撰于至正三年四月，次年三月、十一月先后成书。《辽史》包含本纪三十卷、志三十二卷、表八卷、列传四五卷、国语解一卷，共一百一十六卷。《金史》包含本纪十九卷、志三十九卷、表四卷、列传七十三卷，共一百三十五卷。它们都是体例完整的纪传体史书，分别写出了中国历史上以契丹族贵族为主和以女真族贵族为主建立的辽皇朝、金皇朝之历史的全过程，总结了这两个皇朝在经济、政治、军事、文化等方面的举措及其兴废盛衰之故，以及在历史上所占有的地位。《辽史》、《金史》的特点，一是具有鲜明的民族史内容，一是以大量的事实反映了中国历史上在这一时期的多民族融合的历史进程，在历代正史中具有特殊的意义。

至正五年（一三四五年）十月，《宋史》修成奏进。它包括本纪四十七卷、志一百六十二卷、表三十二卷、列传二百五十五卷，共四百九十六卷，在《二十四史》中卷帙最为浩繁。《宋史》本纪于两宋之际，颇致意总结其兴亡之故，《徽宗纪》后论详细分析了徽宗"失国之由"。而于南宋灭亡，《宋史》本纪却也写出了悲壮的一幕：张世杰"以舟师碇海中"作最后抵抗，陆秀夫负主"投海中"，杨太后之"抚膺大恸"。最后写道："世杰亦自溺死。宋遂亡。"

《辽史》、《金史》、《宋史》的表和志，都各有特色，它们表明了三朝史家的积累，也表明元朝史家在历史撰述上对于表、志的重视。

元代史学在地理书和私人行纪方面的撰述也是有成就的。《元一统志》，先是七百余卷，后增为一千三百卷，是元代最重要的官修地理书。

所叙包括山川形势、地质地理、建置沿革、历史人物及有关史事，也反映出了元代辽阔的疆域和统一的政治局面。书已佚。徐明善的《安南行记》、周达观的《真腊风土记》、汪大渊的《岛夷志略》，记载了中外交通和域外情况；后两部书是这方面的杰作，对研究亚洲文明史以至世界文明史有重要的价值。

走向社会深层

一、方志与稗史

明代的史学，在官修史书方面，以浩繁的实录和《元史》的撰修，最有影响；在私人著史方面，王世贞、李贽、王圻、焦竑和谈迁等，是为名家。这些都占有重要的分量。而方志撰述的兴盛和稗史的空前增多，以及反映社会经济史方面著述的繁富，还有史学在通俗化方面的发展和历史教育更广泛的展开，显示出了明代史学进一步走向社会深层的趋势和特点。

方志出自官修，受到各级官府的普遍重视，具有广泛的社会性；稗史撰于私家，作者和著述的大量涌现，都是空前的。它们在明代史学发展上占有重要的位置。中国的方志起源于汉代①，至元明清走向全盛时期。明代方志撰述，处在这个全盛时期的中间阶段。据近年出版的《中国地方志联合书目》著录，明代方志有九百多种，而其实际撰述之数自然比这要大得多。

明皇朝对全国区域总志编纂的重视，是方志迅速发展的推动力之一。洪武三年（一三七〇年）、十六年（一三八三年），永乐十六年（一四一八年），先后颁发了编集、撰修全国总志的诏书和条例。条例规定志书内容包括建置沿革、分野疆域、城池、山川、坊廓、镇市、土产、贡赋、风俗、户口、学校、军卫、郡县廨舍、寺观、祠庙、桥梁、古迹、人物、仙释、杂志、诗文，促进了方志编纂的规范化。其后，景泰七年（一四五六年）撰成了《寰宇通志》，天顺五年（一四六一年）撰成的《大明一统

---

① 参见史念海、曹尔琴:《方志刍议》,浙江人民出版社1986年版,第21页。

志》，皆依两京、十三布政使司编次，分记有关内容。全国总志的频频编纂和伴之以不断向地方的"征志"，推动了府、州、县志的撰修，从而形成了"今天下自国史外，郡邑莫不有志"（张邦政万历《满城县志序》）。不少州、县的志，则又不断改修、增修，修志已成为一项社会性很突出的工作。从通志（省志）至府、州、县志，反映了明皇朝疆土管理的行政系列；此外还有反映军卫系列的卫志的撰修①。这是明代方志之社会性的一大特点。

　　这里说的稗史，是泛指各种野史和记载历史琐闻、社会风貌的笔记、杂说。《明史·艺文志》著录明代稗史一类的撰述，主要见于史部杂史类和子部杂家类、小说家类。杂史类著录两百十五部，两千两百三十二卷；杂家类著录六十七部，两千两百八十四卷；小说家类著录一百二十八部，三千三百十七卷。其中，属于稗史性质的占了不小的分量。这些书，有的标出"野"、"稗"字样，有不少是用"漫笔"、"漫录"、"杂记"、"杂谈"、"杂言"、"杂录"、"随笔"、"笔谈"、"丛话"、"丛谈"等名书，说明撰者的不拘一格。

　　明代稗史涉及的内容非常广泛，皇朝掌故、社会风俗、重大事件、历史人物是几个主要方面。如余继登的《典故纪闻》、陆容的《菽园杂记》，以记明朝故实为主；沈德符的《万历野获编》、谢肇淛的《五杂俎》，以记明代社会风俗著称；朱国祯的《涌幢小品》，内容很丰富，于制度、风俗、人物都记述；李乐的《见闻杂记》写了一些人物的行事；叶子奇的《草木子》记载了元末明初红巾军的事迹；吴应箕的《东林本末》、蒋平阶的《东林始末》，是分别用纪事本末体和编年体写出了明末"东林党"的事迹。清代有留云居士所辑《明季稗史》十六种，包含了有关明季历史的不少重要史料。稗史可补官史之阙，而因其数量之多扩大了同社会接触的层面。

---

① 参见顾诚：《明帝国的疆土管理体制》，载《历史研究》1989 年第 3 期。

二、经济史撰述的繁富

在明代史学发展上，经济史著作处于引人注目的地位。《明史·艺文志》史部故事类所著录诸书，有关经济史方面的占了半数以上，名目有会计、田赋、均役、厂库、漕政、盐政、屯田、荒政等；地理类所著录的有关治河、水利诸书，也与经济史有密切的关系。这些书，分开来看，只是关于一个方面的问题或一个方面的政策；合而观之，它们多与国计民生，社会经济相关联。这里，仅就治河、漕运、水利之史和农政、盐政、荒政之史两个大的方面，略述梗概。

《明史·艺文志》地理类著录治河之史，有刘隅、吴山各撰的《治河通考》，有潘季驯的《河防一览》等多种；著录水利之史，有《三吴水利论》、《三吴水利录》、《三吴水利考》等关于东南水利之史多种；同书故事类著录邵宝以下诸人所撰漕政、漕运之史多种。明人笔记，也多有涉及这些问题的。潘季驯的《河防一览》十四卷，是明代治河之史的代表性著作。作者自嘉靖至万历年间，四奉治河之命，总理河道，首尾二十七年，成绩显著。本书总结了前人的和他自己的治河主张与治河经验。黄克缵的《古今疏治黄河全书》四卷，所记上起商代，下迄万历三十二年（一六〇四年）苏庄之决，最后陈述当世治河方略。此书在阐述治河之史方面，有明确的宗旨。《漕政举要录》十八卷，是明武宗时总督漕运的邵宝所撰，于论漕政中颇涉及漕运之史。在世宗时负责总运江北的杨宏所撰《漕运通志》十卷，是专讲漕运古今沿革的书，以表、略的形式分论漕渠、漕职、漕卒、漕船、漕仓、漕数、漕例、漕议、漕文。黄承元的《河漕通考》二卷，上卷论治河，下卷论漕运，上溯历代，下迄万历，是纲要式的通论。归有光的《三吴水利录》四卷，以采辑前人论东南水利之尤善者七篇编为前三卷，末卷为作者自撰的《水利论》二篇。作者于本书小引中说，他是"取其颛学二三家，著于篇"，以取代一般的"奏复之文，揽引途说"。清人认为："言苏松水利者，是书未尝不可备考核也"（《四库全书总目》卷六九）。王圻的《东吴水利考》十卷，以图考为主，末卷为历代名臣有关奏议。清人讥其疏略，但这书的表现形式是可取的。

自宋元以下，关于治河、漕运、水利之史的著作逐渐多了起来，至明代尤呈发展趋势。这一方面反映了人与自然关系的进一步密切，另一方面也反映了随着人们对这种关系认识的提高而丰富了经济史撰述的内容。

《明史·艺文志》子部农家类著录徐光启《农政全书》六十卷、《农遗杂疏》五卷，张国维《农政全书》八卷等。史部故事类著录关于各地盐政志多种，以及林希元《荒政丛言》、贺灿然《备荒议》、俞汝为《荒政要览》等。这些书同马政、船政等书一样，以"政"名书，其内容有不少是讲"史"的。《四库全书》于史部中立"政书"类，是有道理的。这些书是从另一个大的领域反映了作者们对经济史撰述的重视。

徐光启（一五六二年——一六三三年）的《农政全书》是综合性的农学名作，也是关于农政之史的名作。全书包括农本、田制、农事、水利、农器、树艺、蚕桑、蚕桑广类、种植、牧养、制造、荒政十二目。从农政史方面来看，农本与荒政首尾二目尤为重要。荒政有十八卷，几乎占了全书的三分之一。农本有三卷，可以看作是对中国农业思想史和历代农业政策史的概括性论述。《农政全书》征引的文献多达二百二十五种，是中国古代农业文献遗产的总结性成果。在明代，屯垦和盐政是有关"国用"的两个重要方面。《明史·徐光启传》记："帝忧国用不足，敕廷臣献屯盐善策。"这是说的崇祯朝的事，其实并不限于崇祯朝。盐政史志，多以产盐区撰为专书，涉及两淮、两浙、八闽、长芦、粤东等。朱廷立的《盐政志》十卷，是关于盐政方面的总志。作者曾奉使清理两淮盐政，于是博考古今盐制，撰成此书。这书分为出产、建立、制度、制诏、疏议、盐官、禁令七门，门下各篇有目，共三百九十四目，虽嫌繁碎，却可看出盐政之史的复杂情况。另有《盐法考》十卷，不著撰人。这书的特点是自总论以下，按两淮、两浙、长芦、山东、福建、河东、陕西、广东编次，所论之事至崇祯初年而止。除专书外，王圻《续文献通考·征榷考》中有盐法三篇，清晰地写出了宋、辽、金、元、明历朝的盐政之史。同书国用考有"赈恤"一目，记宋至明代的赈恤之史，这是关于荒政的一个部分。《农政全书》中的荒政篇有"备荒总论"、"备荒考"、"救荒本草"、"野菜谱"等内容，是从生产、国用、蓄积的关系制订积极的备荒、救荒政策。明人所撰荒政专书，有的重在议论，有的申述救荒措施，有的考核植物可佐饥馑者，有的是关于赈济的纪实，书名或曰"事宜"，或曰"本草"，或曰"纪略"，或曰"丛言"，或曰"要览"。陈龙正的《救荒策会》七卷，汇集了宋人以来关于救荒的认识，具有更明确的"救荒史"的撰述意识。

尽管明代学人并没有提出"经济史"这个概念，但人们实际上是从社会经济方面来考察上述各个领域的历史，这是史学走向社会深层的另一个重要标志。

三、史学的通俗形式和历史教育

这是明代史学之走向社会深层的又一个方面。大致说来，明代学人在使史学取得通俗形式方面所做的工作，主要是对前人历史撰述的节选、摘录、重编，由此产生出来的节本、选本、摘录本、类编本，以至蒙学读物，名目很多。

节选旧史，也有通史、皇朝史、史论等多种形式。马维铭的《史书纂略》二百二十卷，取"二十一史"纪、传，撮其大略，依通史体例汇成一书。茅国缙的《晋史删》四十卷、钱士升的《南宋书》六十卷、王思义的《宋史纂要》二十卷、张九韶的《元史节要》等，是根据原史缩写而成的皇朝史。项笃寿的《全史论赞》八十卷，彭以明的《二十一史论赞辑要》、沈国元的《二十一史论赞》各三十六卷，都是节选历代正史史论汇辑而成，其中沈国元还加以圈点、评议。这些书，一般很少创造性，大抵因旧史分量繁重欲求其简而作。从这一点看，它们还是反映了社会的需要。

明人的史钞，既多且杂，大多没有太高的价值。但有的史钞，却也能反映摘抄者的兴趣和目的。茅坤的《史记钞》六十五卷，反映了抄者对于古文的兴趣和鉴赏。杨以任的《读史四集》四卷，是摘录、编辑诸史中事迹之可快、可恨、有胆、有识者，编成四集。这两部书，都是有摘抄者的评点与评语的。还有一些摘抄是着眼于字句、辞藻的，如凌迪知的《〈左〉〈国〉腴词》、《太史华句》、《两汉隽言》等。它们对史事的传播起不了太多的作用，而是从另外一些方面扩大了史书的社会影响。在改编旧史的各种书中，丘濬的《世史正纲》三十二卷是比较突出的，这书起秦始皇二十六年（前二二一年），迄明洪武元年（一三六八年），以著事变之所由，并随事附论，全书意在专明正统。唐顺之的《史纂左编》一百二十四卷，是按类书的形式改编旧史，全书分为君、相、名臣、谋臣等二十四门，意在取千古治乱兴衰之大者，着重著其所以然。它所介绍的只是一些片段的历史知识，不过它的立意还是可取的。

明代史学的通俗形式，还有一些是属于蒙学、乡塾读本。顾锡畴的《纲鉴正史约》三十六卷和梁梦龙的《史要编》十卷，是这类书中较有特色的。前者编年纪事，大致反映出历代历史的梗概；后者包括正史、编年、杂史各三卷，史评一卷，意在使学习的人既学了历史知识，又粗知了史书的表现形式。程登吉编的《幼学琼林》，是关于中国历史文化极通俗的读物，偶句押韵，朗朗上口，在明清两代有广泛的流传。

明代的历史教育在科举取士这个环节上赶不上前朝，更多受到重视的是《四书》、《五经》、《御制大诰》、《皇明祖训》，以致顾炎武有"史学废绝"的感叹[1]。但明皇朝对于贵戚、大臣、文武百官的"善恶以为鉴戒"的历史教育却极为重视，故按一定主题编辑的、语言通俗的各种"录"、"鉴"甚多（参见《明史·艺文志》史部故事类）。这是明代历史教育的一个特点。它的另一个特点，是同严肃的史学在科举考试中受到轻视的情形相反，通俗的史学却在市井民众、乡塾蒙学那里开辟了广阔的道路。前文所举出的那些通俗的历史读物，据清代四库馆臣著录，大多采自地方，说明它们在民间流布之广，自有其生成的土壤。至于明代通俗史学的既多且滥，其中不乏平庸、肤浅之作，或许正是史学之进一步走向社会深层的过程中难以完全避免的史学现象。

前面讲到，明代官修、私撰的史书，有流传至今的二千九百〇九卷的历朝实录，统称《明实录》，是为记录明代历史最完备的第一手材料；有官修《元史》二百一十卷，是为《二十四史》之一。私家撰述，有王世贞

① 顾炎武：《日知录》卷一六"史学"条，黄汝诚集释本，上海古籍出版社2006年版，第957页。

的《弇州四部稿》、《明野史汇》、《弇山堂别集》、《弇州史料》等，有李贽的《藏书》、《续藏书》、《焚书》、《续焚书》等，有王圻的《续文献通考》、《稗史类编》、《三才图会》等，有焦竑的《国史经籍志》、《国朝献征录》等，有谈迁的《国榷》。王世贞、焦竑、谈迁的成就在于本朝史撰述方面，李贽的成就主要在历史评论及其批判精神，王圻的成就在于对典制体史书的继承和发展。他们的这些成就，显示了明后期私人撰史崛起的趋势。

总结与嬗变

一、历史批判精神和史学经世致用思想的发展

清代前期（一六四四年——一八四〇年）的史学是中国古代史学最后一个发展阶段。明代中叶开始出现的封建社会内部的微弱的变化，明清皇朝的更迭，清前期的文化政策，以及古代史学的两千多年的积累，这些原因造成了清代前期史学具有总结和嬗变的特点。嬗变，主要反映在历史思想领域的批判精神的发展；总结，则不仅表现在历史思想、史学理论方面，还突出地表现在历史文献方面。有清一代的官修史书也取得了可观的成就。

在清初的史学家中，黄宗羲（一六一〇年——一六九五年）的历史批判精神具有鲜明的代表性。他的《明夷待访录》以批判封建专制主义体制为核心，阐明了作者对于历史的批判性见解和进步的历史观。作者阐述了"以天下为主，君为客"到"以君为主，天下为客"的根本性变化，指出了封建君主"以我之大私为天下之公"的实质。作者指出封建专制政治把本应"为万民"的为臣之道变成了"为一姓"，君臣本应是师友关系却变成了主人同仆妾关系；指出封建社会的法是"一家之法，而非天下之法也"；指出"天子之子不皆贤"，因而君主世袭制是不合理的，等等。（见《明夷待访录》之《原君》、《原法》、《置相》等篇）这些批判，一般还限于以"三代"同后世相比而论其是非，没有能够从封建专制制度的产生、发展、衰亡的必然性来揭示它在历史上的作用，但其激烈的程度和包含的理性成分，毕竟反映了时代的要求，是前人所没有达到过的。《明夷待访录》是一部有鲜明的民主思想的史论和政论。顾炎武论其书说："读之再三，于是知天下之未尝无人。"（《明夷待访录》书首）黄宗羲是清代浙东

学派的开创者，对清代学术和清初史学的发展有重要的影响。他著的《明儒学案》及其始撰的《宋元学案》二书，是中国古代学术史著作的最高成就，在史学发展上占有重要地位。

《明儒学案》和《宋元学案》是关于学术史的总结性成果，与之相媲美的，是王夫之（一六一九年——一六九二年）所著《读通鉴论》、《宋论》，提出了历史评论的总结性成果。《读通鉴论》三十卷，是作者读《资治通鉴》而撰写的一部系统的历史评论，约九百条。所论，起秦朝，迄五代，而所涉及者，则上自三代、下至明朝。发展进化的历史观、精于辨析的兴亡论、重视史学经世致用的思想，是本书之历史价值的几个主要方面。王夫之以"理"和"势"来说明历史的进步，认为"势之所趋，岂非理而能然哉"（卷一"秦始皇"条）。这个思想，贯串于全书。王夫之辨析历代兴衰存亡的原因，认为：第一，托国于谀臣则亡，国无谀臣则存。他以秦、汉、宋、明的历史来证明这个认识（卷一"秦始皇"条）。第二，天子重"积聚贻子孙，则贫必在国"。他举西汉、西晋、中唐、北宋历史来说明这个问题（卷二"汉高帝"条、卷一二"晋怀帝"条）。第三，"风教"存而国存，"风教"亡而国亡，他举东晋、南朝的历史以证己说（卷一七"梁武帝"条）。他还指出"伪德"、"伪人"对于政治的危害，一旦弄到"上下相蒙以伪"的局面，便难以收拾了（卷一九"隋文帝"条）。王夫之强调史学的经世致用作用，认为："为史者，记载徒繁，而经世之大略不著，后人欲得其得失之枢机，以效法之无由也，则恶用史为？"（卷六"汉光武"条）王夫之的《宋论》十五卷，详评宋代政治得失，是《读通鉴论》的姊妹篇，它们是古代历史评论的最高成就。

顾炎武（一六一三年——一六八二年）与黄宗羲、王夫之齐名，重视读书和实地考察相结合，力倡"致用"之学。他一生有很多撰述：《日知录》是史学上的名作；《天下郡国利病书》是纂辑的一部地理书，集中反映了他的经世致用的史学思想，这书的姊妹篇《肇域志》久经埋没，近年已被发现，尚待整理；《历代宅京记》汇集历代都城史实，是中国古代第一部都城历史资料专书；《亭林文集》出于后人编辑，反映了作者对专制主义的批判精神和治学的主张。顾炎武主张"文须有益于天下"，指出：

"文之不可绝于天地间者，曰明道也，纪政事也，察民隐也，乐道人之善也，若此者，有益于天下，有益于将来，多一篇，多一篇之益矣。"反之，则"多一篇，多一篇之损矣"（《日知录》卷一九）。他撰《天下郡国利病书》，就是"感四国之多虞，耻经生之寡术"（《天下郡国利病书·序》），是他的上述主张的实践，反映了他的深切的历史使命感。《亭林文集》中的《郡县论》、《钱粮论》、《生员论》、《军制论》、《形势论》、《田功论》、《钱法论》等，都是对封建专制主义的批判，具有早期启蒙思想的理性色彩和朴素的民主主义精神。

黄宗羲、王夫之、顾炎武是清初有很大影响的史家，他们的著作始终受到后人的重视。比他们稍晚的唐甄（一六三〇年——一七〇四年）、顾祖禹（一六三一年——一六九二年），分别撰有《潜书》和《读史方舆纪要》，亦各为历史批判和经世致用方面的力作，都是具有总结性的撰述。

二、历史考证的辉煌成果

王鸣盛（一七二二年——一七九七年）的《十七史商榷》、赵翼（一七二七年——一八一四年）的《廿二史札记》、钱大昕（一七二八年——一八〇四年）的《廿二史考异》、崔述（一七四〇年——一八一六年）的《考信录》，是这方面的代表性著作。他们都活跃于乾嘉时期，是"乾嘉学派"历史考证的几个中坚人物。他们治史的宗旨，可以用钱大昕说的一段话来概括："史非一家之书，实千载之书，祛其疑，乃能坚其信；指其瑕，益以见其美"，"惟有实事求是，护惜古人之苦心，可与海内共白"（《廿二史考异·序》）。

王、赵、钱三人的历史考证，有共同的地方，也有各自的方法和特点。《十七史商榷》一百卷，所考证的史事上自《史记》，下至《五代史》，因其包含《旧唐书》和《旧五代史》，故实为十九史之所记。王鸣盛自序其考史内容和方法是"改讹文、补脱文、去衍文，又举其中典制事迹，铨解蒙滞，审核踳驳"；所谓"商榷"，是"商度而扬榷"。这里包含史书文字方面的考订和史书所记典制、事迹方面的铨解与审核。王鸣盛还认为："学问之道，求于虚不如求于实，议论褒贬皆虚文耳。作史者之所记录，读史者之所考核，总期于能得其实焉而已矣，外此又何多求邪！"（《十七史商榷·序》）他说："议论褒贬"的对象，是史家所记的典制、事迹即客观的历史内容，而对于史家如何记录历史，他的议论褒贬是很多的。

赵翼的考史方法则是另一种风格。《廿二史札记》三十六卷，补遗一卷，所考包含全部《二十四史》，因当时尚未把《旧唐书》、《旧五代史》正式列为正史，故称"二十二史"。赵翼在这书的"小引"中阐明他的考证方法是："此编多就正史纪、传、表、志中参互勘校，其有抵牾处，自见辄摘出"。他说的"抵牾"，主要是从史书所记内容着眼的。这跟王鸣盛已有所不同。而他们之间还有更大的不同，就是赵翼对历史评论有极大的兴趣，他说："至古今风会之递变，政事之屡更，有关于治乱兴衰之故者，亦随所见附著之。"这恰是王鸣盛所说的"虚文"。清人李慈铭评论说："此书贯穿全史，参互考订，不特阙文、误义多所辨明，而各朝之史，皆综其要义，铨其异闻，使首尾井然，一览可悉。""其书以议论为主"，"盖不以考核见长"。近人陈垣论及此书说："每史先考史法，次论史事"①。于考史中十分重视历史评论，这是赵翼考史方法的特点。他所提出的论题，对后人多有启发，有不少为后人所采用。

钱大昕是"乾嘉学派"中更具有代表性的考史学家。他的考史原则已如上述，所著《廿二史考异》一百卷，所考自《史记》至《元史》，不含《旧五代史》与《明史》，故谓之"二十二史"。其自序说："二十二家之书，文字烦多，义例纷纠，舆地则今昔异名，侨置殊所；职官则沿革迭代，冗要逐时，欲其条理贯串，了如指掌，良非易事。以予佇劣，敢云有得？但涉猎既久，启悟遂多。"从这里可以看出，钱大昕考史重在文字、义例、舆地、职官，跟王、赵都有不同。阮元说钱大昕的学术有"九难"即"人所难能"之处，其中包括正史，杂史，天算，地志，六书音韵，金石等。又说："合此九难，求之百载，归于嘉定，孰不云然。"（《十驾斋

---

① 赵翼：《廿二史札记》，王树民校证本附录，中华书局1984年版，第888页。

养心录》序）钱大昕考史，博而能精，尤于正史表、志的考证，为王、赵所不及。他推崇顾炎武的书"有关于世道风俗，非仅以该洽见长"（《天下郡国利病书·序》），推崇赵翼的书是"有体有用之学，可坐而言，可起而行"（《廿二史札记·附录》之《钱大昕序》），说明他也是主张经世致用之学的。

崔述是对先秦古史作系统考证的第一人。他的考史方法，是宗经而疑传注、诸子、杂说等，对于先秦古史的解释，其程序是由辨"伪书"进而辨"伪史"。《考信录》的基本要义是："《尚书》但始于唐、虞，及司马迁作《史记》乃起于黄帝，谯周、皇甫谧又推之以至于伏羲氏，而徐整以后诸家遂上溯于开辟之初，岂非以其识愈下则其称引愈远，其世愈后则其传闻愈繁乎！"（《补上古考信录》卷上《开辟之初》）崔述的这个思想，可以上溯到《文心雕龙·史传》篇说的"追述远代，代远多伪"，"文疑则阙，贵信史也"，甚至还可以上溯到孔子说的"吾犹及史之阙文也"（《论语·卫灵公》）。崔述的考史方法及其理论认识，已具有理性主义成分。

当王、赵、钱、崔在历史考证方面取得了总结性成果时，章学诚在史学理论方面也取得了总结性成果。

三、中国古代史学理论的终结

所谓"乾嘉史学"，不独以"考据"见长，在理论上也有重大建树。章学诚（一七三八年——一八〇一年）所著的《文史通义》和《校雠通义》两部名作，把中国古代史学理论推进到它的最高阶段。

《文史通义》内篇六卷、外篇三卷，是评论文史的著作而以评论史学为主。这是章学诚的代表性著作，也是中国古代史学理论或史学批评的代表性著作。此书对清初以前的史学从理论上进行了比较全面的总结，其中，论"六经皆史"，以圆神、方智定史学之两大宗门，论"史德"与"心术"，论"史意"与"别识心裁"等，是涉及史学之全局性的几个理论问题。

关于"六经皆史"，章学诚说："《六经》皆史也。古人不著书；古人未尝离事而言理，《六经》皆先王之政典也。"他认为，《诗》、《书》、《礼》、《乐》、《春秋》之为史，人们比较容易理解，故着重论证《易》也不例外。他认为，在天人关系中，《易》反映了"天道"，即古人"一本天理之自然"；而古代人们对自然的认识"盖出政教典章之先"。而《易》的性质在于："其所以厚民生与利民用者，盖与治宪明时同为一代之法宪，而非圣人一己之心思，离事物而特著一书，以谓明道也。"他对《易》的产生及其性质作了唯物的说明。关于"《六经》皆史"，章学诚的结论是："悬象设教与治宪授时，天道也；礼、乐、诗、书与刑政、教令，人事也。""天与人参"，才成其为社会。这就是说，古人对于"天理之自然"（以上所引均见《文史通义·易教上》）的认识和政教典章的设立，都反映了先民的历史。视经书为史，司马迁、刘知几已有此认识，但从理论上加以说明，章学诚是超过前人的。

章学诚把史书分为两个大系列，一是撰述，一是记注，而圆神、方智分别是撰述和记注的特点，此即所谓"以圆神、方智定史学之两大宗门"（《文史通义·与邵二云论修宋史书》）。他发挥《易·系辞上》中的思想阐述这个认识说："夫'智以藏往，神以知来'，记注欲往事之不忘，撰述欲来者之兴起，故记注藏往似智，而撰述知来拟神也。"他还举《史记》、《汉书》为例，具体说明他的这些认识，并进而以此来概括中国史学发展的一些规律性问题。这也可以看作是他总结中国史学发展的方法论。

章学诚论"史德"与"心术"，是对刘知几关于才、学、识"史才三长"论的继承和发展。《文史通义》的《文德》、《质性》、《史德》、《妇学》、《与邵二云论修宋史书》等篇，都讲到才、学、识。他明确提出"史德"的重要，并用史家当慎于心术来解释"史德"，是一个创见。他认为，史家倘能自觉地认识到并在撰述上"慎辨于天人之际，尽其天而不益以人"，那也"足以称著书者之心术"了（《文史通义·史德》）。章学诚的这个认识，包含了史家主观应符合历史客观的理性光芒，涉及史学的主、客体关系问题。

章学诚提出了"史法"和"史意"两个理论范畴，认为这是刘知几跟他不同的地方（见《文史通义·家书二》）。他进而以此来总结前代史家，并指出《文史通义》的撰述宗旨："郑樵具史识而未有史学，曾巩具史学而不具史法，刘知几得史法而不得史意，此予《文史通义》所为作也。"（《章氏遗书》外编卷一六《和州志一·志隅自序》）

《文史通义》提出的史学理论问题，还有关于通史的理论（《文史通义·释通》），关于"知人论世"的史学批评方法论（《文史通义·文德》），关于历史著作表述的艺术性（《文史通义·文理》、《文史通义·古文十弊》），关于史学的继承和创新问题（《文史通义·书教下》）；它的《原道》三篇，是阐述历史哲学的名篇。这些都贯穿了他的"别识心裁"、自得之见。《校雠通义》是一部系统的历史文献学理论著作：《原道》篇结合社会发展总结了历史文献发展的规律；《宗刘》以下各篇从理论和历史两个方面总结古代历史文献学的成就。

章学诚是全面总结中国古代史学理论的最后一位杰出的古代史家。在他之后，有阮元（一七六四年——一八四九年）的大规模的文献整理工作，有龚自珍（一七九二年——一八四一年）的历史批判和现实批判的史论和政论。他们是站在近代历史门槛上的两位史家。

四、清代官修史书的成就

有清一代，在官修史书方面也有突出的成就。雍正十三年（一七三五年），官修《明史》定稿，乾隆四年（一七三九年）刊行。乾隆年间，陆续撰成《续文献通考》、《续通典》、《续通志》和《清文献通考》、《清通典》、《清通志》，称续"三通"和清"三通"。清代历朝都撰有实录，主要包括清太祖至清德宗十一朝实录，加上入关前所修《满洲实录》和清亡后所修《宣统政纪》，合计四千四百三十三卷，统称《清实录》。还有国史、方略、会典等，也是重要的官修史书。

新旧更迭的开端

一、史学在社会大变动中的分化

自明末至清前期，中国史学已出现了嬗变的端倪。当东西方之间"道德的原则"同"发财的原则"终于发生激烈的冲突，从而把古老的中国卷进空前的危机的境地时，这种嬗变的端倪便发展成明显的分化趋势。这种分化的趋势，一方面表现为传统的史学以其深厚的根基，还在延续着自己的生命；另一方面表现为在民族危机的震撼下，人们对于历史和现实的重新思考从而萌生了新的历史观念和历史研究。这两个方面，各以古老的传统和时代的脉搏反映着当时中国的历史，也反映了清代后期中国史学发展的特征。

中国传统史学在清代前期经历了一个总结性的发展之后，在清代后期还有一个发展上的余波，并在二十世纪初结束了自己的历史。传统史学的延续，在很大程度上可以说是清代前期史学的延续。清代前期的史学，除前文已经论到的各家外，还有：马骕的《绎史》一百六十篇，顾栋高《春秋大事表》五十卷，谢启昆《西魏书》二十四卷，吴任臣《十国春秋》一百四十卷，邵远平《元史类编》四十二卷，汪辉祖《元史本证》五十卷，钱大昕《补元史氏族表》、《补元史艺文志》等，还有毕沅主持编撰的《续资治通鉴》二百二十卷，高士奇的《左传纪事本末》五十三卷，谷应泰的《明史纪事本末》八十卷，阮元的《畴人传》四十六卷，浦起龙的史注《史通通释》等。这些书，大多属于重修、补作。清代后期，这方面的撰述陆续有所问世。其中关于前朝史撰述，有魏源的《元史新编》九十五卷，洪钧的《元史译文补证》三十卷（内缺十卷），屠寄的《蒙兀儿史记》一百六十卷，这三部书在内容、文献、体例、文字表述上把蒙元史撰述推进到一个新的阶段；有夏燮的《明通鉴》，以接《续资治通鉴》；还有李铭汉的《续资治通鉴纪事本末》一百一十卷，李有棠的《辽史纪事本末》四十卷、《金史纪事本末》五十二卷，补《通鉴纪事本末》以下历朝纪事本末之阙。关于历史人物传记汇编，有钱仪吉所辑《碑传集》（初名《百家征献录》、《五百家银管集》、《昭德文编》等。今名是光绪十九年苏州书局所定）一百六十卷，又卷首两卷、卷末两卷，全书分为二十五类，收录自天命至嘉庆六朝两百余年中两千两百余人传记，并注明材料来源；有缪荃孙所辑《续碑传集》八十六卷，凡二十二类，收录自道光至光绪四朝约九十年间一千一百余人传记。这两部人物传记汇编内容丰富，有文献上的价值。还有罗士琳的《续畴人传》、诸可宝的《畴人传三编》、黄钟骏的《畴人传四编》，它们跟阮元的《畴人传》都有科学史上的价值。清代后期在历史文献学方面，王先谦的《汉书补注》、《后汉书集解》、《合校水经注》，都是史注名作；汤球在史书辑佚上成果颇多。此外，在方志、野史笔记方面的撰述也相当丰富。倘若孤立地看，传统史学在清代后期的延续，成绩还是可观的；如果全面考察这一时期史学发展的趋势，则不难看出传统史学确已成强弩之末了。

中国近代史学的萌生是在中国历史大变动中出现的，这个大变动开始的标志，是一八四〇年爆发的鸦片战争。它的主要特点是：第一，传统的经世致用的史学思想注入了救亡图强的民族危机意识。鸦片战争之后，魏源、夏燮、张穆、何秋涛、姚莹等，都写出了具有强烈时代感的历史著作。以历代皇朝治乱盛衰、得失存亡为参照系的经世致用思想，逐步转向以世界历史为参照系的国家盛衰、民族存亡的经世致用思想。第二，传统的历史变化观点注入了近代改良主义的社会思想，使之成为近代改良活动的历史理论上的根据。王韬、黄遵宪、康有为、梁启超、谭嗣同等人的著作，都以倡言变法、改良为主旨。戊戌变法失败后，邹容、陈天华、章太炎、孙中山等进而宣扬社会革命的历史理论，成为辛亥革命的舆论准备。第三，传统史学中的朴素的历史进化观点注入了近代进化论思想，使中国史学在历史理论方面开始具有近代意义上的内涵和形式。康有为的《论语注》、《大同书》等著作以"《公羊》三世说"和近代进化论相结合，为其君主立宪的政治主张张目；严复的《论世变之亟》、《原强》、《救亡决论》、《辟韩》以及译述的《天演论》，宣传普遍进化理论，强调"物竞天择"、"优胜劣败"。梁启超认为，这是"以史学言进化之理"（《康有为先生评传》）。康、严都主张"循序而进"，不赞成激变，因而都带有庸俗进化论的局限。二十世纪初年，梁启超提倡"新史学"，夏曾佑写出了《最新中学中国历史教科书》，是中国近代史学萌生在这一时期最有代表性的理论形态和具体表述。而章太炎倡言革命论，从而突破了康、严庸俗进化论的藩篱。

总之，传统史学日衰，近代史学日盛，这是中国史学分化的大趋势。

二、边疆史地研究的兴起

鸦片战争前，龚自珍曾著《西域置行省议》一文，反映了他对边疆事务的重视和远见。鸦片战争后，研究边疆史地的人多了起来，其中以张穆、何秋涛、姚莹最为知名，他们的共同特点是都带有民族危机的时代紧迫感。

张穆（一八〇五年——一八四九年）的代表性著作是《蒙古游牧记》十六卷。他以十年之功撰成前十二卷，"末四卷尚未排比"他就去世了，后经何秋涛以十年之功补辑而成，并校阅了全书，于咸丰九年（一八五九年）刊刻行世。《蒙古游牧记》以方域为骨骼，以史事为血肉，记述了内外蒙古自古代迄于道光年间的地理沿革和重大史事。作者自序说："今之所述，因其部落而分纪之。首叙封爵、功勋，尊宠命也；继陈山川、城堡，志形胜也；终言会盟、贡道，贵朝宗也。详于四至、八到以及前代建置，所以缀古通今，稽史籍，明边防，成一家之言也。"（《殷斋诗文集·文集》卷三）书中详载土尔扈特部"走俄罗斯，屯牧额济勒河"，而在顺治、康熙年间"表贡不绝"，并最终于乾隆三十六年（一七七一年）在渥巴锡时"挈全部三万余户内附"（《蒙古游牧记》卷一四）的动人史实，突出地反映了作者的爱国思想，对世人也有极大的启示。祁寯藻在为此书写的序中，论述了蒙古所处地理位置的重要和本书的价值，反映了此书所具有的时代意义。

何秋涛（一八二四年——一八六二年）的边疆史地研究着眼于中俄边界问题，曾撰《北徼汇编》六卷。咸丰八年（一八五八年），他在此书的基础上扩大范围，增益为八十卷，并奉旨"缮写清本"进呈，于次年由军机处呈递，咸丰赐名《朔方备乘》。这书的重要价值，是它考察了东北、北方、西北的边疆沿革、攻守形势和中俄关系的历史。书中的《北徼界碑考》、《北徼条例考》、《北徼喀伦考》、《俄罗斯馆考》、《俄罗斯学考》、《雅克萨城考》、《尼布楚城考》、《库页附近诸岛考》等篇，以丰富的史实，详明的考据，阐述了中俄边界的历史和现状。作者对于自己的这些撰述有一个明确的认识："边防之事，有备无患"，"哈萨克之外，惟俄罗斯为强国，然则边防所重，盖可以知矣夫"；"西北塞防，乃国家根本"（《朔方备乘》卷一一《北徼形势考》）。这样的认识贯穿于全书之中，反映了作者的远见卓识和爱国思想。

姚莹（一七八五年——一八五二年）的《康輶纪行》十六卷，是作者在四川任职并两度奉使入藏所撰札记汇编而成，本书对西藏的历史、地理、宗教、政治、戍守多有记载。姚莹曾率军抵抗英军的入侵，故于边疆事务的重要性感受深切。《康輶纪行》反映了作者对外国侵略者，尤其是英国侵略者觊觎中国领土极其敏感和忧虑，故书中对外国历史、地理、政治多有研究。作者批评许多士大夫"骄傲自足，轻慢各种蛮夷，不加考究"，"坐井观天，视四裔如魑魅，暗昧无知，怀柔乏术，坐致其侵陵"，"拘迂之见误天下国家"，"勤于小而忘其大，不亦舛哉！"他清醒地指出："是彼外夷者，方孜孜勤求世务，而中华反茫昧自安，无怪为彼所讪笑轻玩，致启戎心也！"他对林则徐重视研究外国情况深致崇敬之情。姚莹还衷心希望："余于外夷之事，不敢惮烦。今老矣，愿有志君子为中国一雪此言也！"（《康輶纪行》卷一二《外夷留心中国文字》条）这些话，今天读来，仍然可以使人触摸到当时时代的脉搏。

三、关于外国史地研究的新局面

这一时期，中国史家关于边疆史地的研究与关于外国史地的研究大致是同步发展的，这都是当时的历史环境所促成的。林则徐在广州禁烟时，组织翻译英人慕瑞所著《世界地理大全》，定名《四洲志》。此书简略地介绍了三十多个国家的地理、历史，有开启风气的作用。此后，魏源（一七九四年——一八五七年）写出了《海国图志》，王韬（一八二八年——一八九七年）写出了《普法战纪》、《法国志略》，黄遵宪（一八四八年——一九〇五年）写出了《日本国志》等外国史地著作。这些书，在当时的中国，尤其在当时的日本，有重大的影响。它们标志着中国史家的外国史撰述走向世界的历程。魏源曾撰《道光洋艘征抚记》的长文，它同稍后夏燮所著《中西纪事》一书，都有广泛的流传和影响。《海国图志》一百卷，最后成书于咸丰二年（一八五二年），它以《四洲志》为基础，博采中外文献尤其是最新的西人论著、图说，编撰而成，是一部系统的世界史地及现状的著作。魏源在叙中指出此书同以往"海图之书"的区别是"彼皆以中土人谭西洋，此则以西洋人谭西洋也"。这是中国历史撰述上的一大变化，是近代史学萌生的特点之一。他还讲到撰写此书的目的是："为以夷攻夷而作，为以夷款夷而作，为师夷长技以制夷而作。"作者是要借这书来回答历史和现实所提出的问题。《海国图志》从亚洲、澳洲、非洲、欧洲、美洲依次展开叙述，反映了中国学者的世界眼光，这跟欧洲人以欧洲为世界中心大为迥异。《海国图志》主旨在"御侮"，故开卷就是"筹海"之议：议守、议战、议款。作者指出："不能守，何以战？不能守，何以款？"[①]这是把中国作为世界的一部分来阐述中国生存的环境，跟以往史书只讲皇朝兴亡、盛衰大为迥异。《海国图志》中讲科学技术的部分，占了全书近五分之一的篇幅，这跟以往的史书在内容上也大为迥异。《海国图志》的

---

① 以上见魏源：《海国图志·原叙》卷一《筹海篇·议守上》，陈华等点校本，岳麓书社1998年版，书首及第1页。

这几个特点，鲜明地反映了时代的要求。早在道光三十年（一八五〇年），《海国图志》的六十卷本已传入日本，对明治维新前的日本社会思潮产生了积极的影响，受到日本学人的推崇。

王韬曾旅居香港，并游历英、法、俄、日等国，从而接受西方资产阶级的社会思想。他晚年自谓"逍遥海外作鹏游，足遍东西历数洲"（《漫游随录·自序》）。在清代后期，他的确是一位罕见的"曾经沧海，遍览西学"的中国学人。他的这种经历，使他有可能写出《法国志略》、《普法战纪》、《扶桑游记》、《漫游随录》等多种著作。其中《法国志略》是最重要的著作，此书初撰本完成于同治十年（一八七一年），凡十四卷，光绪十六年（一八九〇年）撰成《重订法国志略》，增为二十四卷。此书以纪事本末体、编年体、典志体相结合，详细记述法国的历史、地理、现状，反映了资本主义制度在当时取得的进步，也反映了作者进步的历史观点和社会理想。王韬在重订序言中写道："方今泰西诸国，智术日开，穷理尽性，务以富强其国；而我民人固陋自安，曾不知天壤间有瑰伟绝特之事，则人何以自奋，国何以自立哉！"这些话，表明了作者的世界眼光和对于国家、民族前途的忧虑。王韬在普法战争结束的当年（一八七一年）即撰成《普法战纪》十四卷，此书在十九世纪七十年代传入日本，受到日本学人的重视。他后来应日本学人之邀游历日本，即与此有关（见《扶桑游记》中村正直序，龟谷行、平安西尾、冈千仞跋）。《扶桑游记》撰于光绪五年（一八七九年）作者游历日本之时，多记形势、时政；《漫游随录》编订于光绪十三年（一八八七年），记旅欧见闻，多论及科学技术。这两部书，是对《法国志略》和《普法战纪》撰述主旨的饶有兴味的补充。

恰值王韬将《漫游随录》诠次成书之年，即光绪十三年，黄遵宪写出了《日本国志》四十卷。此书以史志的体例写成，分为十二目：国统、邻交、天文、地理、职官、食货、兵、刑法、学术、礼俗、物产、工艺。卷首有中日纪年对照表。作者《自叙》说："日本士夫类能读中国之书，考中国之事；而中国士夫好谈古义，足以自封，于外事不屑措意，无论泰西，即日本与我仅隔一衣带水，击柝相闻，朝发可以夕至，亦视之若海外三神山，可望而不可即！"三年后，作者在改订《日本杂事诗·自序》中说：他撰《日本国志》，初意在于"网罗旧闻，参考新政"，而后"及阅历日深，闻见日拓，颇悉穷变通久之理，及信其政从西法，革故取新，卓然能自树立"[①]。作者通过写日本的历史，目的是对比中、日的现实，为中国的维新而呐喊。

魏源、王韬和黄遵宪的外国史地撰述，鲜明地从一个方面反映出十九世纪后半叶中国史家爱国图强的时代精神，以及他们开阔的视野和研究外国历史的自觉意识。这些成果，作为当时的世界史和国别史，都达到了较高的水平，是近代史学萌生过程中的代表性著作。

四、梁启超和章太炎的史学

十九世纪九十年代，有马关条约的签订，有戊戌变法的失败，二十世纪初年有八国联军的侵华战争，清廷更加腐败，国人震惊，舆论哗然，民族危亡，于是乃有资产阶级革命党人的兴起。在思想领域，西学沛然东渐，更成不可阻挡之势。在史学方面，梁启超（一八七三年——一九二九年）首先擎起了"新史学"的大旗；资产阶级革命派的一些人物也纷纷著书，宣传进步的历史观点，其中以章太炎（一八六九年——一九三六年）最有影响。

光绪二十七年（一九〇一年），二十九岁的梁启超在《清议报》上发表《中国史叙论》一文；次年，他在《新民丛报》上发表长文《新史学》（见《饮冰室合集·文集》第三、四册）。这两篇论文，是中国资产阶级史学家批判传统史学、试图建立新的历史理论和史学理论体系的重要标志。《中国史叙论》是作者计划撰写一部中国通史的理论构想，所提出的问题限于中国史范围。《新史学》是作者就普遍的史学理论作进一步阐述，所论仍以中国史学居多，但理论上具有更广泛的意义，作者以"新史氏"自号，呼吁"史界革命"，倡导"新史学"。梁启超说："历史者，叙述人群

---

① 黄遵宪：《日本杂事诗（广注）》，岳麓书社1985年版，第571页。

进化之现象也。"根据这一认识，他批评"中国之旧史"有四弊二病，甚至认为旧史是"相斫书"，"中国前者未尝有史"。梁启超倡言"新史学"在当时产生了极大的影响，可以看作是中国史学新旧更迭的里程碑。但他对中国传统史学的简单的甚至是全盘的否定，并不符合科学的认识，是不足取的，他后来也逐步改变了这种绝对化的认识。

这个时期，资产阶级革命家章太炎出版了他的政论、史论结集《訄书》。《訄书》初刻本刊于光绪二十五年十二月（一九〇〇年）。此后的二三年中（一九〇二年——一九〇三年），作者予以重订，光绪三十年（一九〇四年）在日本出版，两年后又作重印。此书收入论文六十三篇和"前录"，内容广泛，涉及中国历史、文化、现状和中西政治及文化的比较，以及对中国历史前途的关注与构想。《訄书》关于历史和史学的论述，是广泛吸收了西人、西史兼采日本、印度学者之说结合中国历史与史学，阐述了作者的许多新见解。章太炎也提出了编纂《中国通史》的思想和计划，见于《訄书·哀清史》篇所附《中国通史略例》、《中国通史目录》。他对旧史不取全盘否定的态度，认为："唐氏以上，史官得职，若吴兢、徐坚之属，奋笔而无桡辞。宋、明虽衰，朝野私载，犹不胜编牒，故后史得因之以见得失。作者虽有优绌，其实录十犹四五也。"他不赞成脱离中国历史事实而仿效西人的"义法"，认为"事迹不具"，仅仅"变更义法"是不足取的。他关于《中国通史》的理论和结构的具体考虑是：第一，强调贯穿"社会政法盛衰蕃变之所原"的理论阐述；第二，主张"分时"与"分类"相结合，使时代与事类二者"互为经纬"；第三，对于史书体裁的变革要"能破"、"能立"，做到"以古经说为客体，新思想为主观"，强调以反映思想进化为主。因此，他认为《中国通史》应包含典、记、考纪、别录、表等多种体例综合而成（均见《哀清史》及其附录《訄书》）。这一时期，章太炎在历史观上最重要的代表作是《驳康有为论革命书》（见《太炎文录初编》卷二，《章太炎全集》第四册）。此文撰于光绪二十九年（一九〇三年），论述了革命在历史上的作用和暴力对于进步是不可避免的，以及时势造就人才等问题。他写道："然则'公理之未明'，即以革命明之；'旧俗之俱在'，即以革命去之。革命非天雄、大黄之猛剂，而实补泻兼备之良药矣!"

  辛亥革命前梁启超、章太炎的这些论著,代表了那个时代"新史学"发展的趋势。

卷 下　中国古代史学批评杂述

谈中国古代的史论和史评

在中国古代史学发展中，"史论"和"史评"是两个重要的概念，古代史家和学人经常会提到它们，尤其是"史论"受到更多的关注。但是，"史论"和"史评"又常被混淆起来，尤其是当人们使用"史评"这个概念时，往往分不清二者的界限。本文试图对前人的有关说法及其运用作简要的梳理，在此基础上厘清"史论"和"史评"各自的内涵，以便于当今中国史学史的研究。

从史学发展趋势看，中国古代史家对史论的自觉意识要早于对史评的自觉意识。这里说的"自觉意识"的标准，是指他们明确地使用这两个概念而言，而不是就他们针对某个具体问题所发表的言论。一般说来，对于概念的运用，都要晚于针对某个事物所发表的具体的评论。

一、关于史论

《后汉书》作者范晔在《狱中与诸甥侄书》中对其所撰史论着墨甚多，充分表明了他对史论的重视。他写道：

> 本未关史书，政恒觉其不可解耳。既造《后汉》，转得统绪，详观古今著述及评论，殆少可意者。班氏最有高名，既任情无例，不可甲乙辨。后赞于理近无所得，唯志可推耳。博赡不可及之，整理未必愧也。吾杂传论，皆有精意深旨，既有裁味，故约其词句。至于《循吏》以下及《六夷》诸序论，笔势纵放，实天下之奇作。其中合者，往往不减《过秦》篇。尝共比方班氏所作，非但不愧之而已。欲遍作

诸志，《前汉》所有者悉令备。虽事不必多，且使见文得尽。又欲因事就卷内发论，以正一代得失，意复未果。赞自是吾文之杰思，殆无一字空设，奇变不穷，同合异体，乃自不知所以称之。此书行，故应有赏音者。纪、传例为举其大略耳，诸细意甚多。自古体大而思精，未有此也。恐世人不能尽之，多贵古贱今，所以称情狂言耳。[1]

在这一段文字中，范晔有五处讲到史论问题：涉及对一般历史人物的评价，即"杂传论"；对同类历史人物的评价，即类传论并兼及民族传论；对典章制度的评价，即有关"志"的论等；其所论之参照物则是贾谊《过秦论》，并认为班固《汉书》后赞"于理近无所得"。概括说来，范晔提出了两个问题：一是对于他本人史论的评价，二是说明了史论在史书中的重要位置。这里，我们不评论范晔对自己的史论的评价是否中肯的问题，我们所要关注的是范晔对史论在历史撰述中的重要地位作了明确的表述。可以认为，对于史论的重视，并把它作为一个重要问题明确地提出来，范晔确已超过了以往的史家。

值得注意的是，在范晔所处的时代即南北朝时期，史论已开始受到更多的人们的关注。例如：

在南朝，梁人萧统编纂《文选》一书，于卷四九、卷五〇设立"史论"上下两卷。它们分别收录班固《汉书·公孙弘传》赞，干宝《晋武帝革命》论、《晋纪·总论》，范晔《后汉书·皇后纪》论（以上为卷四九，"史论上"）；范晔《后汉书》二十八将论、《宦者列传》论、《逸民列传》论，沈约《宋书·谢灵运传》论、《恩幸传》论（以上为卷五〇，"史论下"）。两卷共收录史论九首，而范晔《后汉书》的史论占了四首。

《文选》是文学总集，编纂者为什么要收入史书的评论，并名之为"史论"呢？萧统在《文选》序中作了这样的解释：

至于记事之史，系年之书，所以褒贬是非，纪别异同，方之篇

① 沈约:《宋书》卷六九《范晔传》,中华书局1974年版。

翰，亦已不同。若其赞论之综缉辞采，序述之错比文华，事出于沈思，义归乎翰藻，故与夫篇什。①

由此可见，编纂者十分清楚，尽管史家之书在内容上和形式上都不同于文章家的作品，而其之所以要收录"史论"，是因为"史论"和文章家的作品毕竟还是有其共同之处的，那就是"事出于沈思，义归乎翰藻"。萧统的这几句话，不仅揭示了文章家的文章之本质特点，而且在思想渊源上也隐约地包含了孔子、孟子所讲的关于史书的事、文、义等几个重要元素（即事、义、翰藻）。此外，《隋书·经籍志二》正史类著录"《后汉书赞论》四卷，范晔撰"②，显然是他人所编，可见时人对范晔史论的重视，同时亦可见范晔自评其史论高妙、深沉并非虚言。

在北朝，北齐魏收所撰《魏书》，凡十二纪，九十二列传，十志，合一百三十卷，"其史，三十五例，二十五序，九十四论，前后二表一启"③。从中可以看出魏收对史论的重视。《北齐书》为唐初李百药所撰，他在《魏收传》中明确地列举这些数字，也表明唐初史家对史论的重视。《魏书》因有"秽史"之诬称，故对其史论则少有研究者。通观《魏书》，其史论之作，确有特点，如其《前上十志启》在简述了"志"的历史后，扼要地概括了《魏书》志的特点，作者写道：

> 窃谓志之为用，纲罗遗逸，载纪不可，附传非宜。理切必在甄明，事重尤应标著，搜猎上下，总括代终，置之众篇之后，一统天人之迹。偏心未识，辄在于此。是以晚始撰录，弥历炎凉，采旧增新，今乃断笔。时移世易，理不刻船，登阁含毫，论叙殊致。《河沟》往时之切，《释老》当今之重，《艺文》前志可寻，《官氏》魏代之急，去彼取此，敢率愚心。④

---

① 萧统：《文选·序》，上海古籍出版社1986年版，第1页。
② 魏征等：《隋书》卷三七《经籍志二》，中华书局1973年版，第954页。
③ 李百药：《北齐书》卷三七《魏收传》，中华书局1972年版，第488页。
④ 魏收：《魏书》卷一〇五《天象志一》之一卷首，中华书局1974年版，第2331页。

所谓"事重尤应标著",是强调志的内容的重要性;所谓"一统天人之迹",是揭示志在史书中的重要位置。至于《释老》、《官氏》二志,更是当时社会生活中的两大特点。又如《地形志》序,概述了自《禹贡》以下至西晋的地理建置及其演变,反映了历史与制度的认同思想,魏收写道:"《夏书·禹贡》、周氏《职方》中画九州,外薄四海,析其物土,制其疆域,此盖王者之规摹也。战国分并,秦吞海内,割裂都邑,混一华夷。汉兴,即其郡县,因而增广。班固考地理,马彪志郡国,魏世三分,晋又一统,《地道》所载,又其次也。"①这一段话,充分反映了作者对于历史脉络和史学传统的认同。初读似为常理,细察乃可见其深刻思想。

关于唐初史家、政治家重视史论,我们还可以举出一些有力的证据。第一,是魏征为《隋书》纪传作论,史载:"初,有诏遣令狐德棻、岑文本撰《周史》,孔颖达、许敬宗撰《隋史》,姚思廉撰《梁》、《陈史》,李百药撰《齐史》。征受诏总加撰定,多所损益,务存简正。《隋史》序论,皆征所作,《梁》、《陈》、《齐》各为总论,时称良史。"②值得重视的是,魏征作为唐太宗统治集团中的决策人物之一,他的史论在很大程度上反映了唐初统治集团中的主流见解,而这一见解在"贞观之治"中成为政治决策的思想基础之一。魏征本是政治人物,他因史论之作而被誉为"良史"。第二,是贞观二十二年(六四八年),唐初史家新修《晋书》告竣,唐太宗为《宣帝纪》、《武帝纪》、《陆机传》、《王羲之传》撰写了四篇后论,因此《晋书》一度被称作"御撰"。第三,李百药的《封建论》、朱敬则的《十代兴亡论》等,皆为名篇。唐人重史论,于此可见一斑。

宋人编纂《文苑英华》,包含"史论"四卷(卷七五四—七五七),汇集前人史论专文二十九篇,又有《唐鉴》、《唐史论断》等史论专书的问世,中国古代史论由此进入了新的发展阶段。

这里,我要特别指出,章学诚对于初学者学习史论的重要性有很好的分析,我们可以认真研究,看看从中能够得到怎样的启发。

---

① 魏收:《魏书》卷一〇六上《地形志二》上,中华书局1974年版,第2455页。
② 刘昫等:《旧唐书》卷七一《魏征传》,中华书局1973年版,第2550页。

章学诚在一封信中这样写道：

> 学问大端，不外经史，童蒙初启，当令试为经解、史论。经解须读宋人制义，先以一二百言小篇，使之略知开合反正，兼参之以贴墨大义，发问置对，由浅入深，他日读书具解亦易入也。史论须读《四史》论赞，晋宋以后，姑缓待之，史家论赞本于《诗》教，……若马、班诸人论赞，虽为《春秋》之学，然本左氏假设君子推论之遗，其言似近实远，似正实反，情激而语转平，意严而说更缓，尺幅无多，而抑扬咏叹，往复流连，使人寻味行中，会心言外，温柔敦厚，《诗》教为深。蒙幼初开，得其调达，正如春草初生，郁葱气象，妙于青碧有无之间，较之夏器高粗，尤为美含不尽；而且其体本于风人，其事关乎学识，其体参乎记述，其流达乎辞章，他日变化无穷之业，尽于此中寓之，以是不可不急务也。又且短篇易于结构，浅近易于仿摩，俾与经解相间为之，即使欲为举业文字，亦自灿然可观，又何惮而不与习邪！①

章学诚的这一段话，至少说了三层意思：第一，是交代史论的渊源，即渊源于《诗》教，其后受到《春秋》之教学的滋养。按我的理解，《诗》有讽喻的功能，而与"论"的作用较近，《春秋》则寓褒贬于史文之中，且同"史论"有关。第二，是阐明马、班史论在意境和表述上的特点。第三，是强调学习和研究史论的必要性，即对于学识、辞章、寓意都有关系。这几点，对于我们深入认识中国古代史论、进一步研究中国古代史论都很有启发。

二、关于史评

我们现在所知道的最早的史评，或许是春秋时期楚国大夫申叔时论历

---

① 章学诚：《文史通义·与乔迁安明府论初学课业三简》，中华书局1956年版，第321—322页。

史教育时涉及对史书的评价①，以及孔子对晋国史官董狐的评价②。这种就具体的史书、史家所发表的评论经历了漫长的岁月，才出现了自觉的、明确的和范围宽阔的史评。据《隋书·经籍志二》正史类著录，晋人刘宝撰《汉书驳议》二卷，以及何常侍撰《论三国志》、徐众撰《三国志评》等，疑为较早的史评专书。但据《三国志》裴注所引徐众"评曰"凡九处，均系评论史事，而非评论史家或史书，由此推测其他二书，或许也属于史论之书。

较早的史评专文，可能是刘向撰写的史书"别录"，如《战国策别录》等。而这种单篇的史学评论专文汇集起来，也可以看作是史评专书，即《别录》，可惜其书久已散佚，只存下零星的几篇史评专文。较早的综合性的史评专文，当出自南朝梁人刘勰《文心雕龙·史传》篇。综合性的史评专书当出于唐代史家刘知几所撰《史通》，刘知几说他的《史通》是"商榷史篇"之书③，这是历来大家都非常熟悉的。

宋代史家和学人在史评方面有广泛的展开与深入的探索，在许多领域都有突出的成就。这里，我们要特别提到晁公武和高似孙两人，因为他们是较早提出"史评"这个概念的学者。晁公武《郡斋读书志》于史部设立"史评类"，其著录、评介之书，既有史评之书，也有史论之书，说明晁公武对于评论史事与评论史书，没有明确的划分。高似孙所著《史略》，可以看作是一部史评专书，作者在史评意识方面是明确的，这从《史略》序中看得十分清楚。作者在序中这样写道：

> 太史公以来，载籍之作，大义粲然著矣。至于老蚀半瓦，着力汗青，何止间见层出。而善序事，善裁论，比良班、马者，固有荦荦可称。然书多失传，世固少接，被诸签目，往往莫详，况有窥津涯，涉闻奥者乎？乃为网罗散轶，稽辑见闻，采菁猎奇，或标一二，仍依刘向《七录》法，各汇其书，而品其指意。后有才者，思欲商榷千古，

---

① 参见《国语·楚语上》，上海古籍出版社1978年版，第550—551页。

② 参见《左传·宣公二年》，《十三经注疏》本，中华书局1980年版，第1867页。

③ 刘知几：《史通》原序，浦起龙通释本，上海古籍出版社2009年版，第1页。

钤括百家，大笔修辞，缉熙盛典，殚极功绪，与史并驱，其必有准于斯。宝庆元年十月十日修，十一月七日毕。似孙序。[①]

"宝庆元年"为公元一二二五年，是南宋晚期。在这篇序文中，可以看出高似孙的史学批评的标准是"善序事，善裁论"，把史书的叙事和议论两个重要环节都抓住了。而他的著述旨趣则是"各汇其书，而品其指意"，是刘知几"商榷史篇"的另一种表述方式，当是关于史学评论自觉意识的极明确的表述。

《史略》一书的结构，正是反映了作者的上述思想和意图。如：卷一，是关于《史记》和《史记》评论；卷二，是关于《汉书》和《汉书》评论，以及诸家《后汉书》、《三国志》与诸家《晋书》、南北朝以下至五代历代正史与别史；卷三，是关于"正史"以外的各种官修史书，如《东观汉记》、历代春秋、实录、起居注、会要、玉牒等；卷四，是关于史书构成的一些表现形式如史典、史表、史略、史钞、史评、史赞、史草、史例、史目，以及通史和《资治通鉴》的列举或简评；卷五，是关于霸史和杂史等；卷六，是关于《山海经》、《世本》、《水经》、《竹书》等的简要评介。如果说刘知几的《史通》是一部史评的理论著作，那么从《史略》的内容和结构来看，它应是一部史评的历史著作，或者说是一部史评简史。

值得注意的是，高似孙《史略》已把"史评"和"史赞"加以区分，列为两个类别。尽管他于"史评"类所列的两种书《三国志序评》和《三国志评》，如前所述，其后者所评论内容属于史事范围，与"史论"相近，但他在简要评论中却征引司马光和习凿齿的言论，以判明史书撰写中的"正统"问题，可见其本意是着眼于评论史书。高似孙于"史赞"类所著录之书，大多限于人物传"赞"而不包含"论"（仅著录范晔"《后汉书论赞》五卷"），从而限制了他对《唐鉴》、《唐史论断》一类著作的关注。

元初马端临《文献通考》卷二〇〇《经籍考二十七》，有"史评史

---

① 高似孙:《史略·序》，丛书集成初编本，中华书局1985年版，第1页。

钞"类，著录诸书甚为驳杂，既有史评之书，又有史论之书，甚至还包含了一些注史之书，可见高似孙以"史评"独立分类的思想并未受到后人的关注。这种情况直到清代四库馆臣之所为，亦不曾有根本性的改变。乾隆四十九年（一七八四年）刊刻面世的《四库全书简明目录》，于史部有"史评"类，著录史书二十二种，其中史评类史书仅有《史通》、《史通通释》、《唐书直笔》、《旧闻证误》、《史纠》等，其余皆为史论之书。此后成书的《四库全书总目》也设"史评"类，情况与其相类似。

综上所述，在中国古代的有关文献中，关于"史论"内容的理解是比较清晰的，而关于"史评"内容的理解则显得模糊。尽管如此，自晁公武、高似孙以下，"史评"作为史书一个门类已取得共识，且这个门类包含了《史通》等有关史评之书，从而给后人讨论"史论"、"史评"的区别提供了一定的依据。因此，我们是否可以综合《文选》、《文苑英华》和《郡斋读书志》、《史略》等书对于"史论"、"史评"的理解，在此基础上作进一步厘清，把"史论"界定为评论史事、人物、历史现象的著作（包括专文与专书及相关言论），把"史评"界定为评论史家、史书、史学现象的著作（包括专文与专书及相关言论）？

为了强调"史评"的分量及其重要性，也为了避免史论、史评的相互混淆，使同行便于理解，使其同"史论"即"历史评论"相对应，我们把"史评"称之为"史学批评"。再者，按中国文字的本意，"批"有批点、评论之意，"评"就是评论。我们用"批评"一词，既符合文字的原意，又加强了我们的用意。尤其值得注意的是，一般说来，史学批评中总是会闪烁出史学理论的火花，而史学理论中则往往包含着史学批评的内容，它们是相辅相成的关系。因此，研究史学理论，则不可不关注史学批评。

（原载《东岳论丛》2008年第4期）

略说古代史家史学批评的辩证方法

中国史学有连续性发展的特点，在史学发展的基础上所滋生、发展起来的史学批评也具有这一特点。先秦、秦汉时期，孔子评论董狐、《左传》评论《春秋》、司马迁评论《春秋》，以及班彪、刘向、扬雄等评论司马迁《史记》等，都是对后世有很大影响的史学批评见解。魏晋南北朝以降，史学批评进入更加自觉的深入发展阶段。这反映在批评理论上的提升和专题评论的展开，其中不乏辩证的认识和方法，值得认真总结，以资借鉴。本文拟就唐宋元明时期在史学批评方面有较大影响者，略述梗概，以就教于读者。

一、史学批评自觉意识的新发展

东晋至唐初，在中国史学上，袁宏的《后汉纪》序、范晔的《狱中与诸甥侄书》、裴松之的《上〈三国志注〉表》、刘昭的《后汉书补注志》序、《隋书·经籍志》史部大序与诸小序等，都在不同程度上包含着史学批评的见解和方法。继而，中国史学批评史上出现了具有完整理论体系的史学批评专书，影响此后千余年史学批评的发展和史学理论的探讨，这就是杰出的史学批评家刘知几于唐中宗景龙四年（七一〇年）写出的《史通》一书。这是中国古代史学上第一部划时代的史学批评著作。《史通》的问世，标志着中国史学进入到一个更高的自觉阶段，以及史学思想发展和史学理论建设的新转折。关于这一点，本书卷上的《鉴识和探赜》篇论之甚详，这里不再赘述。①

从史学批评的发展来看，在唐代，不仅是史学家关注史学批评，还有思想家、政治家、学人等，也都具有十分明确的史学批评意识，其范围涉及传世文献、前人所修史书、当代修史活动、撰写史书的资料来源等等。可以认为，这是史学批评自觉意识走向高度发展的时代。

这里，我们可以从以下几个方面来审视这时期的史学批评所显现出来的丰富多彩的面貌。

从维护国家统一为主旨而展开的史学批评。在这方面，隋末唐初的李大师是一个突出的代表。唐初史学家李延寿用精练的文字表达了他父亲李大师的史学志向，这样写道：

> 大师少有著述之志，常以宋、齐、陈、魏、齐、周、隋南北分隔，南书北为"索虏"，北书指南为"岛夷"。又各以其本国周悉，书别国并不能备，亦往往失实。常欲改正，将拟《吴越春秋》，编年以备南北。至是无事，而恭仁家富于书籍，得恣意披览。宋、齐、梁、魏四代有书，自余竟无所得……家本多书，因编辑前所修书。贞观二年五月，终于郑州荥阳县野舍，时年五十九。既所撰未毕，以为没齿之恨焉。②

从这段文字中，可以看出，李大师批评当南北分隔时，各方修史者互相都用恶语相诋毁，而所书史实"亦往往失实"。李大师的志向是"编年以备南北"，即写一部包含南北朝的编年体史书，并在艰难的条件下，已着手这一撰述。李大师是站在政治的高度来看待历史撰述的，隋唐大一统局面使他能够从国家的全局来看待历史，进而看待史学活动。他因没有实现自己的史学志向"以为没齿之恨"，但他的儿子李延寿"追终先志"，写出《南史》、《北史》，倾向于统一的历史观和政治观。

---

① 为避免重复，此处删去千余字并另作相关补充。
② 李延寿：《北史》卷一〇〇《序传》，中华书局1974年版，第3343页。

对前人所撰史书的批评。在李延寿撰写《南史》、《北史》的过程中，唐太宗于贞观二十年（六四六年），下诏重修晋史。这一修史诏书的发出，直接源于唐太宗对当时十八家晋书的批评。诏书以庄严的口吻这样说道：

> 朕拯溺师旋，省方礼毕；四海无事，百揆多闲。遂因暇日，详观典府，考龟文于羲载，辨鸟册于轩年。不出岩廊，神交千祀之外；穆然旒纩，临眄九皇之表。是知右史序言，由斯不昧；左官诠事，历兹未远。发挥文字之本，导达书契之源，大矣哉，盖史籍之为用也！①

这几句话，非常具体地讲到了史学的作用，反映出唐太宗是一个懂得历史也懂得史学的政治家。当时，当唐太宗回顾了历代史家的贡献并讲到两晋历史的时候，口气变得严厉起来，批评的矛头直指当时尚能讲到的十八种晋史，他指出：

> 但十有八家，虽存记注，而才非良史，事亏实录。绪繁而寡要，思劳而少功。叔宁课虚，滋味同于画饼；子云学海，涓滴埋于涸流；处叔不预于中兴；法盛莫通于创业；洎乎干、陆、曹、邓，略记帝王；鸾、盛、广、松，才编载记。其文既野，其事罕传，遂使典午清高，韫遗芳于简册；金行曩志，阙继美于骊骥。遐想寂寥，深为叹息。②

这是针对前人所撰写的史书最严厉的批评。根据诏书的要求，在房玄龄的主持下，史馆组织众多史家，于贞观二十二年（六四八年）撰成新《晋书》一百三十卷。唐太宗本人为这部《晋书》撰写了四篇后论③，故这部《晋书》曾一时题为"御撰"。这就是流传至今的"二十四史"的《晋书》。

---

① 董浩等编：《全唐文》卷八，中华书局1983年版，第94页。
② 董浩等编：《全唐文》卷八，中华书局1983年版，第94页。
③ 这四篇后论是：晋宣帝（司马懿）、晋武帝（司马炎）二帝纪，陆机、王羲之二列传的史论。

对传世历史文献的批评。刘知几《史通》一书明确批评《春秋》有十二"未喻"、五"虚美",指出"昔王充设论,有《问孔》之篇,虽《论语》杂言,多见指摘,而《春秋》杂义,曾未发明。是用广彼旧疑,增其新觉,将来学者,幸为评之"(《史通·惑经》)。刘知几继承了王充的批评精神并在史学批评显露出来。这种把批评的对象触及有极大社会影响的传世文献,不仅反映出了史学批评自觉意识的发展,而且反映出了史学批评的深入和勇气。思想家柳宗元所撰《非〈国语〉》六十七篇,指出《国语》的记多有不合于理、后人附会以至荒诞不经者。他在《非〈国语〉》序中写道:

> 左氏《国语》,其文深闳杰异,固世之所耽嗜而不已也。而其说多诬淫,不概于圣。余惧世之学者溺其文采而沦于是非,是不得由中庸以入尧舜之道。本诸理作《非〈国语〉》。[①]

他在致友人信中进而写道:"夫为一书,务富文采,不顾事实,而益之以诬怪,张之以阔诞,以炳然诱后生,而终之以僻,是犹用文锦覆陷阱也。"[②]这里说的,既是针对《国语》而言,又有针砭时弊之意。当然,对于《国语》一书,柳宗元并未完全否定,只是指出它的"诬淫"之处,以引起"后生"们的注意,其批评精神在中国古代史学批评发展史上占有重要地位。

在作史依据的审视与批评。中晚唐之际,史学批评的矛头,直指当时的史馆修史活动,尤其是对人物传记的材料来源提出质疑。唐宪宗元和十五年(八二〇年),史官李翱在一道《百官行状奏》的奏章中指出修史所据材料存在不实的情况,他写道:"凡人之事迹,非大善大恶,则众人无由知之。故旧例皆访问于人,又取行状谥议,以为一据。今之作行状者,非其门生即其故吏,莫不虚加仁义礼智,妄言忠肃惠和;或言盛德大业,

---

① 柳宗元:《柳河东集》卷四四《非〈国语〉上》,上海人民出版社1974年版,第746页。

② 柳宗元:《柳河东集》卷三一《答吴武陵论〈非《国语》〉书》,上海人民出版社1974年版,第508页。

远而愈光；或云直道正言，殁而不朽。曾不直叙其事故善恶混然不可明。"他认为，在"事失其本，文害于理"的情况下，"行状不足以取信"。因此，他建议"臣今请作行状者，不要虚说仁义礼智，忠肃惠和，盛德大业，正言直道。芜秽简册，不可取信。但指事说实，直载其词。则善恶功迹，皆据事足以自见矣"①。

二、怎样看待同一史事的不同评论

不论在历史上还是在史学中，同一件事、同一个人、同一本书，能够得到多数人（包括当时人与后世人）的认同，是很不容易的。经常出现的情况是，对同一事物，人们会有不同的评价。对于这种现象，刘知几作了这种概括："物有恒准，而鉴无定识，欲求铨核得中，其惟千载一遇乎！"②刘知几认为出现这种现象的原因，是由于人们"识有通塞，神有晦明"（《史通·鉴识》）。他说的"识"，是知识，更是见识；他这里说的"神"，当是指人的思想。刘知几所说，自有一定的道理。当然，实际情况要复杂得多。举例来说，如司马迁《史记》为项羽立本纪，为陈涉作世家，刘知几却大不以为然，他认为："假使羽窃帝名，抑同群盗，况其名曰'西楚'，号止霸王者乎？霸王者，即当时诸侯。诸侯而称本纪，求名责实，再三乖谬。"③刘知几从史书体例的规范批评司马迁的做法是"再三乖谬"。可是在司马迁看来，这就远远不只是史书体例问题了，他认为："秦失其政，陈涉首难，豪杰蜂起，相与并争，不可胜数。然羽非有尺寸，乘势起陇亩之中，遂将五诸侯灭秦，而封王侯，政由羽出，号为'霸王'，位虽不终，近古以来未尝有也。"④通观《史记·项羽本纪》后论，可以看出，司马迁对项羽的批评是非常严厉的，但他所以立《项羽本纪》，是充分考虑到项羽在当时历史变动中的重大作用。这个作用集中到

① 董浩等编：《全唐文》卷六三四，中华书局1983年版，第6400页。
② 刘知几：《史通·鉴识》，浦起龙通释本，上海古籍出版社2009年版，第189页。
③ 刘知几：《史通·本纪》，浦起龙通释本，上海古籍出版社2009年版，第34页。
④ 司马迁：《史记》卷七《项羽本纪》后论，中华书局1959年版，第338—339页。

一点，就是"政由羽出"；而"西楚霸王"则成了那个时代变动中的一个符号。这里反映出司马迁、刘知几二人在历史见识上的不同。

对于《史记·陈涉世家》，刘知几也提出质疑，他写道："世家之为义也，岂不以开国承家，世代相续？至如陈胜起自群盗，称王六月而死，子孙不嗣，社稷靡闻，无世可传，无家可宅，而以世家为称，岂当然乎？夫史之篇目，皆迁所创，岂以自我作故，而名实无准。"①乍看起来，刘知几讲得很有道理，所谓"无世可传，无家可宅"确系事实。但在司马迁的历史视野中，陈涉却是一个影响历史进程的人物。上文已讲到"陈涉首难"的作用，司马迁在《史记·陈涉世家》的后论中进一步强调指出："陈涉虽已死，其所置遣侯王将相竟亡秦，由涉首事也。"②司马迁一再表明，在"亡秦"这一重大事件中，陈涉是"首难"者，是"首事"之人，理应列为世家。

刘知几对司马迁的两处批评，反映了他们从历史变动的视角观察问题和从史书体例的要求处置有关历史人物的判断。其中也可以看到史学家们的这种历史观点的歧异，在历史编撰中也是存在的。如唐初史家李延寿继承父亲李大师的遗志，把南北朝的历史协调起来，"编年以备南北"，写成一部史书。李延寿以互见的方法写成纪传体史书《南史》、《北史》共一百八十卷，受到唐高宗的肯定并为之作序，列为史馆所修之前朝正史。据宋人编写的《崇文总目》一书说："《南史》、《北史》，唐高宗甚善其书，自为之序。序今阙。"③更重要的是，《南史》、《北史》得到了司马光的高度评价："光少时惟得《高氏小史》读之，自宋迄隋并《南、北史》，或未尝得见，或读之不熟。今因修《南北朝通鉴》，方得细观，乃知李延寿之书亦近世之佳史也。虽于机祥诙嘲小事无所不载，然叙事简径，比于南、北正史，无繁冗芜秽之辞。窃谓陈寿之后，惟延寿可以亚之也。"④司马光是撰写编年体通史的史学家，深知历史撰述中的采撰艰难，而司马光亦不轻

---

① 刘知几：《史通·世家》，浦起龙通释本，上海古籍出版社2009年版，第38页。

② 司马迁：《史记》卷四八《陈涉世家》后论，中华书局1959年版，第1961页。

③ 马端临：《文献通考》卷一九二《经籍考》一九，中华书局2011年版，第5582页。

④ 参见马端临：《文献通考》卷一九二《经籍考》一九，中华书局2011年版，第5582页。

许他人。得到司马光如此之高的评价，可见《南史》、《北史》的价值。同时，欧阳修、宋祁对《南史》、《北史》亦有十分中肯的评价，认为"其书颇有调理，删落酿辞，过本书远甚"（《新唐书·令狐德棻传附李延寿传》）。所谓"过本书远甚"，是说《南史》、《北史》远远超过了李延寿参考的宋、南齐、梁、陈、魏、北齐、周、隋八部正史，这当然是对其优点极而言之，不好作绝对的看待。然而《南史》、《北史》也遭到清人的严厉批评。考史学家批评说："李延寿论赞全是剿袭，不以为耻。"①王鸣盛还用讥讽的口气说："前言《南史》并合宋、齐、梁、陈，似成一代为非，又言以家为限断，不以国为限断，一家之人必聚于一篇，以一人提头，而昆弟子姓后裔咸穿连之，使国史变作家谱，最为谬妄。今《北史》亦用此例，后妃分上、下二卷，上卷皆魏后妃，下卷则齐、周、隋三朝后妃共为一卷，非其类而强相毗附，真成笑端。李延寿聊欲以此略显所长，自谓于旧锦机中织出新花样，无此直钞胥而已，故不得不尔。"②这显然不是一种严肃的史学批评。王鸣盛之所以作出这种判断，一是不了解《梁书》、《陈书》、《北齐书》的总论以及《隋书》纪传的史论，均出于魏征之手，李延寿自然不应当去改写。二是《南史》、《北史》是采用通史体例，故更加突出宋、齐、梁、陈和魏、北齐、周、隋已有的"家传"形式。按说，这两点对于王鸣盛来说，是应当有所了解的，当是一种先入为主的情绪，使他作出如此不恰当的评论。

类似的事例，还突出地反映在钱大昕和章学诚对吴缜《新唐书纠谬》及其本人的判断上③。如此看来，关于"物有恒准，而鉴无定识"的现象在现实中是普遍存在的。清人章学诚虽然没有直接提及刘知几的这个命题，但他从普遍存在的现象中概括出来人们应当持有的认识历史事物的方

---

① 王鸣盛：《十七史商榷》卷五五"梁纪论称郑文贞公"条，上海书店出版社2005年版，第424页。

② 王鸣盛：《十七史商榷》卷六八"并合各代每一家聚为一传"条，上海书店出版社2005年版，第565页。

③ 见钱大昕：《嘉定钱大昕全集》第九册《潜研堂文集》卷二八《〈新唐书纠谬〉跋》，江苏古籍出版社1997年版，第465—466页；章学诚：《文史通义·唐书纠谬书后》，中华书局1956年版，第247—248页。

法论，这就是知人论世的方法。他写道：

> 凡为古文辞者，必敬以恕。临文必敬，非修德之谓也，论古必恕，非宽容之谓也。……是则不知古人之世，不可妄论古人文辞也；知其世矣，不知古人之身处，亦不可以遽论其文也。[①]

所谓"世"即时代，即历史条件；所谓"身处"，即具体的人和事所经历的或所存在的具体环境，而后者尤为重要，因为同一时代的人有很多，难以把握，而相同经历和遭际的人和事就相对少一些，认识清楚后者，判断就会准确一些。认识历史如此，认识史学也同样如此。章学诚提出的见解是具有方法论意义的。

三、怎样看待不同史书体裁的长短

史学批评在具体问题上的歧异，对不同史书体裁的不同认识是一个突出的事例。这里，我们可以举《史通·二体》篇为例，进一步说明刘知几在史学批评方面的辩证方法。比如，中国古代史学家对编年体史书和纪传体史书孰优孰劣的辩难，经过几番深入的思考和长期的争论，大致形成了三种看法。

第一种看法认为编年体优于纪传体。如东晋史家干宝"盛誉丘明而深抑子长"，其根据是《左传》一书"能以三十卷之约，括囊二百四十年之事，靡有遗也"[②]。这是以文字的多寡来判断编年、纪传的优劣。唐玄宗时，朝臣裴光庭提出，纪传体改变了《春秋》的体裁，"既挠乱前轨，又聋瞽后代。《春秋》之义，非圣人谁能修之"[③]。他进而倡议："撰《续春秋经传》，自战国讫隋，表请天子修经，光庭等作传。"[④]他的这个荒唐的

---

① 章学诚：《文史通义·文德》，中华书局1956年版，第60页。

② 刘知几：《史通·二体》，浦起龙通释本，上海古籍出版社2009年版，第26页。

③ 董浩等：《全唐文》卷二九九《请续修春秋表》，中华书局1983年版，第3031页。

④ 欧阳修等：《新唐书》卷一〇八《裴行俭传》附《裴光庭传》，中华书局1975年版，第4090页。

主张，竟然受到唐玄宗的赏识，然其计划并未实现，也不可能实现。这时，还有一位文史学家萧颖士，也积极提倡编年体，他说："仲尼作《春秋》，为百王不易法，而司马迁作本纪、书、表、世家、列传，叙事依违，失褒贬体，不足以训。"于是，他"乃起汉元年迄隋义宁编年，依《春秋》义类为传百篇"①。萧颖士撰的编年体史书未能流传下来，而他说的《史记》"失褒贬体"，强调"《春秋》大义"，这确是一些赞成编年体的史家批评司马迁的主要原因。唐德宗时，出身于史官世家的柳冕强调说："（司马）迁之过，在不本于儒教、以一王法，使杨朱、墨子得非圣人。"又说："求圣人之道，在求圣人之心，求圣人之心，在书圣人之法。法者，凡例、褒贬是也，而迁舍之。《春秋》尚古，而迁变古，由不本于经也。"②柳冕出身于史学世家，这种看法自有一定的代表性，他所看重的是史家的价值判断。

　　第二种看法跟第一种看法相反，认为纪传体优于编年体。《后汉书》作者范晔在讲到他为什么采用纪传体撰史时，对《春秋》提出大胆的批评，指出："《春秋》者，文既总略，好失事形，今之拟作，所以为短。纪传者，史、班之所变也，网罗一代，事义周悉，适之后学，此焉为优，故继而述之。"③所谓"网罗一代，事义周悉"，是说纪传体能够容纳广泛的史事，能更全面地反映作者的历史思想。唐初史家所修前朝八史，都采用纪传体。他们批评《晋纪》作者干宝和《晋阳秋》作者孙盛"有良史之才，而所著之书惜非正典"④。《晋纪》和《晋阳秋》都是编年体史书。在唐初史家看来，编年体史书写得再好，也不能视为"正典"即所谓"正史"。这反映了唐初史家的看法。针对前人批评司马迁"变古法"、"不本于经"、"失褒贬体"等论点，唐代后期学者皇甫湜撰写《编年纪传论》予以驳难。这是一篇略带总结性的文字，兹节录如下：

---

① 欧阳修等：《新唐书》卷二〇二《文艺中·萧颖士传》，中华书局1975年版，第5768页。

② 董诰等：《全唐文》卷五二七《答孟判官论宇文生评史官书》，中华书局1983年版，第5355页。

③ 魏征等：《隋书》卷五八《魏澹传》，中华书局1973年版，第1419页。

④ 房玄龄等：《晋书》卷八二《陈寿等传》后论，中华书局1974年版，第2159页。

论曰：古史编年，至汉史司马迁始更其制而为纪传，相承至今，无以移之。历代论者，以迁为率私意，荡古法，纪传烦漫，不如编年。予以为合圣人之经者，以心不以迹，得良史之体者，在适不在同。编年、纪传，系于时之所宜、才之所长者耳，何常之有！故是非与众人同辩，善恶得圣人之中，不虚美，不隐恶，则为纪、为传、为编年，是皆良史矣。……今之作者，苟能遵纪传之体裁，同《春秋》之是非，文敌迁、固，直踪南、董，亦无上矣。倘谬乎此，则虽服仲尼之服，手握绝麟之笔，等古人之章句，署王正之月日，谓之好古则可矣，顾其书何如哉？[①]

在关于编年、纪传孰优孰劣的辩难文字中，这是较精彩的一篇。它首先肯定，不论编年、纪传，只要做到"是非与众人同辨，善恶得圣人之中，不虚美，不隐恶"，都可以成为良史。这就比一般参与辩难的史家看得更全面一些，立论的起点更高一些。作者还指出了编年体史书"多阙载，多逸文"的缺点和司马迁"出太古之轨，凿无穷之门"，创立纪传体的合理性。作者最后强调了不懂得继承创新，只是简单地模仿古人的史家，是不会有什么作为的。总之，这一篇文章从理论上说明了纪传体的产生及其存在的合理性。

第三种看法认为编年、纪传各有得失，不可偏废。较早提出这种看法的是南朝梁人刘勰，他在《文心雕龙·史传》篇中写道："观夫《左氏》缀事，附经间出，于文为约，而氏族难明。及史迁各传，人始区分，详而易览，述者宗焉。"其后刘知几撰《史通》，作《二体》篇置于《六家》篇之后，他不赞成编年、纪传"惟此二家，各相矜尚"的做法，主张"辨其利害"，以便使治史者有所遵循。他认为编年体的长处是，"系日月而为次，列时岁以相续，中国外夷，同年共世，莫不备载其事，形于目前。理尽一言，语无重出"。它的短处是，其记述人物时，"论其细也，则纤芥无遗；语其粗也，则丘山是弃"。他认为纪传体的长处是，"纪以包举大端，

① 李昉等：《文苑英华》卷七四二，中华书局1966年版，第3876页。

传以委曲细事，表以谱列年爵，志以总括遗漏，逮于天文、地理、国典、朝章，显隐必该，洪纤靡失"。它的短处是，"同为一事，分在数篇，断续相离，前后屡出"；"编次同类，不求年月，后生而擢居首帙，先辈而抑归末章"。刘知几的这些话，是分别针对《左传》和《史记》说的。他的结论是："考兹胜负，互有得失"，"欲废其一，固亦难矣"。因此，他主张编年、纪传"各有其美，并行于世"。刘知几的这些看法，比起前两种看法来说，确有高屋建瓴之势，因而也就跳出了"唯守一家"的窠臼。这也反映了刘知几的卓识。这种史学批评的辩证方法，在刘知几以后的一些有影响的史学家那里，都有突出的反映。

四、怎样看待历史撰述中诸因素的关系

刘知几论史馆修史有许多难处，谓之"五不可"。这只是从修史活动中人们相互关系着眼的。其实，修史之难，更难在历史撰述自身的种种要求。当然，这同修史活动中人们相互关系是否协调是密切相关的。[①]

其实，在唐太宗贞观年间的史馆，并不存在刘知几说的"五不可"现象。唐太宗贞观三年（六二九年）设史馆于禁中，命史臣修撰梁、陈、齐（北齐）、周（北周）、隋"五代史"，至贞观十年（六三六年）五史修成，显示出了很高的工作效率。究其原因，一是史官群体才智构成比较全面，二是史官间关系比较和谐、融洽。举例来说，参与"五代史"撰述的《梁书》、《陈书》作者姚思廉，《北齐书》作者李百药，都有家学渊源，长于叙事；《周书》作者令狐德棻、岑文本、崔仁师都是有历史见识的文章家；《隋书》作者魏征长于史论，颜师古、孔颖达等长于掌故典制。其中，魏征协助房玄龄"监修"，并撰写了《梁书》、《陈书》、《北齐书》总论与《隋书》纪传全部史论，而令狐德棻更是以其卓越的历史见识和长于史书编撰体裁体例而"总知类会"梁、陈、齐、周、隋"五代史"，房玄龄则以其德高望重的政治地位和善于用人的器识保证修史工作的顺利进

---

① 为避免重复，此处以下有数百字删去并补写相关内容。

行。正是有了这样的条件和氛围，唐初史馆在修撰前朝史方面成就突出。其后，集体撰写的新《晋书》与李延寿撰写的《南史》、《北史》相继成书。以上，是为唐朝所修前朝八部正史，显示出了唐初史家的风貌与成就。[①]

这里说的历史撰述中的诸因素的关系，是着眼于史学家群体而言，是跟刘知几说的"五不可"相反的一幅史学图景。历史撰述中的诸因素的关系，更多的是反映在史学家个体之历史撰述的诸因素中。刘知几称："夫史之称美者，以叙事为先。""盖叙事之体，其别有四：有直纪其才行者，有唯书其事迹者，有因言语而可知者，有假赞论而自见者。"他倡导史书叙事应当"简要"而善于"用晦"（《史通·叙事》）。由此可见，史学家在撰写史书过程中，必须面对多种因素而作出适当处置。即以《史通》所论为例，不仅《叙事》篇内涉及多种因素，《叙事》篇外各篇，如《采撰》、《书事》、《载言》、《载文》、《论赞》、《序例》、《言语》、《浮词》、《烦省》等，无不与史书叙事密切相关，而审视这些关系，正是史学批评所应当关注的。

如何从更高的理论层面说明怎样看待历史撰述中诸因素的关系呢？宋代史学批评家吴缜提出作史三原则，即事实、褒贬、文采，并在强调以事实为基础的条件下，论述了三者之间的相互关系（《新唐书纠谬·序》）。吴缜的这一论述，具有重要的理论价值[②]。

五、怎样看待史书的内容、形式及历史条件

宋人郑樵撰《通志》一书，其《总序》对"会通之义"、"会通之旨"再三致意，继承和发展了司马迁"通古今之变"的思想。如果说郑樵的会通思想主要是在阐发和继承司马迁的"通古今之变"的思想传统，是因为《通志》也是纪传体史书的话，那么从历史撰述内容着眼，分别对杜佑

---

① 以上参见瞿林东：《论唐初史家群体及其正史撰述》，载《人文杂志》2015年第6期。

② 参见本书卷下《两宋史学批评的成就》。按：为避免论述上的重复，此处有千余字的删除与增补。

《通典》、司马光《资治通鉴》的会通旨趣作出分析和评论，则是由元初史家马端临完成的。马端临以《文献通考》这一巨著和他对《通典》、《资治通鉴》的精辟评论，奠定了他在中国历史编纂学史和史学批评史上的重要地位。

《通典》面世后四百余年、《资治通鉴》面世后两百余年，马端临于元大德十一年（一三〇七年）撰成《文献通考》三百四十八卷，他在此书的序言中对《通典》、《资治通鉴》二书，作了在他那个时代极好的和比较中肯的评论。马端临评论《资治通鉴》时这样写道：

> 《诗》、《书》、《春秋》之后，惟太史公号称良史，作为纪、传、书、表，纪、传以述理乱兴衰，八书以述典章经制，后之执笔操简牍者，卒不易其体。然自班孟坚而后，断代为史，无会通因仍之道，读者病之。至司马温公作《通鉴》，取千三百余年之事迹，十七史之纪述，萃为一书，然后学者开卷之余，古今咸在。然公之书详于理乱兴衰而略于典章经制，非公之智有所不逮也，编简浩如烟埃，著述自有体要，其势不能以两得也。
>
> 窃尝以为理乱兴衰，不相因者也，晋之得国异乎汉，隋之丧邦殊乎唐，代各有史，自足以该一代之始终，无以参稽互察为也。典章经制，实相因者也，殷因夏，周因殷，继周者之损益，百世可知，圣人盖已预言之矣。爰自秦汉以至唐宋，礼乐兵刑之制，赋敛选举之规，以至官名之更张，地理之沿革，虽其终不能以尽同，而其初亦不能以遽异。如汉之朝仪、官制，本秦规也，唐之府卫、租庸，本周制也。其变通张弛之故，非融会错综，原始要终而推寻之，固未易言也。其不相因者，犹有温公之成书，而其本相因者，顾无其书，独非后学之所宜究心乎！[①]

由上文看，马端临对"断代为史"的看法，与郑樵是一致的。他的新贡献

---

① 马端临：《文献通考·序》，中华书局2011年版，第1页。

是对历史中"相因"与"不相因"的现象作了阐述，实则也为《文献通考》之作申其大意，即"其本相因者，顾无其书，独非后学之所宜究心乎"。于是马端临对《通典》作了如下评论：

> 唐杜岐公始作《通典》，肇自上古，以至唐之天宝，凡历代因革之故，粲然可考。……今行于世者独杜公之书耳，天宝以后盖阙焉。有如杜书纲领宏大，考订该洽，固无以议为也。然时有古今，述有详略，则夫节目之间，未为明备；而去取之际颇欠精审，不无遗憾焉。[①]

在马端临看来，司马迁《史记》在内容上包含了"理（治）乱兴衰"和"典章经制"两个方面的内容，而《通典》和《资治通鉴》正是分别继承、发展了《史记》的这两个方面的撰述内容，并分别给予很高的评价。值得注意的是，马端临的评论提出了历史编纂上的三个理论问题。

第一，史书体裁和史书内容的一致性。马端临认为，《资治通鉴》"详于理乱兴衰，而略于典章经制"，并非司马光"之智有所不逮"，而是因为"编简浩如烟埃，著述自有体要，其势不能以两得也"，这就是说，一定的史书体裁所撰述的历史内容，本有其一定的规定性。

第二，时代不同，社会生活的方方面面繁简有异，这必然影响到历史撰述内容的详略。马端临称《通典》"纲领宏大，考订该洽"，同时又指出它"节目之间，未为明备；而去取之际颇欠精审"，这是因为"时有古今，述有详略"的缘故。他举田赋、土贡等实际的社会生活为例，说明后出之书，理当详于前出之书，实际上是揭示了史书内容随着历史的发展由略而详的规律。

第三，治乱兴衰，多由具体原因所致，它们之间是"不相因"的；而典章经制，代代沿袭，它们之间是"相因"的。在这个问题上，马端临所言与郑樵略有不同，从本质上看，治乱兴衰还是有共同之处可以探讨的；而典章制度在相因之中也必有相革之处。"相因"、"不相因"不应作绝对

---

① 马端临：《文献通考·序》，中华书局2011年版，第1—2页。

的看待。马端临关于史书内容的侧重面与史书体裁的抉择有密切关系，而史书内容的详略又与不同的历史条件相关联的认识，不仅反映了他在史学批评上对前贤的理解和宽容，而且凸现了他的史学思想中辩证的因素。

六、怎样看待不同类型史书的得失

以上所论，大致说来，是史学批评中几个相对来说比较具体的问题。但是，在中国古代史学批评史上，还存在一些比较宏观的问题。例如，如何从广泛的意义上对不同类型的史书作总体上的评价，这要求史家具有高度概括的能力和卓越的见识。明代史学家王世贞就国史、野史、家史的是非得失，阐述了精辟的见解。他说：

> 国史人恣而善蔽真，其叙章典、述文献，不可废也。野史人臆而善失真，其征是非、削讳忌，不可废也。家史人谀而善溢真，其赞宗阀、表官绩，不可废也。①

这一段话，明确地指出了国史、野史、家史各自所存在的局限及其最终"不可废"的主要原因，其言简意赅，可谓史学批评中的宏论。王世贞所论，在史学史上都是存在的客观事实。如刘知几"三为史臣，再入东观，竟不能勒成国典，贻被后来者"，固有"五不可"之感叹，其中就有"十羊九牧，其令难行；一国三公，适从何在"②之难。刘知几参与修《武后实录》，"有所改正，而武三思等不听"③。韩愈主持修《顺宗实录》，因涉及"禁中事"，牵连宦官，引起宦官集团的强烈不满，终于导致史臣对《顺宗实录》的修改，删去了"禁中事"④。这些都是"人恣而善蔽真"的反映。又如宋人洪迈《容斋随笔》仅凭私家笔记所记三件史事不确，便断

---

① 王世贞：《弇山堂别集》卷二〇《史乘考误》引言，魏连科点校本，中华书局1985年版，第361页。

② 刘知几：《史通·忤时》，浦起龙通释本，上海古籍出版社2009年版，第556页。

③ 欧阳修等：《新唐书》卷一三二《刘子玄传》，中华书局1975年版，第4521页。

④ 瞿林东：《韩愈与顺宗实录》，见《唐代史学论稿》，高等教育出版社1989年版，第384—387页。

言"野史不可信"①，显然失于偏颇。刘知几《史通·杂述》篇列举十种"偏记小录之书"，虽一一指出其缺陷，但仍认为"书有非圣，言多不经，学者博闻，盖在择之而已"。近代史学名家陈寅恪治隋唐史，旁征博引，涉及多种唐人野史笔记，阐发诸多宏论，可证野史之"不可废"。再如家史问题，这曾经是引发魏收《魏书》风波的根源之一，使其被诬为"秽史"。而"诸家子孙"把《魏书》"号为'秽史'"的原因，或是"遗其家世职位"，或是"其家不见记录"，或是家族地望不确等。《魏书》的修改，亦仅限于此②。这件事表明，史家依据"家史"为史料来源之一，对此应格外谨慎；而有关的"诸家子弟"或许确有可信材料应当受到重视。当然，"秽史"之论由此而起，在史学史上是应当予以澄清的。

总之，王世贞所论包含着在史学批评方法论上的辩证认识，反映了王世贞思想的深刻。他所总结的"人恣而善蔽真"、"人臆而善失真"、"人谀而善溢真"的三种情况及其有关的概念，尤其具有理论意义。在中国古代史学批评史上，这是经过漫长的道路和反复的认识才能达到的思想境界。清代史家章学诚在《文史通义·书教》篇中，记述史书体裁之辩证发展的规律，更是把史学批评中的辩证方法推向一个新的阶段，因史学界已有专文讨论，此处不再赘述。辩证方法是史学批评中的重要方法，古代史家所提供的思想资料和批评例证，在今日的史学批评中，仍有借鉴、参考价值。

（原载《求是学刊》2010年第5期）

① 洪迈：《容斋随笔》卷四"野史不可信"条，上海古籍出版社1978年版，第52页。
② 李百药：《北齐书》卷三七《魏收传》，中华书局1972年版，第489页。

两宋史学批评的成就

一、《册府元龟·国史部》序和
《新唐书纠谬》序的理论贡献

这里，首先说理论上的贡献。《册府元龟·国史部·序》和《新唐书纠谬·序》在这方面有突出的代表性。

北宋官书《册府元龟》的《国史部》在编纂思想上有很明确的批评意识，其《公正》、《采撰》、《论议》、《记注》、《疏谬》、《不实》、《非才》等门的序，以及《国史部》总序，在史学批评的理论上都提出了一些新问题。《论议》门序说："至于考正先民之异同，论次一时之类例，断以年纪，裁以体范，深述惩劝之本，极谈书法之事，或列于封疏，或形于奏记。"①这是对前人"论议"问题作了归纳，也反映出作者在史学理论方面所作的思考。其以《公正》、《恩奖》等门称赞史学上的"执简之余芳，书法之遗懿者"②与"鸿硕之老，良直之士"③；而以《疏谬》、《不实》、《非才》诸门批评史家撰述上的种种弊端，在理论上是有价值的。

《国史部》总序在评述自上古至五代的史官制度之沿革流变后，强调指出其所记内容的宗旨是揭示史官修史中的经验教训，因而直接关系到史学批评问题。总序最后是这样讲的：

> 原夫史氏之职，肇于上世，所以记人君之言动，载邦国之美恶，

---

① 《册府元龟》卷五五八《国史部·论议》，中华书局1960年版，第6700页。
② 《册府元龟》卷五五四《国史部·公正》，中华书局1960年版，第6654页。
③ 《册府元龟》卷五五四《国史部·恩奖》，中华书局1960年版，第6656页。

著为典式，垂之来裔，申褒贬之微旨，为惩劝之大法。故其司笔削之任，慎良直之选。历代审官，莫斯为重。今之所纪者，凡推择简任之尤异，讨论撰述之始末，家世职业之嗣掌，扬榷雠对之裁议，冲识方正以无忒，恩遇宠待而隆厚，咸用标次，以彰厥善。其有疏略差戾受嗤于作者，构虚失实有紊乎书法，乃至以鄙浅之识，贻叨据之诮，亦用参纪，申儆于后。其有注录之部次，谱籍之名学，方志之辨析。世绩之敷述，皆司籍之事，资博闻之益，咸用缀辑，以成伦要。①

所谓"以彰厥善"种种和"申儆于后"种种，是为《国史部》撰述思想的核心，包含了丰富的史学批评内容，反映出对史家修史活动中之主体作用更全面、更深入的认识与分析，尤其是"疏略差戾"、"构虚失实"、"鄙浅之识"等，实有碍于史学的发展，应引起后世史家的警惕。从《国史部》总序的宗旨来看，我们可以认为：如果说刘知几的《史通》对以往史学的总结和评论，在表述方法上是把他自己的认识同具体实例融为一体加以阐述的话；那么《册府元龟·国史部》的表述方法则是从宏观上提出一种认识上的框架，对以往史学活动中反映出来的不同方面、不同问题作出区分与综合，以类相从，胪列实例，以表明其对于史学的思想旨趣。简言之，《史通》是一部以论说为主的史学批评著作，《册府元龟·国史部》可视为一部以史实为主的史学批评著作，二者有相辅相成的作用。

《册府元龟·国史部》在撰述思想上继承了刘知几《史通》，是显而易见的。其《选任》即近于后者的《史官建置》，其《公正》即近于后者的《直笔》，其《采撰》一目即直接沿用后者篇名而内容当类于后者《古今正史》，其《论议》则意近于后者之《鉴识》，其《自序》更是后者《自叙》的扩大和延伸，其《谱牒》、《地理》皆出于后者《杂述》，其《疏缪》、《不实》、《非才》当源于后者的《纰缪》、《曲笔》和《叙事》。《纰缪》篇已佚，无从作具体比较。《不实》门序称：

<hr>

① 《册府元龟》卷五五四《国史部》总序，中华书局1960年版，第6644—6645页。

> 《传》曰"书法不隐",又曰"不刊之书"。盖圣人垂世立法,惩恶劝善者也。若乃因嫌而沮善,渎货以隐恶,或畏威而曲加文饰,或徇时而蔑纪勋伐,恣笔端而溢美,擅胸臆以厚诬,宜当秽史之名,岂曰传信之实。垂于后也,不其恶欤!①

这些话,同《史通·曲笔》不仅思想上相通,而且在用语上也极相近。值得注意的是,从历史撰述的过程来看,"曲笔"是现象,"不实"是本质;现象可能有多种多样,而本质是不会改变的。再看《非才》门序所说:

> 夫史氏之职,掌四方之志,善恶不隐,言动必书。固宜妙选良材,图任明职,广示惩劝之义,备适详略之体,成大典于一代,垂信辞于千祀。若乃司载笔之官,昧叙事之方,徒淹岁时,空素编简,或绅绎之靡就,或颁次之无文,昧进旷官,盖可惩也。②

这里主要是批评那些占据了史官位置而又昧于"叙事之方"的人,这种人既无"绅绎"之才思,又无"颁次"之能力,怎么能担任史职呢?"绅绎"是着重于见识,"颁次"是指的表述,这与刘知几讲"叙事之美"有所不同,更加着重了"叙事之方"中的历史见识。

《册府元龟·国史部》的编纂旨趣所表达出来的史学批评思想,其理论上的意义并不只限于"国史"方面而具有普遍的价值,是《史通》之后的重要著作。

吴缜撰《新唐书纠谬》、《五代史纂误》,都是专就一部史书的"谬"、"误"进行评论。如《新唐书纠谬》按其所挞举之谬误,取其同类,加以整比,厘为二十门,即:以无为有,似实而虚,书事失实,自相违舛,年月时世差互,官爵姓名谬误,世系乡里无法,尊敬君亲不严,纪志表传不相符合,一事两见而异同不完,载述脱误,事状丛复,宜削而反存,当书

---

① 《册府元龟》卷五六二《国史部·不实》,中华书局1960年版,第6749页。
② 《册府元龟》卷五六二《国史部·非才》,中华书局1960年版,第6753页。

而反阙，义例不明，先后失序，编次未当，与夺不常，事有可疑，字书非是。它能列举出这么多的批评项目来，虽然未必都很中肯，但人们还是可以从中得到不少启发的。作者指出《新唐书》致误的八条原因，也具有这样的性质。在史学批评理论方面，吴缜提出了两个问题。第一，什么是"信史"。他给"信史"作了这样的理论概括："必也编次、事实、详略、取舍、褒贬、文采，莫不适当，稽诸前人而不谬，传之后世而无疑，粲然如日星之明，符节之合，使后学观之而莫敢轻议，然后可以号信史。反是，则篇帙愈多，而讥谯愈众，奈天下后世何！"给"信史"作这样的规范、下这样的定义，在史学上以前还没有过。第二，史学批评的标准是什么？他认为：

> 夫为史之要有三：一曰事实，二曰褒贬，三曰文采。有是事而如是书，斯谓事实。因事实而寓惩劝，斯谓褒贬。事实、褒贬既得矣，必资文采以行之，夫然后成史。至于事得其实矣，而褒贬、文采则阙焉，虽未能成书，犹不失为史之意。若乃事实未明，而徒以褒贬、文采为事，则是既不成书，而又失为史之意矣。①

这一段话，阐述了"事实"、"褒贬"、"文采"这三个方面之于史书的相互关系，而尤其强调了事实的重要。

首先，吴缜给"事实"作出了明确的定义："有是事而如是书，斯谓事实。"意思是说，客观发生的事情，被人们"如是"地即按其本身的面貌记载下来，这就是"事实"，或者说这就是历史事实。他说的事实或历史事实，不是单指客观发生的事情，也不是单指人们主观的记载，而是指客观过程和主观记载的统一。这是很有特色的见解。

其次，吴缜认为，事实、褒贬、文采这三个方面对于史家撰写史书来说，不仅有逻辑上的联系，而且也有主次的顺序。这就是："因事实而寓惩劝，斯谓褒贬。"有了事实和褒贬，即有了事实和史家对于事实的评

---

① 吴缜：《新唐书纠谬·序》，丛书集成初编本，中华书局1985年版，第3页。

价，"必资文采以行之，夫然后成史"。吴缜说的事实、褒贬、文采，可能得益于刘知几说的史学、史识、史才"史才三长"论。它们的区别是：在理论范畴上，后者要比前者内涵丰富和恢廓，在概念的界定上，前者要比后者来得明确。

再次，吴缜认为，"为史之意"的根本在于"事得其实"，褒贬和文采都必须以此为基础。反之，如"事实未明"，则"失为史之意"，褒贬、文采也就毫无意义了。他认为《新唐书》的弊病正在于此。

吴缜对《新唐书》的"纠谬"究竟如何，另当别论，而他关于事实、褒贬、文采之对于史书关系的认识，并以此作为史学批评的标准，乃是中国古代史学批评史上的新发展。这个认识，极其明确地把史学批评的理论建立在尊重历史事实的基础上，是格外值得重视的。

二、曾巩和洪迈的史学批评

曾巩和洪迈都任过史职。于史学亦多有自己的思考和见解，显示出在史学批评方面各自的特点。

曾巩撰有《战国策目录序》、《南齐书目录序》、《梁书目录序》、《陈书目录序》等文，反映了他的历史见解和史学思考。其中《南齐书目录序》则集中地表现出了他在史学批评方面的一些原则性认识。他论作史的目的，认为：

> 将以是非得失兴坏理乱之故而为法戒，则必得其所托，而后能传于久，此史之所以作也。然而所托不得其人，则或失其意，或乱其实，或析理之不通，或设辞之不善，故虽有殊功韪德非常之迹，将暗而不章，郁而不发，而梼杌嵬琐奸回凶慝之形，可幸而掩也。[①]

这一段话是很重要的，认为客观历史中有价值的那些部分即"是非得失兴

————————————

① 曾巩：《曾巩集》卷十一《南齐书目录序》，陈杏珍、晁继周点校本，中华书局1984年版，第187页。

坏理乱之故"，欲使之成为后人"法戒"，并"能传于久"，那就必须有一种载体即所谓"必得其所托"，这就是人们作史的目的。这实质上是讲到了历史的鉴戒作用是通过历史撰述作为中介来实现，其中包含了把客观历史和历史撰述区别开来的思想。至于说到"所托"当得其人，那是特别强调了史家的重要，所谓"意"、"实"、"析理"、"设辞"则包含了史家在历史见识、历史撰述上的要求。"意"与"实"，"析理"与"设辞"，是两对相关的范畴，也可视为判断史家的尺度。

曾巩还提出了与此相关联的一个问题，即"良史"的标准，他认为："古之所谓良史者，其明必足以周万事之理，其道必足以适天下之用，其智必足以通难知之意，其文必足以发难显之情，然后其任可得而称也。"这是对史家提出了"明"、"道"、"智"、"文"四个方面的修养及其所应达到的标准，即落实到"理"、"用"、"意"、"情"之上：前者是内涵，后者是实践效果。曾巩提出的这些概念，同刘知几提出的才、学、识相比较，一是在理论上更加丰富了对史学的认识，二是在史学与社会的关系上更加强调"适天下之用"。这是曾巩在史学批评上的贡献。

但是，曾巩有一个突出的弱点即缺乏通变的意识，他看不到史学的发展，反而认为自两汉以来的史学是在逐渐退步。他这样写道：

> 两汉以来，为史者去之远矣。司马迁从五帝三王既没数千载之后，秦火之余，因散绝残脱之经，以及传记百家之说，区区掇拾，以集著其善恶之迹、兴废之端，又创己意，以为本纪、世家、八书、列传之文，斯亦可谓奇矣。然而蔽害天下之圣法，是非颠倒而采摭谬乱者，亦岂少哉？是岂可不谓明不足以周万事之理，道不足以适天下之用，智不足以通难知之意，文不足以发难显之情者乎！
>
> 夫自三代以后，为史者如迁之文，亦不可不谓隽伟拔出之才、非常之士也，然顾以谓明不足以周万事之理，道不足以适天下之用，智不足以通难知之意，文不足以发难显之情者，何哉？盖圣贤之高致，迁、固有不能纯达其情，而见之于后者矣，故不得而与之也。迁之得失如此，况其他邪？至于宋、齐、梁、陈、后魏、后周之书，盖无以

议为也。①

尽管曾巩也肯定司马迁是"隽伟拔出之才、非常之士"，但仍然认为他明、通、智、文四个方面并未达到"良史"的标准。其实，曾巩所说的"圣贤之高致"的那种境界，在史学上是不曾有过的；他既然能够提出这样的思想，他就应当从"圣贤"的笼罩下走出来，做一个脚踏实地的史家。这是曾巩的史学批评同史学实践存在着的不相协调的地方。至于他批评司马迁"蔽害天下之圣法，是非颠倒而采摭谬乱"，只是重复了班彪、班固父子的一些说法和唐人萧颖士等的陈说而已，多不能成立。

洪迈的史学批评，见于《容斋随笔》者，上自"三传"下至《资治通鉴》，均有论列，广泛而零散，但其见解却十分了然：一是指出前人所撰史书存在的疏误，二是以比较的方法揭示前人所撰史书的各自特点或长短得失，三是对前人所撰史书在表述上的审美判断。现依次略述如下。

关于指出疏误。洪迈根据《史记》的《殷本纪》与《周本纪》考察，认为在世次、年数上皆有不确处，他指出：

> 《史记》所纪帝王世次，最为不可考信，且以稷、契论之：二人皆帝喾子，同仕于唐、虞。契之后为商，自契至成汤凡十三世，历五百余年。稷之后为周，自稷至武王凡十五世，历千一百年。王季盖与汤为兄弟，而世之相去六百年，既已可疑。则周之先十五世，须每世皆在位七八十年，又皆暮年所生嗣君，乃合此数，则其所享寿皆当过百年乃可。其为漫诞不稽，无足疑者。②

洪迈经过推算而提出的问题，是有其合理性的，说明他读史的细致和讲求于"考信"。当然，司马迁并不是没有注意到"五帝、三代之记，尚矣"，

---

① 以上曾巩语均引自《南齐书目录序》，见《曾巩集》卷一一，陈杏珍、晁继周点校本，中华书局1984年版，第187—188页。

② 洪迈：《容斋随笔》卷一"史记世次"条，上海古籍出版社1978年版，第9页。

同时推崇孔子的"疑则传疑，盖其慎也"①，但他"集世"记殷、周事，在年代上毕竟不可能做到比较准确。这是文献不足的限制，固不可苛求司马迁，而洪迈的批评也是可以理解的。与此相类似的是，洪迈也批评魏收《魏书》所记世系及史事上的讹谬，他根据魏收自序其家世写道：汉初的魏无知为魏收七代祖，"而世之相去七百余年。其妄如是，则其述他人世系与夫事业，可知矣！"②据《北齐书·魏收传》记，魏收撰成《魏书》后，一些门阀子弟哗然而攻之，多是有关世系及先人事功方面的纠葛。魏收也确曾奉诏进行修改。洪迈的批评是有道理的。同样，洪迈还批评了《新唐书·宰相世系表》"皆承用逐家谱牒，故多谬误"。他举出沈氏为例，因而乃上及于沈约。他经过详考古有两沈国的事实后写道：

> 沈约称一时文宗，妄谱其上世名氏官爵，固可嗤诮，又不分别两沈国。其金天氏之裔，沈、姒、蓐、黄之沈，封于汾川，晋灭之；春秋之沈，封于汝南，蔡灭之，顾合而为一，岂不读《左氏》乎？欧阳公略不笔削，为可恨也！③

沈约不知有两沈国，因而述其先世而致误，欧阳修据而不审其实，亦致误。洪迈对此考察详明，足见其功力之深。上面三例，都涉及世系问题，亦可见洪迈的治学兴趣颇留意于谱牒领域。洪迈还批评王通、苏辙对《史记》的批评不当。他引用王通《中说》所谓"史之失自迁、固始也，记繁而志寡"的话，继而指出："（王通）《元经》续《诗》、《书》，犹有存者，不知能出迁、固之右乎？"他又引用苏辙所谓"太史公易编年之法，为本纪、世家、列传，后世莫能易之，然其人浅近而不学，疏略而轻信，故因迁之旧，别为古史"的话，继而指出："今其书固在，果能尽矫前人之失乎？指司马子长为浅近不学，贬之已甚，后之学者不敢谓然。"洪迈由这两个事例而发论，认为："大儒立言著论，要当使后人无复拟议，乃

① 司马迁：《史记》卷十三《三代世表》序，中华书局1959年版，第487页。
② 洪迈：《容斋随笔》卷二"魏收作史"条，上海古籍出版社1978年版，第442页。
③ 洪迈：《容斋随笔》卷六"唐书世系表"条，上海古籍出版社1978年版，第82页。

为至当"①。当然，要完全做到"使后人无复拟议"是不可能的，但由此可见洪迈在史学批评上的严谨精神。

关于比较得失。这是洪迈常用的史学批评方法。他就"秦穆公袭郑，晋纳邾捷菑，'三传'所书略相似"，而分别列举《左传》、《公羊传》、《穀梁传》的有关史文，予以比较，最后评论说："予谓秦之事，《穀梁》纡余有味，邾之事，《左氏》语简而切。欲为文记事者，当以是观之。"②显然，这是一种有意识的比较而作出的评论，可见洪迈的史学批评意识和史学批评方法都具有突出的自觉性。他还批评《新唐书·韩愈传》载韩愈之文而改动《进学解》文字、《新唐书·吴元济传》载韩愈《平淮西碑》文亦有所改动，均不妥，"殊害理"。又以《新唐书·柳宗元传》所载柳文与《资治通鉴》所载柳文相比，认为司马光的"识见取舍，非宋景文可比"③。这里所用的比较方法又有所不同，前者是以改动之文与原文相比，后者是以抉择取舍相比，足见洪迈对比较方法在运用上的变化。

关于审美判断。洪迈论《史记》、《汉书》文字表述之美，写道："《史记》、《前汉》所书高祖诸将战功，各为一体。"他举出《周勃传》、《夏侯婴传》、《灌婴传》、《傅宽传》、《郦商传》，指出："五人之传，书法不同如此，灌婴事尤为复重，然读之了不觉细琐，史笔超拔高古，范晔以下岂能窥其篱奥哉？"④洪迈的这一段文字也写得很美，可谓审美判断之佳作。他称赞《史记》、《汉书》善于叠用同一字、词，使所叙人物、史事有声有色，深沉凝重。他写道：

> 太史公《陈涉世家》："今亡亦死，举大计亦死，等死，死国可乎？"又曰："戍死者固什六七，且壮士不死即已，死即举大名耳！"叠用七"死"字，《汉书》因之。《汉·沟洫志》载贾让《治河策》云："河从河内北至黎阳为石堤，激使东抵东郡平刚；又为石堤，使

---

① 洪迈：《容斋随笔》卷一一"讥议迁史"条，上海古籍出版社1978年版，第739页。
② 洪迈：《容斋随笔》卷三"三传记事"条，上海古籍出版社1978年版，第41页。
③ 洪迈：《容斋随笔》卷五"唐书载韩柳文"条，上海古籍出版社1978年版，第862页。
④ 洪迈：《容斋随笔》卷九"史汉书法"条，上海古籍出版社1978年版，第326—327页。

西北抵黎阳、观下；又为石堤，使东北抵东郡津北；又为石堤，使西北抵魏郡昭阳；又为石堤，激使东北。百余里间，河再西三东。"凡五用"石堤"字，而不为冗复，非后人笔墨畦径所能到也。[①]

叠用字或用叠字是《史记》文字表述艺术的一个显著特点，这对于反映特定的历史环境、史事氛围、人物性格等，有重要的作用和效果。《汉书》在这方面是赶不上《史记》的。洪迈此处所举《汉书·沟洫志》一例，实为贾让用字，同他举出的《史记·陈涉世家》不是一回事。尽管如此，洪迈史学批评中的鲜明的审美意识，突出地显示了他的史学批评的特点之一。

洪迈的史学批评，也存在一些可以商榷的地方，如他认为范晔的《后汉书》史论"了无可取"，甚至说"人苦不自知。可发千古一笑"[②]。他根据宋人笔记中所记三件史事不确，便断言"野史不可信"[③]。这都过于武断，但类似的事例在《容斋随笔》关于史学批评方面的只是少数，不至于影响其积极的主流。

三、叶适的"史法"之议和朱熹的读史之论

叶适论"史法"、朱熹论读史，都包含了史学批评的思想和方法，且亦各有特色。

叶适在他的读书札记《习学记言序目》中，有许多关于"史法"的议论，并对《春秋》、《左传》、《史记》以下，至两《唐书》、《五代史》，均有所评论。叶适反复论说，董狐书赵盾弑君事、齐太史书崔杼弑君事，是孔子作《春秋》前的"当时史法"，或称"旧史法"，但孔子也有所发展。他认为：

---

① 洪迈：《容斋随笔》卷七"汉书用字"条，上海古籍出版社1978年版，第91页。

② 洪迈：《容斋随笔》卷一五"范晔作史"条，上海古籍出版社1978年版，第191页。

③ 洪迈：《容斋随笔》卷四"野史不可信"条，上海古籍出版社1978年版，第52页。

> 古者载事之史，皆名"春秋"；载事必有书法，有书法必有是非。以功罪为赏罚者，人主也；以善恶为是非者，史官也，二者未尝不并行，其来久矣。史有书法而未至平道，书法有是非而不尽乎义，故孔子修而正之，所以示法戒，垂统纪，存旧章，录世变也。①

他根据这个认识，提出跟孟子不同的见解，认为"《春秋》者，实孔子之事，非天子之事也"。叶适的这个见解趋于平实，不像儒家后学或经学家们赋予《春秋》那么崇高而又沉重的神圣性。

叶适"史法"论的另一个要点，是批评司马迁著《史记》而破坏了"古之史法"，并殃及后代史家。通观他对司马迁的批评，大致有这样几个方面：第一，司马迁述五帝、三代事"勇不自制"，"史法遂大变"。第二，司马迁"不知古人之治，未尝崇长不义之人"，故其记项羽"以畏异之意加嗟惜之辞，史法散矣"②。第三，司马迁"述高祖神怪相术，太烦而妄，岂以起闾巷天子必当有异耶"，这是"史笔之未精"；至《隋书》述杨坚"始生时'头上角出，遍体鳞起'"，足见"史法之坏始于司马迁，甚矣！"③第四，以往《诗》、《书》之作都有叙，为的是"系事纪变，明取去也"，至司马迁著《史记》，"变古法，惟序己意"，而班固效之，"浅近复重"，"其后史官则又甚矣"，可见"非复古史法不可也"④。第五，"上世史因事以著其人"，而司马迁"变史"，"各因其人以著其事"⑤。像这样的批评，还可以列举一些出来。

叶适的"史法"论及其所展开的史学批评，可以说是是非得失两存之。他论《春秋》存古之史法，大抵是对的。他批评司马迁破坏古之史

———————————————

① 叶适：《习学记言序目》卷九《春秋》，中华书局1977年版，第117页。参见同书卷一〇《左传一》杜预序、僖公、宣公，卷一一《左传二》襄公二、总论等。

② 叶适：《习学记言序目》卷一九《史记一·本纪》，中华书局1977年版，第266页。

③ 叶适：《习学记言序目》卷一九《史记一·本纪》，中华书局1977年版，第267页。同书卷三六《隋书一·帝纪》，中华书局1977年版，第533页。

④ 叶适：《习学记言序目》卷二三《汉书三》，中华书局1977年版，第333页。

⑤ 叶适：《习学记言序目》卷三八《唐书一·帝纪》，中华书局1977年版，第559页。

法，主张"非复古史法不可"，是不足取的。因限于篇幅，不一一剖析。但叶适指出史书述天子往往有异相实未可取，还是对的。

要之，叶适的"史法"论，大致涉及史学的几个主要问题。一是史家的史笔或曰书法，二是史书的内容之真伪，三是史书的体裁，四是史家褒贬的尺度，五是史家是否应有独立的见解。这些，在结合史学批评方面，有的论述较多，有的论述较少；而对于批评本身，都是要作具体分析才能判定其价值的。但这并不影响叶适在史学批评之理论上的贡献，这就是他对"史法"这个范畴给予突出的重视，并作了比较充分的阐述。在这个问题上，叶适是从刘知几到章学诚之间架设了理论上的桥梁。

朱熹论读书，讲到读史时，提出了这样一个见解："读史当观大伦理、大机会、大治乱得失。"[1]这话，反映出他的史学批评思想，可以作为史学批评的一条重要标准看待[2]。

朱熹的读史之论还反映在其他许多方面，同样显示出他在史学批评上的见解。朱熹盛赞司马光所著《稽古录》一书，认为："温公之言如桑麻谷粟。且如《稽古录》，极好看，常思量教太子诸王。恐《通鉴》难看，且看一部《稽古录》。人家子弟若先看得此，便是一部古今在肚里了。""《稽古录》一书，可备讲筵官僚进读，小儿读《六经》了，令接续读去，亦好。"[3]这是肯定了《稽古录》一书内容的重要，如同人不能缺少桑麻谷粟一样。同时，《稽古录》一书又有广泛的实用性，普通的"人家子弟"可读，"太子诸王"也可读。朱熹这里讲的"好看"、"难看"，是从书的部帙大小着眼，说明《稽古录》还有简略、精练的优点。

朱熹对于《通鉴》的"难看"，还作了具体的说明。《朱子语类》中有这样一段生动的记载："问：'读《通鉴》与正史如何？'曰：'好且看正史，盖正史每一事关涉处多。只如高祖鸿门一事，本纪与张良灌婴诸传互载，又却意思详尽，读之使人心地欢洽，便记得起。《通鉴》则一处说便

---

① 黎靖德编：《朱子语类》卷一一，王星贤注解本，中华书局1986年版，第196页。

② 为避免重复，此处以下有千余字的删改。

③ 黎靖德编：《朱子语类》卷一三四，中华书局1986年版，第3207页。

休，直是无法，有记性人方看得。'"①朱熹的这一番评论，是讲到了纪传体史书和编年体史书的不同特点，以及这种特点在读史者阅读中的感受。当然，朱熹也认为"有记性人"倒也不妨先读《通鉴》。从这里可以看出，朱熹是在用比较的方法来评论史书的。

运用这种比较的方法，朱熹还多处讲到范祖禹《唐鉴》和孙甫《唐史论断》的特点，指出："《唐鉴》意正有疏处。孙之翰《唐论》（按：《唐史论断》）精练，说利害如身处亲历之，但理不及《唐鉴》耳。"（《朱子语类》卷一三四）又指出："《唐鉴》议论大纲好，欠商量处亦多。"（《朱子语类》卷一三六）在朱熹看来，这两部评论唐代历史的著作是值得一读的：范书"大纲"好，说"理"也好，但有的结论还有待商榷，孙著写得"精练"、有神，但说"理"逊于范书。宋人关注评论唐代历史，尤其看重总结唐朝兴亡的历史经验教训，朱熹对范、孙著作的评论，是这方面的一个突出反映。

对司马迁《史记》和班固《汉书》，朱熹也作了比较，他说："太史公书疏爽，班固书密塞。"（《朱子语类》卷一三四）这"舒爽"、"密塞"的概括，很容易使人联想到后世章学诚所论："记注欲往事之不忘，撰述欲来者之兴起，故记注藏往似智，而撰述知来拟神也。藏往欲其赅备无遗，故体有一定而其德为方，知来欲其抉择去取，故例不拘常而其德为圆。""迁书通变化，而班氏守绳墨。"②朱熹与章学诚在评论《史记》、《汉书》问题上这种相通之处，表明朱熹作为先驱者在史学批评方面的深刻见解。

四、目录之书与史学批评

目录之书的发展是宋代文献学成就的一个方面。同时，目录之书的史类部分，也包含了许多值得总结的史学批评思想。《郡斋读书志·史类》、《史略》、《直斋书录解题·史类》在这方面各有成就。

---

① 黎靖德编：《朱子语类》卷一一，中华书局1986年版，第196页。
② 章学诚：《文史通义·书教下》，中华书局1956年版，第12、13页。

晁公武的《郡斋读书志》所含史类有十三目，第六目为"史评类"。这是史书分类上较早把"史评"独立出来的做法，足以证明人们评论意识的进一步增强。晁公武所说的"史评"，既包含了《史通》、《史通析微》、《五代史纂误》等史学评论之书，也包含了《历代史赞论》、《唐史要论》、《唐鉴》等历史评论之书。可见，晁公武并没有把二者区分开来。但是，《郡斋读书志》既是目录之书，其性质决定了它的主要评论倾向当是在史学批评方面。

晁公武的史学批评有以下三个特点。一是对史学有一个提纲挈领、统观全局的认识。他在《史类》总论中写道：

> 后世述史者，其体有三：编年者，以事系月日而总之于年，盖本于左丘明；纪传者，分记君臣行事之终始，盖本于司马迁；实录者，其名起于萧梁，至唐而盛，杂取两者之法而为之，以备史官采择而已，初无制作之意，不足道也。若编年、纪传，则各有所长，殆未易以优劣论。虽然，编年所载，于一国治乱之事为详；纪传所载，于一人善恶之迹为详，用此言之，编年似优，又其来最古。而人皆以纪传便于披阅，独行于世，号为正史，不亦异乎！旧以职官、仪注等，凡史氏有取者，皆附之史，今从焉。①

他以编年、纪传、实录三"体"，统率史学，表达了对史学的独立的见解。他认为编年、纪传"各有所长"，但仍倾向于编年。他解释职官、仪注之书何以入于史类的原因。这些，构成了他对史类之书的整体认识。人们可以不完全同意他的论点，但必须承认他认识问题的方法确有高屋建瓴之势。

二是他从史学发展趋势出发，认为必须给"史评"一定的地位。他写道：

---

① 晁公武：《郡斋读书志》卷五，孙猛校证本，上海古籍出版社1990年版，第174页。

前世史部中有史钞类而集部中有文史类，今世钞节之学不行而论说者为多，故自文史类内摘出论史者为史评，附史部，而废史钞云。①

晁公武能够根据史学发展趋势而变通目录书的分类，是很高明的。这段话很确切地表明，评论在宋代有了突出的发展。

三是他在评论史家的思想和著作时，能够深入地分析史家所处的环境和遭际，如对司马迁、陈寿的评论，是能反映他的这种思想和方法②。他的分析或许难免有穿凿之处，但他的方法是应当受到重视的。

高似孙的《史略》是一部目录书，也是一部论史学之要略的书，有鲜明的史学之简史的特色。同时，高似孙也有突出的史学批评意识。他自谓"各汇其书而品其指意"③，并在书中有所贯彻。《史略》卷四有"史评"一目，与史典、史表、史略、史钞、史赞、史草、史例、史目等并列。但它只是因旧史之名而分别胪列，故"史评"之下仅著录"王涛《三国志序》"和"徐爰《三国志评》"，足见其在史书分类上的思考远不及晁公武。《史略》卷一有"诸儒史议"一目，列举扬雄、班固以下二十人对《史记》的评论，则是很典型地反映出高似孙对重要史书之批评史的重视。高似孙对唐人撰《隋书》及《五代史志》颇为推崇，他评价说：

唐贞观中，诏诸臣分修五代史。颜师古、孔颖达撰次隋事，起文帝，作三纪、五十列传，惟十志未奏。又诏于志宁、李淳风、韦安化（仁）、李延寿、令孤德棻共加衰缀，高宗时上之。志乃上包梁、陈、齐、周，参以隋事，析为三十篇，号《五代志》，与书合八十五篇。按《隋志》极有伦类，而本末兼明，准《晋志》可以无憾，迁、固以

---

① 晁公武：《郡斋读书志》卷七《史评类·刘氏史通》，孙猛校证本，上海古籍出版社1990年版，第295页。

② 参见晁公武：《郡斋读书志》卷五《正史类·史记》及《三国志》，孙猛校证本，上海古籍出版社1990年版，第175—176、178页。

③ 高似孙：《史略·序》，丛书集成初编本，中华书局1985年版。

来，皆不及也。正以班、马只尚虚言，多遗故实，所以三代纪纲，至"八书"、"十志"，几于绝绪。《隋志》独该五代、南北两朝，纷然殽乱未易贯穿之事，读其书则了然如在目。良由当时区处，各当其才：颜、孔通古今，而不明天文地理之学，故但修纪传，而以十志专之志宁、淳风，顾不当哉！①

这里所论，除对《史记》八书、《汉书》十志有失公允外，对《隋书》的分工修撰与评价，是中肯的。尤其是他强调《隋志》包含五代、囊括南北，把"纷然殽乱未易贯穿之事"写得清晰了然，于史学见解之中也透露了他的历史见解，即南北本应贯穿为一体思想。《史略》一书所包含的评论，有引自前人而交代了由来的，有作者自撰的，有借鉴前人之论稍作变通而未交代由来的②，故在史学批评之整体面貌上显得逊色。

陈振孙《直斋书录解题》以"解题"名书，表明着意于批评。此书仿《郡斋读书志》而作，故在形式、内容、评论方面，多受后者的影响。然其史部之书在分目上与后者颇有异同，凡十六目，多于后者三目。在学术批评上，陈振孙往往提出独到的见解。他在评论《史记》时发表了这样的看法：

> 窃尝谓著书立言，述旧易，作古难。"六艺"之后，有四人焉：撮实而有文采者，左氏也；凭虚而有理致者，庄子也；屈原变《国风》、《雅》、《颂》而为《离骚》；及子长易编年而为纪传，皆前未有其比，后可以为法，非豪杰特起之士，其孰能之？③

这里，讲事实，讲伦理，讲文体之变，讲史体之易，"前未有其比，后可以为法"，确是卓见。陈振孙论赵明诚《金石录》一书时写道：

---

① 高似孙：《史略》卷二《唐修隋书》，丛书集成初编本，中华书局1985年版，第46页。
② 如《史略》卷二论"颜氏所注重复"，采自《容斋续笔》卷一二《汉书注冗》。
③ 陈振孙：《直斋书录解题》卷四《正史类·史记》，徐小蛮、顾美华点校本，上海古籍出版社1987年版，第97页。

本朝诸家蓄古器物款式，其考订详洽，如刘原父、吕与叔、黄长睿多矣，大抵好附会古人名字，如"丁"字，即以为祖丁；"举"字，即以为伍举；"方鼎"，即以为子产；"仲吉匜"，即以为偪姞之类。遐古以来，人之生世夥矣，而仅见于简册者几何？器物之用于人亦夥矣，而仅存于今世者几何？乃以其姓字、名物之偶同而实焉，余尝窃笑之。惟其附会之过，并与其详洽者，皆不足取信矣。惟此书跋尾独不然，好古之通人也。明诚，宰相挺之之子。其妻易安居士李氏为作后序，颇可观。①

这一段文字反映出了一些很重要的历史信息，即宋人多有"蓄古器物"的风气，可见欧阳修的《集古录》、赵明诚的《金石录》的出现不是偶然的；同时，牵强附会之论亦颇流行，于是更可见《金石录》的可贵。《四库全书简明目录·史部目录类》称此书云："其解题与晁氏相类。马端临作《经籍考》，以《读书志》及此编为蓝本，则其典确可知矣。"②这反映了《郡斋读书志》和《直斋书录解题》二书在后世的影响是很大的。

两宋时期，史学批评获得多方面的成就，在理论上和方法上都呈现出繁荣景象，在中国史学上占有重要位置。这里所论述的，远不能尽其详；而有的史家的史学批评思想如郑樵的"会通"理论，笔者已有专文论列，兹不赘述。

（原载《河北学刊》1999年第2期）

---

① 陈振孙：《直斋书录解题》卷八《目录类·金石录》，徐小蛮、顾美华点校本，上海古籍出版社1987年版，第233页。

② 永瑢等：《四库全书简明目录》卷八《史部十四》，傅卜棠点校本，华东师范大学出版社2012年版，第320页。

元代《通鉴》学和《通鉴》胡注

一、元代《通鉴》学的发展

南宋时期开始形成的《通鉴》学，在元代有了进一步发展。据钱大昕《补元史艺文志》卷二编年类所考，关于《通鉴》方面的撰述有：

郝经《通鉴书法》；

金履祥《通鉴前编》十八卷；

何中《通鉴纲目测海》三卷；

胡三省《资治通鉴音注》二百九十四卷，又《通鉴释文辨误》十二卷；

尹起莘《通鉴纲目发明》五十九卷；

王幼学《通鉴纲目集览》五十九卷；

刘友益《通鉴纲目书法》五十九卷；

徐昭文《通鉴纲目考证》五十九卷；

金居敬《通鉴纲目凡例考异》；

吴迁《重定纲目》；

徐诜《续通鉴要言》二十卷；

曹仲垫《通鉴日纂》二十四卷；

董蕃《通鉴音释质疑》；

潘荣《通鉴总论》一卷；

汪从善《通鉴地理志》二十卷；

以上，凡十六种①。可惜这些书大多已佚，留存至今的主要有《通鉴

---

① 见《二十五史补编》第6册，中华书局1955年版，第8406页。

前编》、《音注资治通鉴》和《通鉴释文辨误》等。

《通鉴》学在元代的发展，跟统治者重视《资治通鉴》一书，自有一定的关系。元世祖时，置诸路蒙古字学，对诸路官府子弟之入学者及民间子弟愿充生徒者，"以译写《通鉴节要》颁行各路，俾肄习之"（《元史·选举志一》）。泰定帝泰定元年（一三二四年），"江浙行省左丞赵简，请开经筵及择师傅，令太子及诸王、大臣子孙受学。遂命平章政事张珪、翰林学士承旨忽都鲁都儿迷失、学士吴澄、集贤直学士邓文原，以《帝范》、《资治通鉴》、《大学衍义》、《贞观政要》等书进讲，复敕右丞相也先铁木儿领之"（《元史·泰定帝纪一》）。这说明，不论在科举方面还是在一般教育方面，《资治通鉴》都是作为重要的内容而受到提倡。元代《通鉴》学的发展，离不开这样的政治、文化土壤。

元代的《通鉴》学，也反映出了史学自身发展的内在要求。不论是注，是论，是补作、续作，它们都表明《资治通鉴》在史学上所产生的重大影响。宋元之际的金履祥（字吉父，一二三二年——一三〇三年）认为，北宋刘恕撰《资治通鉴外纪》记《通鉴》上限以前之事，"不本于经，而信百家之说，是非谬于圣人，不足以传信。"他于是采用邵雍《皇极经世历》和胡宏《皇王大纪》的体例，损益折中，"一以《尚书》为主，下及《诗》、《礼》、《春秋》，旁采旧史诸子，表年系事，断自唐尧以下，接于《通鉴》之前"，勒为一书，名曰《通鉴前编》。金履祥对于此书很自信，曾对门人许谦说："二帝三王之盛，其微言懿行，宜后王所当法；战国申、商之术，其苛法乱政，亦后王所当戒，则是编不可以不著也。"明代学者也称其"凡所引书，辄加训释，以裁正其义，多儒先所未发"（均见《元史·儒学一·金履祥传》）。此书旁征博引，对古代史事的考订用力甚多。但对"共和"以前史事记述不如刘恕以《疑年》处置稳妥，而"援经入史"亦非史家所尚，其于"好奇"亦不减于刘恕[1]。论者多以金履祥为南宋人，而元修《宋史》不曾为其立传，这是把他视为本朝人；明修《元史》为其立传，表明明人是尊重了元人的看法，钱大昕亦遵此说。

---

① 此近人张煦侯说，见《通鉴学》（修订本），安徽人民出版社1981年版，第137页。

史学自身发展的这种内在要求反映在元代《通鉴》学上的突出成果，那就是胡三省的《资治通鉴音注》了。胡三省的《资治通鉴音注》（亦作《新注资治通鉴》），后人一般称为"《通鉴》胡注"。

二、《通鉴》胡注的成就

胡三省（字身之，号梅涧，一作梅磵，一二三〇——三〇二年），宋末元初台州天台（今浙江天台县）人[1]。他于宋理宗宝祐四年（一二五六年）以进士科入仕，恭宗德祐元年（一二七五年）归乡里，潜心撰述，直至于终[2]。在当时历史条件下，胡三省注《通鉴》有两个动因，一是承袭家学，执行先人遗命，二是痛感宋亡，寄寓民族气节。他父亲胡钥笃于史学，而于史注格外用力，颇有独立见解，曾经指出托名司马康的海陵《通鉴释文》本，并非出于司马康之手，嘱三省予以"刊正"。"三省捧手对曰：'愿学焉。'"[3]这种家学影响，使他确立了"史学不敢废"的志向，并走上了治《通鉴》学的道路。他从宝祐四年（一二五六年）着手作《通鉴》注，历尽艰难坎坷，至元世祖至元二十二年（一二八五年），首尾三十年，乃撰成《资治通鉴音注》。其中，经历了宋元更迭，"世运推迁"。作为亡国之臣，他感到痛心疾首，所以在自序中以太岁纪年书为"旃蒙作噩"（乙酉年，即至元二十二年），表示不奉元朝为正朔。这个思想，也反映在胡注之中。

以上两个方面，是《通鉴》胡注产生的家庭环境和社会环境。

胡注的成就，首先在于它对《资治通鉴》在记事、地理、制度、音读等方面有疏通之功。恰如胡注自序所说："凡纪事之本末，地名之同异，州县之建置离合，制度之沿革损益，悉疏其所以然。"这种疏通工作反映在注释内容上，包括校勘、考订、辨误、训释音义等几个方面。仅举《音注资治通鉴》卷二八六为例：

---

① 一说胡三省系天台宁海（今浙江宁海县）人，不取。此据胡氏《资治通鉴音注·序》之说。

② 胡三省事迹，《元史》不载，仅见于《通鉴》胡注自序及后人文集与县志的零星记载。

③《资治通鉴音注·序》，本文以下未注明出处者，均见此书。

——关于校勘。《通鉴》记："契丹主以前燕京留守刘晞为西京留守。"《资治通鉴考异》曰："《实录》作禧。或云名晞。今从《陷蕃记》。"胡三省在《通鉴》正文与《考异》之间，引薛居正《旧五代史》文："刘晞者，涿州人，陷虏，历官至平章事兼侍中。"这是进而证明《通鉴》和《考异》所取的正确。

——关于考订。《通鉴》正文记："三月，丙戌朔，契丹主服赭袍，坐崇元殿，百官行入阁礼。"此下，胡注引欧阳修论唐代入阁礼及《五代会要》所记入阁仪，又引《新五代史》所记梁太祖元年关于入阁的史事，最后说："视唐之正牙朝会，其仪略而野，而五代谓之行礼。《会要》又详载而为书，则其仪为一时之上仪矣。姑备录之，以志朝仪之变。"胡注关于"入阁"的考订，注文将近八百字。

——关于辨误。《通鉴》正文记：正月，"辛卯，契丹以晋主为负义侯，置于黄龙府。黄龙府，即慕容氏和龙城也"。胡注则认为："欧《史》曰：'自幽州行十余日，过平州；出榆关，行沙碛中，七八日至锦州；又行五六日，过海北州；又行十余日，渡辽水至渤海铁州；又行七八日，过南海府，遂至黄龙府。'按契丹后改黄龙府为隆州，北至混同江一百三十里。又按慕容氏之和龙城，若据《晋书》及郦道元《水经注》，当在汉辽西郡界。今晋主陷蕃，渡辽水而后至黄龙府，又其地近混同江，疑非慕容氏之和龙城。"和龙在今辽宁朝阳，黄龙府在今吉林农安，胡注所疑甚是。

胡注在训释音义方面，全书俯拾即是，不一一列举。

胡注的成就，其次表现在寓历史评论于注文之中，反映了注者的进步的历史见识。仍以《音注资治通鉴》卷二八六为例：

——《通鉴》正文记："契丹迁晋主及其家人于封禅寺，遣大同节度使兼侍中河内崔廷勋以兵守之。契丹主数遣使存问，晋主每闻使至，举家忧恐。时雨雪连旬，外无供亿，上下冻馁。太后使人谓寺僧曰：'吾尝于此饭僧数万，今日独无一人相念邪！'僧辞以'虏意难测，不敢献食'。"胡三省于其下注曰："噫！孰知缁黄变色，其徒所为，有甚于不敢献食者邪！有国有家者，崇奉释氏以求福田利益，可以监矣。"这是对晋后的讽刺，也是对崇佛者的劝诫，反映出注者不信释氏的思想。

——《通鉴》正文记："契丹主改服中国衣冠，百官起居皆如旧制。"胡注曰："史言契丹主犹知用夏变夷。"又《通鉴》正文记："契丹主广受四方贡献，大纵酒作乐，每谓晋臣曰：'中国事，我皆知之，吾国事汝曹不知也。'"胡注曰："契丹主自谓周防之密以夸晋臣。然东丹之来，已胎兀欲夺国之祸，虽甚愚者知之，而契丹主不知也。善觇国者，不观一时之强弱而观其治乱之大致。"这两段评论，反映了胡三省的民族意识和关于强弱、治乱的卓识。

　　这样的评论，由事而发，随文作注，在胡注中占有重要的分量，既阐发了注者的历史见解，又启发了读者从理论上去认识历史，这是胡注的一个鲜明特色。

　　胡注的成就，还在于他"始以《考异》及所注者散入《通鉴》各文之下"，便利了《通鉴》的阅读和流传。南宋时期，注《通鉴》者纷纷然，但多有乖谬，没有多大影响。而《通鉴》胡注，一是详于典章制度的梳理，地理沿革的考察；二是于原书"能见其大"，阐发其旨趣；三是"心术之公私，学术之真伪"都经得起考验（见《四库全书总目》卷四七《资治通鉴》条）。

　　胡三省在《音注资治通鉴序》中，还表明了他在历史文献学上所持的发展的和实事求是的学术见解。即学术是一代代人的传袭，积累，发展，任何人都不应自谓本身的见识"无复遗恨"，而应认识到后人总会有超过自己的地方。然而，对于"前注之失，吾知之，吾注之失，吾不能知"这样一个简单的道理，人们要有自觉的认识，却又是多么不容易！——这一思想，是中国历史文献学史上的宝贵遗产。

　　胡三省又是有自知之明的。他在自序中，还说："古人注书，文约而义见。今吾所注博则博矣，反之于约，有未能焉。"这虽是他的自谦之词，但也表明他是主张史注应当以"文约而义见"为目标的。他撰的《通鉴释文辨误》十二卷，是以雄辩的事实证明海陵本《通鉴释文》的讹谬；"而海陵本乃托之公休（司马康字公休——引者）以欺世，适所以诬玷公休，此不容不辨也"（《通鉴释文辨误》后序）。他的丰富的历史文献学知识，在此书中也同样得到淋漓尽致的发挥。

　　《资治通鉴音注》和《通鉴释文辨误》二书，是胡三省关于《通鉴》学的名作，也是元代历史文献学方面的杰作。

（原载《史学月刊》1994年第4期）

影印《史学要义》序

  《史学要义》四卷，补卷一卷，凡五卷，明代卜大有辑、徐栻作叙，万历五年（一五七七年）刻本，距今已四百二十二年，后世未曾重刻。今仅存两部，分别收藏于国家图书馆和山东省图书馆。

  《史学要义》卷一至卷四，卷首各有目录；补卷卷首无目录，其目，视所补内容分别列于上述各卷目录之后，并冠以"补集"二字，以示区分。

  《史学要义》所辑之文，是历代学人讨论史学之作，上起西汉，下迄明代。诸文体例，有疏、表、事状、书、论、序、跋、传记等。其编次，卷一所辑之文，前一部分是关于史官、史官制度、作史义例、史馆修史、史法、正史、杂史等综论性质方面的议论，后一部分以及"补集"所列是关于《史记》、《汉书》、《后汉书》及其作者的评论。卷二所辑之文，是关于《三国志》、《晋书》、《宋书》、《南齐书》、《梁书》、《陈书》、《魏书》、《北齐书》、《周书》、《隋书》、《南史》、《北史》、两《唐书》、两《五代史》、《宋史》、《辽史》、《金史》、《元史》及有关作者的评论，"补集"所列大致同此。卷三所辑之文，是关于《资治通鉴》、《资治通鉴纲目》、《资治通鉴外纪》、《续资治通鉴长编》、《通鉴续编》、《通鉴纪事本末》、《通鉴前编》、《大事记》、《世史正纲》以及关于《史通》、《古史》等书与有关作者的评论，"补集"增列有关《稽古录》、论正统的议论。卷四所辑之文，是关于《战国策》、《汉纪》、《后汉纪》、《人物志》、《续后汉书》、《唐鉴》、《唐史论断》、《南唐书》、《建隆编》、《经世纪年》、《宋元通鉴》、《通典》、《通志》、《路史》、《文献通考》等书及有关作者的评论，"补集"所列仅限于《唐鉴》、唐论。通观全书所辑之文，凡二百余篇，多是关于史家、史书的评论，或论得失、辨是非，或溯源流、探新途，都是关乎史学本身的认识，一言以蔽之曰"史学要义"，是名副其实的。书中所辑之文，也有几篇是讨论历史问题的，如卷四之论东、西周，补卷中之论唐"八司马"、《通鉴纲目》之论正统等文，虽与"史学要义"之本意不尽吻合，但寥寥数篇，不影响全书的性质和面貌。

　　辑者卜大有没有关于此书之编次的任何说明，根据各卷所辑内容来看，大致可以作这样的概括：卷一是关于史学的总的面貌和关于"三史"（即《史记》、《汉书》、《后汉书》）的评论，卷二是关于《三国志》至《元史》历代正史的评论，卷三是关于《资治通鉴》及与之相关的多种历史撰述的评论并兼及对于《史通》等书的评论，卷四诸文涉及的史书在内容上和体裁上广泛而驳杂，似乎是相对于"正史"以外的"杂史"。按照刘知几《史通》的分类方法，纪传体、编年体的皇朝史均为"正史"，其他体裁的史书大多归于"杂述"之下。卜大有于卷一收入刘知几论"史氏流别"，《隋书·经籍志二》的"正史"、"杂史"小序，于卷三收入评论刘知几和《史通》之文，或者包含了他关于本书的编次思想，即首先是综论，继之以"正史"，最后是"杂史"。

　　徐杭的叙文在揭示《史学要义》一书的内涵、价值以及表明他对于史学的期待等方面，都有明确而不俗的见解。他写道：

　　　　卜大夫究心史事，既得其旨趣，间尝采辑古今论著有切于史学者若干卷，题其端曰《史学要义》。予得而读之，见其陈叙事之义例，原载笔之职司，析编年、纪传之同异，以暨辨正杂，别良秽，罔弗备焉。乃叹曰："勤哉，大夫之志乎！精哉，大夫之取裁乎！"[①]

这段话把《史学要义》的内涵即"史学"的"要义"作了很好的概括："陈叙事之义例"，是指作史的思想和体例、内容和形式；"原载笔之职司"，是指史官、史家的职责及其源流；"析编年、纪传之同异"，是指对

---

　　①卜大有辑：《明刻珍本〈史学要义〉》，中华全国图书馆文献缩微复制中心1999年版，第1—2页。

有关史书体裁的认识和运用；"辨正杂，别良莠"，是指史学批评及其作用。文中所谓"究心史事"、"切于史学"，是把"史事"、"史学"区别看待的；所谓"精"于"取裁"，是强调了"切于史学"实为本书采辑之主旨。

至于《史学要义》的价值，徐叙开篇就这样指出：

> 载籍博矣，而义有要焉；得其要义，则会通有机。是学史者，要义尚矣。嗟夫！
> 事以代殊，文缘人异，纷纭述作，迷目瞀心，自非精明博雅之士，恶足以与于斯。①

这里讲的"博"与"义"的关系，本质上是知识与思想的关系；又讲到"要义"是"会通"的关键，表明作者重视会通并指出"要义"与"会通"的关系；还讲到只有"精明博雅之士"才有可能与之探讨"要义"。徐栻的这些见解，都是很有启发性的。"得其要义"的重要，是讲的一般原则，"精明博雅之士"的难得，自然就实指辑者卜大有了，二者都着眼于强调本书的价值。

徐栻从对于《史学要义》一书的介绍和推崇，进而谈到他对于史学的一种期待。他在叙文中说：

> 是书之作，真学海之舟楫、文艺之要旨也。当世贤豪励志"三长"者，固幸得指南。……孔子以圣神之心而窃取鲁史之义，则心，其史学之尤要乎！是故公其心以定夺，明其心以辨正雅，大其心以尽人物之变，斯无负于《要义》之作也。②

徐栻认为，这书对有志于把"史才三长"即史才、史学、史识作为努力目标的人来说，是有指导作用的。他举孔子为例，再次强调"义"的突出地

---

① 卜大有辑：《明刻珍本〈史学要义〉》，中华全国图书馆文献缩微复制中心1999年版，第1页。

② 卜大有辑：《明刻珍本〈史学要义〉》，中华全国图书馆文献缩微复制中心1999年版，第3—4页。

位,指出"心"即思想是史学的核心。所谓"公其心"、"明其心"、"大其心"云云,就其本质而言,是关系到史学批评的标准、原则和气度。

从中国古代史学思想发展来看,徐枌叙文所论,一是中肯地阐述了《史学要义》的旨趣;二是提出了一些有意义的见解,如知识与思想的关系,"会通"与"要义"的关系,以及在思想上把握史学批评的标准、原则和气度的重要等,都是可以作进一步研究的。

徐叙末了有一句话,叫作"归诸心学,以为史学者劝焉",同叙文讨论史学处多不协调,由此亦可见陆王心学唯心论在当时的影响。这是我们应当注意到的。

本书辑者卜大有是嘉兴府秀水县(今属浙江嘉兴)人。《明史》无传,其《艺文志一》诸经类著录"卜大有《经学要义》五卷"(《万历秀水县志》卷七《艺文志·典籍》作四卷——引者)、《艺文志二》史钞类著录"卜大有《史学要义》四卷"。这两部书,《四库全书总目》未著录,而《经学要义》已失传。《万历秀水县志》卷五于"先达"一目中记卜大有兄弟三人行事,略述如下:

卜大同,字吉夫,嘉靖戊戌(一五三八年)进士,授刑部主事,迁湖广参议,再迁福建巡海副使,闽赖以安。弟大有、大顺,皆举进士。

卜大有,字谦夫,嘉靖丁未(一五四七年)进士,初知无锡县(今属江苏无锡),执法不挠,称"强项令",中忌者调潜山县(在今安徽西南),莅政刚明,夙奸畏服;历南仪曹郎,以忤时宰,出为寻甸(在今云南中部偏东北)守,致仕。

卜大顺,字信夫,嘉靖癸丑(一五五三年)进士,初令当涂(今安徽当涂),治行称最,擢刑部主事,寻改吏部,历司勋郎。能留意人材,却问遗,不脂韦逐时好,卒于官,人共惜之。

据明人文集及焦竑《国朝献征录》所记,卜氏兄弟之父卜宗洛,生于成化二十一年(一四八五年),卒于嘉靖十七年(一五三八年),即大同进士及第之年,号长醉翁,曾为太学生(见《屠渐山文集》卷四《卜君墓志铭》)。卜大同生于正德四年(一五〇九年),卒于嘉靖三十四年(一五五五年),是为大顺举进士后二年(见徐阶《经世堂集》卷一七《卜公墓志铭》）。卜大顺生于正德十五年（一五二〇年），卒于嘉靖四十年（一五六一年），享年四十二（见《国朝献征录》卷二六郑晓撰《卜君墓志铭》）。大有生卒年不详。今据大同二十九岁举进士，大顺三十三岁举进士，姑以大有三十一岁前后举进士推之，他当生于正德十一年（一五一六年）前后，而其卒年不会早于万历五年（一五七七年），是卜氏父子中年寿最长的人。这样一个进士屡出的官宦之家，同巡抚浙江的徐栻有所交往，是很自然的。

徐栻（一五一九年——一五八一年），字世寅，号凤竹，苏州府常熟县（今江苏常熟）人。《明史》卷二二〇《刘应节传》、卷八七《河渠志五》略记其行事。明人关于徐栻事迹的记载，主要见于王世贞《江右奏议序》、《徐尚书传》（见《弇州山人续稿》卷四〇、卷七七），《徐公墓志铭》（见焦竑《国朝献征录》卷五二），以及《万历常熟县私志》、《崇祯常熟县志》等。徐栻于嘉靖二十六年（一五四七年）举进士，从宜春（在今江西西部）知县做起，"凡十五政"，曾先后巡抚江西、浙江，最后拜南京工部尚书，旋归里，里居二年而卒，终年六十三岁。徐栻先后为卜大有《经学要义》、《史学要义》作叙，而他的《江右奏议》又是王世贞作的序，这都是他在浙江巡抚任上的事情。

古往今来，不少治史者对于历史（或曰史事）与史学的区分不甚关注，这颇有碍于对史学理论的探讨。《史学要义》的理论价值在于，辑者十分明确地把握了关于"史学"自身方面的问题，并把它概括为"要义"。我们从书中所辑诸文可以看到，卜大有受到刘向、《隋书·经籍志》、《史通》、曾巩、郑樵、马端临等史家、史书的启发颇多。可以认为，《史学要义》大致上勾画出了上起西汉、下迄明代人们关于史学之认识的轨迹。如果说在此之前，唐代史家刘知几的《史通》是以作者自己的评论来描绘唐初以前的这一轨迹的话，那么卜大有的《史学要义》则是以诸家所论来铺筑汉、明间的这一轨迹；二书的识见和影响自有高下之分，但其旨趣确有相通之处。从这个意义上说，《史学要义》在中国古代史学思想史上是应当占有一席之地的。

辑者的勤于搜求和精于取裁，使《史学要义》在文献上的价值也很突出。书中所辑之文，重要而常见者自不必论说，贵在辑者的视野开阔，采撷广泛，多有新的发掘。如宋人唐庚论"古史官不专注记"，王安国"后周书目录序"，张唐英"读《史通》"；明人陆深论"历代史官建置"、"论作史义例"、"作史法"，杨慎论《史通》等，多不甚为人们所关注。此类文章，占有一定分量。这对于从文献发掘方面推动中国史学史的研究，提供了有益的借鉴。

当然，《史学要义》也存在一些明显的疏漏和缺点。第一，失收一些重要论述，如司马迁《报任安书》、刘勰《文心雕龙·史传》、唐高祖和唐太宗修史诏书、吴缜《新唐书纠谬序》等。第二，所收诸文，多有出处不详者，如凡署作者姓名之文，均无出处，不便于查对、校勘。第三，标目错误或不当，如卷一所收《范晔传》，作者却署为"陈寿"。查此传辑自《南史》卷三三《范泰传》附《范晔传》，作者应署为李延寿。同卷目录中有《答韩愈论史官书》，当作《与韩愈论史官书》；"杂史"之下署为"《隋书·艺文志》"，当作《隋书·经籍志》；"司马谈司马迁"之下署为司马迁自序，当作"《史记·太史公自序》"。卷二目录中的《陈寿传》、《习凿齿传》、《干宝传》，均署为"唐太宗"，实误，这是受了《晋书》曾被题为"御撰"的影响而致误；"李大师李延寿"下署为"《北史·李延寿自序》"，当作"《北史·序传》"。卷四有"宋史九朝实录"，文录自宋人洪迈《容斋三笔》，原作"九朝国史"，所改非是，等等。第四，补卷称"史学要义补卷之五"，于义不妥，且文、目分离，不符合史书编纂体例，于阅读亦颇不便。产生以上这些疏漏和缺点的原因是多方面的，而誊抄、刻印、校勘中出现的问题较多，这或许也反映了明人刻书的通病。

尽管《史学要义》有这样那样的缺陷和不足之处，但因其旨趣卓尔不群，取裁见识独到，有不容忽视的思想价值；且其流传未广，近代以来，鲜为人知，今影印出版，使之得以广泛传播，以便于治史学者参考、研究，自是一件有意义的事情。

最后，我想就明代史学讲一点认识，这对于如何看待《史学要义》一书，也是有联系的。有明一代，朝廷只修实录，不撰国史，大为时人所诟病。王世贞说过："国史之失职，未有甚于我朝者也"（《弇山堂别集》卷二〇《史乘考误》引言）。这个批评，是指出了一个事实。有的学人则因所修实录存在一些问题，便断言明代"无史"（郎英《七修类稿》卷一三"三无"条）。有的学人更进而认为："有明一代，国史（指实录——引者）失诬，家史失谀，野史失臆，故以二百八十二年，总成一诬妄之世界"（张岱《石匮书自序》，见《琅嬛文集》卷一）。像这样的批评，显然是过分了，而其影响所及直至于今。从唯物的和辩证的观点来看，明代史学确无可与《史记》、《汉书》、"三通"、《资治通鉴》相媲美的著作，但这并不是全面看待和评价一个朝代之史学成就的唯一标准。明代史学也确有不少可议之处，然而它在以下几个方面还是显示出它的分量的：一是二千九百余卷的实录的撰成及流传至今，虽存在不少问题（历代实录都存在这样那样的问题），但却不能从根本上动摇其历史价值；二是方志和野史的发达；三是有关社会经济领域的多种专史的兴起；四是通俗史学的发展；五是历史批判和史学批评均有新的成就；六是晚明史家群体的形成及私家历史撰述之盛亦无愧于前朝，等等。因此，我们对于类似"有明一代，史学不振"的论点，应从时代与史学的关系上作具体分析，尽可能还其本来面貌。希望《史学要义》一书的影印出版，对促进关于明代史学的研究也能发挥应有的作用。

国家图书馆所藏《史学要义》，卷二缺第四十五页，补卷缺第六十八至第七十一页，可惜已非完帙。所幸的是，山东省图书馆藏本完好无损，仍为全编。在全国公共图书馆古籍文献编辑出版委员会的指导下，山东省图书馆与全国图书馆文献缩微复制中心合作，拟影印山东省图书馆藏本《史学要义》，予以出版，以供研究与收藏之需。主其事者要我为影印本《史学要义》作一篇序，以便于读者对它的了解和研究。仓促之际，勉强成篇，不当之处，盼方家予以教正。

是为序。

（原载《文献》季刊2000年第4期）

读《读史漫录》琐记

去年，购得《读史漫录》一书，此系明人于慎行著，清人黄恩彤参订，今人李念孔等点校，齐鲁书社一九九六年八月出版。也许出于专业的癖好，乃置其于案头，不时展读，偶有所得，辄记之。今拾掇数则，连缀成文，以就教于同好和方家。

一、"当天下大事"与才、量、识

于慎行（一五四五年——一六〇七年）所撰《读史漫录》一书，是一部历史评论著作。清四库馆臣称其书"所论无甚乖舛，亦无所阐发"（《四库全书总目》史部，史评类，存目二），故仅存其目。

于慎行，字可远，更字无垢，东阿（今属山东）人，隆庆二年（一五六八年）进士，历任编修、修撰，充日讲官，后官至礼部尚书、东阁大学士。是书乃其"山居谢客"时期所撰，"秘不示人"，唯其门人郭应宠得以诵读。于谓郭曰："当天下大事，必才、量、识兼之乃济。吾才、量不能逾人，识又不欲轻许，生试读吾书，当犁然有会。"（郭应宠《读史漫录》题识）于慎行早年任史职，其后仕途坎坷，晚年读史，非为自娱，仍以"当天下大事"为寄，可以想见其为人之准则，治学之旨趣。这一点，正是清代四库馆臣所忽略的。

《读史漫录》所评论史事、人物，多据《史记》、《资治通鉴》，间或亦采自他书。于慎行死后，郭应宠为之"厘次订讹，分汇为十四卷"，略按时代编次，上起伏羲，下迄元代，也算得上是一部关于历史的通论了。

《读史漫录》在明万历三十七年（一六〇九年）、四十一年（一六一三年）两次刊刻。此后直到清道光二十六年（一八四六年）才有新的刻本行世。这个新刻本是钦佩本书而又予以"参订"的黄恩彤所为。黄氏系嘉庆、道光间人，历官江宁布政使、广东巡抚，他因于书"往往先得我心"，又"惜原刻雠校未精，间有讹脱漫漶，辄思为之重刊"，乃"参稽诸史、讹者正之，脱者补之，应注者注之，疑者阙之"。同时，他还做了一件重要的事情，即："间有管见所及，辄为论述，附缀各条下，务与原书互相发明，不敢苟为异同。"这样，《读史漫录》在历经二百三十余年之后，又遇到了新的知音。黄恩彤的"参订"，不独在于雠校方面，而且还在于评论方面。这两点，都提高了《读史漫录》的价值。又过去了一百五十年，即一九九六年，齐鲁书社出版了《读史漫录》的点校本，卷首有前言、点校说明，卷末有附录七则，对了解是书的始末原委，颇有裨益。

唐人刘知几论"史才三长"，强调才、学、识；于慎行论"当天下大事"，强调才、量、识，审其意，当指济世之才所应具备的"三长"。从这个意义上说，《读史漫录》确有可取之处。

二、读书要即事推见政俗

《史记·扁鹊列传》传末记："扁鹊名闻天下。过邯郸，闻贵妇人，即为带下医；过洛阳，闻周人爱老人，即为耳目痹医；来入咸阳，闻秦人爱小儿，即为小儿医：随俗为变。"这是读《扁鹊传》的人，大致都能记得的。《读史漫录》第二卷在引证其大意时提出这样一个见解："读书要即事推见政俗。"我想作者这里讲"读书"，无疑主要是指读史书。这是提出了一个读史的方法；引申开去，也是提出了一个评论历史、研究历史的方法。请看作者是如何"推见政俗"的，他写道：

> 此扁鹊通方之术，然列国之政俗，因可考见。邯郸何以贵妇人？邯郸者，佳丽之所都，六国之侯王将相，皆争取邯郸之女以充后宫，邯郸以女为利，故贵之也。秦人何以贵小儿？秦戎狄之俗，贵壮而虐老，慈子嗜利，如贾生所陈；又其俗重首虏，务本业，以子为利，故

> 贵之也。乃若周人，则有先王之遗泽，睹庠序之教，存孝弟之风，故
> 贵老也。以此推其人民风俗，美恶有间矣。①

由扁鹊"随俗为变"。不仅看到了扁鹊的医术高明即"通方之术"，而且由此"考见"列国"政俗"，可谓善读史者。

倘今人读史，亦通此法，举一反三，大有裨益。南北朝时期史家所撰正史列传，多类家传，一个传主之下，罗列子孙、族人之传数以十数计、数十计，其遗风至唐初李延寿作《南史》、《北史》依然可见，乃遭后人诟病。但是，如果后人读史，能够由此"推见"六朝贵氏族、重谱学，如郑樵、赵翼者，则此种列传反倒成为认识当时"政俗"的历史依据。又如唐太宗时，出身庶族的张玄素因为官刚正而擢为三品，辅佐皇储。一次在朝堂上，唐太宗面对群臣，再三询问张玄素的身世，"穷其门户"，以致张玄素"耻之，出阁殆不能步，色如死灰"（《资治通鉴》卷一九五）。事后，大臣褚遂良上疏批评唐太宗的做法有失大体，危害甚大，唐太宗亦深为自责。由此，人们可以"推见"唐代门阀观念之重，确乎是"政俗"中极突出的方面。

推见"政俗"，是为了了解世情，辨其美恶，引为借鉴。顾炎武深于历代风俗的研究，他的结论是："风俗者，天下之大事!"（《日知录》卷一三）早于顾炎武的于慎行提倡"读书要即事推见政俗"，确是卓见。

三、太史公位在丞相上

司马迁在《史记·太史公自序》中述其家世，有"喜生谈，谈为太史公"的话。裴骃《集解》称："如淳曰：《汉仪注》：太史公，武帝置，位在丞相上。天下计书先上太史公，副上丞相。序事如古《春秋》。迁死后。宣帝以其官为令，行太史公文书而已。"这里有三个问题引起后人聚

---

① 于慎行：《读史漫录》卷二《战国至秦楚之际》，黄恩彤参订，李念孔、郭香圃等点校本，齐鲁书社1996年版，第30页。

讼不已。一是汉武帝是否设置"太史公"之职，二是太史公为何"位在丞相上"，三是为何"天下计书先上太史公，副上丞相"。关于第一个问题，经诸家辨析，认为"太史公"系司马迁尊其父乃称"公"，后亦自称"公"。《汉书·司马迁传》颜注亦近此说。关于第三个问题，《史记索隐》指出："修史之官，国家别有著撰，则令郡县所上图书皆先上之，而后人不晓，误以为在丞相上耳。"这是从修史制度上来说明"天下计书先上太史公"。此说近是。按唐朝一度有"时政记"，乃宰相所撰，都应按时送史馆，作为撰修国史的参考，这并不说明史馆"位在丞相上"。关于第二个问题，尤其令今人不解，因为这同司马迁在《报任安书》中所说"仆之先人非有剖符丹书之功，文史星历近乎卜祝之间，固主上所戏弄，倡优畜之，流俗之所轻也"相去甚远。《史记正义》引虞喜《志林》云："古者主天官者皆上公，自周至汉，其职转卑，然朝会坐位犹居公上。尊天之道，其官属仍以旧名尊而称也。"这里涉及"位在丞相上"是指"朝会坐位"而言，其所以然，是"其官属仍以旧名尊而称也"。如上文所说，称"太史公"实乃司马迁尊其父而称之，后亦自称，故此说似难以成立；但是，《志林》提出"朝会坐位"一说，却是有启发的见解。

或许正是"朝会坐位"这四个字启发了于慎行，使他联想到唐、宋史官记注之制，进而使这一聚讼多年的疑问迎刃而解。《读史漫录》第三卷记此事曰：

> 尝疑太史公之官，不再见于汉史，而迁自以为文史星历，近乎卜祝之间，则在诸吏下列，安得位（在）丞相上？及观唐、宋螭头记注之制，乃知所谓"位在丞相上"者，盖朝会立处，在人主左右，居丞相之上，以记言动耳。位者，朝著之位，非爵秩之位也。不见于《百官表》，而见于《仪注》，可以推矣。[①]

---

① 于慎行：《读史漫录》卷三《西汉》，黄恩彤参订，李念孔、郭香圃等点校本，齐鲁书社1996年版，第58页。

对于"位"的解释，虽然说的都是"朝会之位"、"朝著之位"，但在说明其所以然时，《读史漫录》近于事实，而《志林》不过是推测。

《唐会要》卷五六《起居郎起居舍人》条记：

> 自隋氏因前代史官有起居注，故置起居舍人，以纪君举，国朝因之。贞观初，置郎而省舍人。显庆中，始两置之，分侍左右仗下，秉笔随相入禁殿，命令谟猷，皆得详录。若伏在紫宸阁内，则夹香案，分立殿下，正直第二螭首。和墨濡翰，皆即螭首之坳处，由是谚传谓螭头有水。官既密侍，号为清美。①

所谓"密侍"，必须靠近皇帝，才能纪其言、动，故其"朝会之位"最近皇帝，也就成了"位在丞相上"了。

四、元人修三史

《读史漫录》第十四卷论元人修宋、辽、金三史，堪称卓见。其文曰：

> 元人修三史，各为一书，是也。《通鉴》编年之史，不相照应，即当《南、北史》之例，不必有所低昂可也。近世文雅之士，有为《宋史新编》者，尊宋为正统，而以辽、金为列国，则名实不相中矣。彼南、北二史，互相诋诃，南以北为索虏，北以南为岛夷，此列国相胜之风，有识者视之，已以为非体矣。乃今从百世之后，记前代之实，而犹以迂阔之见，妄加摈斥，此老生之陋识也。辽、金绳以夷狄僭号，未克混一，而中国土宇，为其所有，亦安得不以分行之体归之？而欲夷为列国，附于《宋史》之后，则不情也。②

---

① 王溥：《唐会要》卷五六《省号下》"起居郎起居舍人"条，上海古籍出版社2006年版，第1129页。

② 于慎行：《读史漫录》卷一四《辽金元》，黄恩彤参订，李念孔、郭香圃等点校本，齐鲁书社1996年版，第511页。

这一段话，表明了作者对统一的多民族国家历史的认识在历史编撰上的反映，是十分重要的。其一，作者认为，《宋史》、《辽史》、《金史》"各为一书"的做法是正确的，因为这表明当时中国"未克混一"的局面。其二，其"各为一书"，在体例上应援引《南史》、《北史》之例，"不必有所低昂"。其三，所谓"文雅之士"们的《宋史新编》的设想，即尊宋为正统，辽、金为列国，不得其体，这容易重蹈南北朝时期史家修史"互相诋诃"的误区？因而是为"陋识"；且这种设想，也不近于情，因为辽、金所控制的地方也是"中国土宇"，怎么能因为它们是"夷狄"所建就归于"列国"呢！

关于元修《宋史》、《辽史》、《金史》，后人多有批评、指摘，归结起来，无非是成书匆忙、舛误甚多之类，应予以纠正，这无疑是对的。但是，元人修三史，从中国历史发展大局着眼，使"各为正统"，承认在统一国家格局下的"未克混一"的事实，不赞成把辽、金分割出去作为"列国"而附于宋。对此，人们往往重视不够，不能不说是史识上的偏颇。

元人修三史，有"三史凡例"凡一百三十五字，举重若轻，气势恢宏，于慎行深得其旨，故有是论。黄恩彤评论说："此最为持平之论。"他不愧是于氏的知音。

五、"良臣"与"信史"

《读史漫录》也有所论不当者，如第六卷评论崔浩之死说：

> 崔浩之死，宜也。夫史者所以记人主之善恶，以为万世劝戒，是非褒贬，其谁敢私？然天下之事，有体有情，彼匹夫从万世之后，褒刺前主，以列国之臣，臧否他主，于体甚易，于情未难也。至于载笔记言，在主左右，以体言之，则史臣也，以情言之，则君父。第当据事直书，以俟后哲之评，避人焚革，以掩君父之过，岂有刊之于石，

列之于市，使行道之人，忿恚不平者？浩之死，宜也。①

这就是说崔浩以国史"刊之于石，列之于市"，显"君父之过"，因而该杀。作者进而引申说：

> 古之为良臣者，至周公而止。古之为信史者，至《春秋》而极。周公为王请命，藏其书于金縢，孔子因鲁史旧文，为其君讳，世不以为诔也。奈何卖直扬恶，以博杀身之祸，死不足以成仁，亡不足以市义，君子奚取焉！②

关于崔浩国史案的原因、是非，历来有不同的说法，这里不来讨论。这里要讨论的是，由崔浩国史案的引发，作者提出了他的"良臣"与"信史"的标准，即周公与《春秋》。《尚书·金縢》记周公对天明誓，愿替武王去死，并把他的这个明誓藏于金縢，不愿向他人显示，表明了他的忠诚。由这件事，称周公为"良臣"自无不可（事实上，周公的"良臣"业绩，更表现在他对成王的辅佐）。但这样的事例，在历史上绝非只有周公一人。春秋时楚国大夫观射父因"能作训辞"，使诸侯无法以楚君为"口实"；又有史官左史倚相因通晓历史、帮助楚君明于得失盛衰之故，使楚君"无忘先王之业"：他们被楚人称之为国"宝"（《国语·楚语下》），应当属于"良臣"之列了。《左传·宣公二年》记孔子的话说："董狐，古之良史也，书法不隐。宣子，古之良大夫也，为法受恶。"被孔子称为"良大夫"的赵盾（宣子），看来也应当属于"良臣"。

其实，在中国古代，所谓"良臣"的标准并不是一成不变的。东汉末年荀悦著《汉纪》，有六主、六臣说。六主是王主、治主、存主、哀主、危主、亡主，逐渐等而下之；六臣是王臣、良臣、直臣、具臣、嬖臣、佞臣，也是逐渐等而下之。荀悦认为："六主之有轻重，六臣之有简易，其存亡成败之在于是矣，可不尽而深览乎！"这是他根据西汉的历史（当也不能不参照东汉的历史）而总结出来的认识。这里，荀悦所说的"良臣"的标准是"忠顺不失，夙夜匪懈，顺理处和，以辅上德"（以上见《汉纪·昭帝纪》）。当然，在荀悦看来，还有在"良臣"之上的"王臣"；所谓"王臣"，其标准是"以道事君，匪躬之故，达节通方，立功兴化"（以上见《汉纪·昭帝纪》）。这就是说，"良臣"还不是臣子的最高楷模。一代明君唐太宗在大臣虞世南死后，深致痛惜地称道他说："虞世南于我，犹一体也。拾遗补阙，无日暂忘，实当代名臣，人伦准的。吾有小善，必将顺而成之；吾有小失，必犯颜而谏之。今其云亡，石渠、东观之中，无复人矣，痛惜岂可言哉！"（《贞观政要·任贤》）作为贞观时期的"当代名臣，人伦准的"的虞世南，自是唐太宗心目中的"良臣"无疑。中国历史悠久，处在不同时代的人们，都会提出关于"良臣"的标准，于慎行所谓"古之为良臣者，至周公而止"的论点，显然不妥。

至于"古之为信史者，至《春秋》而极"之说，亦非中肯之论。诚然，《春秋》确乎是被后人称为"信以传信，疑以传疑"（《穀梁传·桓公五年》）的史书，但它未必就是"信史"之"极"。第一，对于孔子的"因鲁史旧文，为其君讳"，后人不是没有批评的。唐人刘知几《史通·惑经》篇曾尖锐地指出："详《春秋》之义，其所未谕者有十二。"他批评"夫子修《春秋》也，多为贤者讳"；指出"《鲁春秋》之记其国也"，"国家事无大小，苟涉嫌疑，动称耻讳，厚诬来世，奚独多乎！"这个批评，是十分严厉的。第二，"信史"的原则是敢于求真，不是善于隐讳。先秦时期，史学初兴，似无"极"可言；至司马迁乃"成一家之言"，《史记》被称为"实录"；降至魏晋南北朝，史学蔚为大国；隋唐以下，浩浩荡荡……于慎行早年为史官，参与撰史，这些他是应当了解的。在史学发展过程中，人们对于信史的追求从未间断。刘知几《史通·直书》篇，称赞董狐、齐太史、司马迁、韦昭、崔浩、张俨、孙盛、习凿齿、干宝、宋孝王、王劭等，都是因为他们有秉笔直书的勇气。刘知几的挚友吴兢在史馆撰史，不畏权贵，秉笔直书，被时人称为"当今董狐"。一部《资治通鉴》，竟然另有三十卷《考异》，用以说明有关史料取舍之故，使后人得以知其所以然；九百多年来，它经历了多少严峻的审视而始终享有崇高的声望。这些，正是中国史学上的"信史"传统。

要之，《读史漫录》关于"良臣"与"信史"的见解，实不可取。

六、论史当忌"五失"

对《读史漫录》予以"参订"的黄恩彤，不独是这书的"忠臣"，对其大加称颂，而且"参订"中也不乏真知灼见而在原书之上者。如《读史漫录》第二卷有一则记项羽、刘邦器局，作者写道：

> 秦皇东游会稽，千乘万骑，盖海弥天，气焰何如？项王以一介布衣，睥睨纵观，即曰"彼可取而代也"！此言不苟，必自有所见。及汉祖观之，亦曰"大丈夫当如此"。英雄器局，大略相同，悲夫籍也！①

这里，作者的评论是"英雄器局，大略相同"，而项羽终于失败，故而是个悲剧。

对此，黄恩彤的看法却不是这样，他在此处批写道：

> 项王纵观秦皇帝，直曰"彼可取而代"，足觇其拔山盖世之勇，但欲以力强取耳。若汉高，则曰"大丈夫当如此"，便有凝旒端冕、临御万方气象。即此二语，两主之广狭优劣已自判然。②

这是不同意项、刘二人"英雄器局，大略相同"的看法，指出了盖世之勇与帝王气象的区别，其中包含着项羽失败、刘邦成功的某种必然因素。像

---

① 于慎行：《读史漫录》卷二《战国至秦楚之际》，黄恩彤参订，李念孔、郭香圃等点校本，齐鲁书社1996年版，第30页。

② 于慎行：《读史漫录》卷二《战国至秦楚之际》，黄恩彤参订，李念孔、郭香圃等点校本，齐鲁书社1996年版，第30—31页。

这样的例子，"参订"之中，还有一些，不再多举了。

这里着重要说的是，黄恩彤在《重刻于文定公〈读史漫录〉序》中提出的论史有五失的见解，对今人来说，仍有借鉴的意义。这五失是：

——窃维史者，古人之事也，而意存焉。论事不如论意，而意必即事以求之。不核其意，但鳃鳃焉钩考于名物字画音训之间，其失也琐。

——不审其事，徒为悬揣臆断，欲于千载下，忖度千载上之人之用心，其失也凿。

——又或捃摭群言，稗贩剩语，连篇累牍，无异尘饭土羹，其失也肤。

——甚至混淆可否，颠倒是非，屈千古之公评，就一己之偏见，不顾理之可安，但冀说之得逞，其失也肆。

——抵触昔贤，锻炼周内，善善从其短，恶恶从其长，戈戟腾于吻颊，霜雹集于豪素，其失也贼。①

黄恩彤认为："历观自古论史诸书，汗牛充栋，律以五失，罕得免者，而惟前明为尤甚。"他的这番话，意在肯定《读史漫录》大致免于五失，而与"前明"诸家论史者不同。然而他却指出了一般论史者应当忌讳的"五失"，因而具有普遍的理论意义。"五失"之中，以因"不核其意"而"其失也琐"，因"不审其事"而"其失也凿"，因"捃摭群言"、"连篇累牍"而"其失也肤"等三失最为常见。这里，辨析与处理"事"与"意"的关系最为重要。黄恩彤说的"窃维史者，古人之事也，而意存焉"，"事"过去了，而"意"是永存的，这恰是道出了"史"的价值和功用。

黄恩彤关于论史有五失的概括，在历史评论的理论、方法论方面，值得关注，也值得进一步阐发。

（原载《学林漫录》第14集，中华书局1999年版）

---

① 黄恩彤：《重刻于文定公〈读史漫录〉序》，载《读史漫录》附录六，齐鲁书社1996年版，第530页。

《读史纠谬》与历代正史

清代学者对历代正史的研究有很大贡献，尤其是钱大昕（一七二八年——一八〇四年）、赵翼（一七二七年——一八一四年）、王鸣盛（一七二二年——一七九七年）等考史学者，在关于正史的史事考证、史法运用、史识辨析方面，都有突出建树。近读清人牛运震的《读史纠谬》，颇以为作者在研究历代正史方面，当是乾嘉考史诸大家的前驱，其《读史纠谬》有必要作进一步的梳理和评论，以彰显中国史学批评史上这有意义的一页。

牛运震（一七〇六年——一七五八年），字阶平，号真谷，清滋阳（今山东兖州）人，其生平、著述，论者言之甚详①，本文仅就《读史纠谬》发表一点粗浅的认识。

从书名和内容及作者旨趣上看，《读史纠谬》显然是受到宋人吴缜《新唐书纠谬》的影响。其所"纠"之书是：《史记》、《汉书》、《后汉书》、《三国志》、《晋书》、《宋书》、《南齐书》、《梁书》、《陈书》、《南史》、《魏书》、《北齐书》、《周书》、《隋书》、《五代史》。从史学批评来说，"纠"前人之"谬"并不是坏事，也不是对前人的不尊重。在某种意义上说，"纠谬"之书的产生，不仅是合理的，而且是必要的。诚如钱大昕所说："史非一家之书，实千载之书，祛其疑，乃能坚其信；指其瑕，益以见其美。拾遗规过，匪为龂龂前人，实以开导后学。"②我们看待钱大昕的著作，无疑应取这种态度，看待牛运震的《读史纠谬》亦应采取同样的态度。

---

① 见牛运震：《读史纠谬》前言，李念孔、高文达、张茂华等点校本，齐鲁书社1989年版，第1—6页。

② 钱大昕：《廿二史考异·序》，上海古籍出版社2004年版，第1页。

一、关于史书叙事的批评

叙事是史书的基本内容，史料的价值、史事的真实性以及所叙之事的历史意义等，都同史书叙事有直接的关系。《读史纠谬》（以下称《纠谬》）关于史书叙事的批评，一是反对以怪诞之事入史，反对史家以"好奇"的心理撰写历史；二是讲求叙事的内在联系，不赞成追求表面上的"整齐"、"好看"。

史书叙事，第一要义是真实，从而达到以信史传世的目的。如《史记·吕太后本纪》一方面淋漓尽致地写出了吕后的凶残，但司马迁在后论中又指出：吕后时，"政不出房户而天下晏然"。在司马迁这里，叙事和评论，是辩证的、统一的，对史事的判断是全面的。但《汉书》记吕后就不是这样，牛运震批评说："《史记·吕后本纪》载吕氏阴谋擅王诸吕，劫危刘氏，本末曲折详悉。《汉书》大段削去，只为如常编年纪事，虽亦纪体，殊失史家诛刺之旨。"[①]吕后所作所为，不只是涉及她个人的评价问题，更重要的是这涉及吕氏时代最高统治集团中，诸吕势力同刘邦时代朝臣与刘氏宗室之间的尖锐斗争及权力再分配的问题，是西汉初年政治领域中的大事。《纠谬》批评《汉书》大段删去有关记述，反映了作者重视史书叙事的原则性，当然这并不只是"史家诛刺之旨"，而是关系到信史的基本要求。

同样的道理，《纠谬》批评《陈书·后主本纪》叙事的缺失，作者指出："后主穷极声色，淫乐无度，可谓失德之主，《本纪》并未著其一事，微《南史》所载，则后主昏德几不传矣。岂思廉因父察尝北面事陈，而故为讳之邪？"[②]其实，姚思廉之父姚察在陈朝为史官，并于入隋后受命撰梁、陈二朝国史[③]。后主本纪或为姚察旧稿，准此，则姚察曲笔在先，而姚思廉因之于后，这是父子二人的双重错误。

---

① 牛运震：《读史纠谬》，李念孔、高文达、张茂华等点校本，齐鲁书社1989年版，第82页。

② 牛运震：《读史纠谬》，李念孔、高文达、张茂华等点校本，齐鲁书社1989年版，第346页。

③ 参见姚思廉：《陈书》卷二七《姚察传》，中华书局1972年版，第354页。

　　《纠谬》对姚思廉在《陈书》中为其父姚察立传，亦觉不妥，并联系史学上父子传承的情况指出：

　　　　古来父子为史者，司马氏谈、迁，班氏彪、固及姚氏察与思廉是也。然迁不为谈立传，固不为彪立传，皆于自序中述其官爵行事、出处著作，盖不欲以其家世源流杂置他传，又以子传父，或有过情溢美之嫌，或蹈有而弗称之失，形迹之间易滋物议，故不为也。思廉缵其父为《梁、陈书》，而为父察立传，考察在江表，才行品地固系一时之望，然思廉所为传，繁文赘词逾三千言，摭述连引，几于百美毕备，赞语称察禀令德而光百行，至有风俗人伦之目，恐察之行为未足胜此也。《传》曰："善则归亲。"思廉以子称父，以为显亲成父之名则得矣，然于史家记载褒述之公正何如也？

　　　　思廉为察传，其失有三：子讳父名，礼也。思廉于赞中称其父曰先臣，然于传中则不得不斥称其名也，此一失也。江总固江表才人，然在后主时狎客幸臣也，颓乱纪纲以至亡国。思廉以察与总同传，侪其父于嬖幸小人之流，污孰甚焉，其失二也。察自陈亡入隋，授秘书丞散骑常侍，清显任职，大业二年，乃终于东都，则未尝终于陈也，谓为隋臣，孰曰不然，今编诸《陈书》列传，非所安也。其失三也。有此三失，何以为史？①

有比较才有鉴别。《纠谬》引司马迁不为其父立传、班固不为其父立传的事实，是极有说服力的。其所论"其失有三"，在今天看来，倒不是十分重要的问题。姚思廉本意是为了使父亲姚察流芳千古，但结果适得其反，此举不断遭到后人的批评。这个事实证明，历史是无情的，经得起历史的检验才是真正的检验。

　　史书叙事，还有一个重要原则，即要顾及事件、人物之间的内在联系，而不能仅仅考虑叙述的方便或追求叙事的整齐、好看。在这个问题

---

① 牛运震：《读史纠谬》，李念孔、高文达、张茂华等点校本，齐鲁书社1989年版，第354—355页。

上，《纠谬》对《汉书》在这方面的缺陷尤为关注。它在评论《汉书·陈胜项籍传》时写道："《史记》作《陈涉世家》，不独为涉也，内连叙吴广、武臣、周市、周文、韩广、秦嘉、董绁、朱鸡石、郑布、丁疾、景驹等，以征豪杰响应，而总收云'其所置遣侯王将相竟亡秦，由涉首事也'，此作《陈涉世家》本意。《汉书》以涉与籍并传，而涉传中仍以涉一人串叙众人，未免有喧客夺主之病，且不解《史记》为涉立传之意也。"① 《史记·陈涉世家》历来为研究者所关注，《纠谬》从人与人、人与事之间的内在联系出发，指出《汉书》以陈胜与项籍合传之不妥，认为班固并未懂得司马迁为陈涉立传的本意，诚然不错。从今天的认识来看，根本原因在于班固并未深入理解（至少是不愿意深入理解）秦汉之际这段历史，而强调"汉承尧运"所致。由此可见，史书叙事固然要讲求史料的真实，但对史事、人物的内在联系的认识与把握，也是十分重要的。

又如《纠谬》评论《汉书·卫青霍去病传》，指出："《史记》卫、霍合传，连叙、互叙极有法，《汉书》叙次文字一仍其旧，而于标目处分断，大失《史记》笔法。"②《汉书》讲究体例的严整，其所以要在标目处分断，或许是为了叙事的"整齐"、"好看"，然而这样一来，"连叙、互叙"的神韵就失掉了。这也反映出《史记》"圆而神"同《汉书》"方以智"的差别。③

史书叙事所反映出来的事物的内在联系是多样的、丰富的，史家的撰述思想和撰述方法应根据具体情况而处置。《纠谬》批评《魏书·文苑列传》说："《文苑传》不载一佳文，亦一阙事。"④史传载文，是史书叙事中难以把握的问题之一。有些历史人物，因其文流传于世从而使后人想见其人，这在史学上是不乏其例的，如司马迁《史记》载贾谊之论、司马相如之赋。但《汉书·叙传》载作者《两都赋》，似乎就有些过分了。刘知几《史通》专有《载文》一篇，对史传载文取否定态度。他写道："汉代

---

① 牛运震：《读史纠谬》，李念孔、高文达、张茂华等点校本，齐鲁书社1989年版，第92页。

② 牛运震：《读史纠谬》，李念孔、高文达、张茂华等点校本，齐鲁书社1989年版，第106页。

③ 章学诚：《文史通义·书教下》，中华书局1956年版，第13页。

④ 牛运震：《读史纠谬》，李念孔、高文达、张茂华等点校本，齐鲁书社1989年版，第481页。

词赋，虽云虚矫，自余它文，大抵犹实。至于魏、晋已下，则讹谬雷同。榷而论之，其失有五：一曰虚设，二曰厚颜，三曰假手，四曰自戾，五曰一概。"①因此，刘知几原则上是不赞成史传载文的。他的这一见解未免失之偏颇，正确的态度是对史传载文要作具体分析。《纠谬》此处指出《魏书·文苑传》未载一篇好文章"亦一阙事"，意见是中肯的。

史书叙事，尤忌以荒诞怪异的故事、传闻入史，这是许多史家的共识。然而却也有一些史书难免此弊。《纠谬》引用范晔《后汉书·章帝纪》中所记并予以批评，作者写道："'在位十三年，郡国所上符瑞，合于图书者数百千所'。按符瑞何足为祥？范史以此称章帝，陋且诬矣。"②范晔是一位具有无神论思想的史家，坚信"天下决无佛鬼"③，其《后汉书》纪传偶尔有涉及怪异之记载，或许是引据旧史而未及改正所致，《纠谬》以"陋且诬"评之，未必中肯。尽管如此，《纠谬》指出这种记载的不妥，无疑是正确的。

《纠谬》对李延寿《南史》、《北史》在这方面的记述，也有严厉的批评。如其论《南史·宋本纪》说："《武帝纪》载帝微时诸征异事，如卧时见五色龙，行止时见二小龙，射大蛇见童子捣药，遇沙门留药傅手疮种种怪诞，似非正史之体。昔人谓《南史》所载谣谶妖祥，颇涉猥杂，即此足以见一端矣。"④值得注意的是，《纠谬》所读之史并未包含《北史》，但其关于《魏书》的评论，却涉及对于《北史》的批评，其口气与评论《南史》无异。如其论《魏书》中的刁冲、卢景裕、李同轨三传时写道："刁冲、卢景裕、李同轨三传，昔人以为非魏收书，乃全录《北史》者。今按《卢景裕传》载记诵佛经获感应诸怪异事，《李同轨传》亦多记其说经讲法等事，世称《北史》好为鬼怪小说，二传所载真小说家言，信乎其为《北史》之文也。"⑤李延寿自谓撰写《南史》、《北史》"凡所猎略，千有余

---

① 刘知几：《史通·载文》，浦起龙释本，上海古籍出版社2009年版，第115页。
② 牛运震：《读史纠谬》，李念孔、高文达、张茂华等点校本，齐鲁书社1989年版，第125页。
③ 沈约：《宋书》卷六九《范晔传》，中华书局1974年版，第1829页。
④ 牛运震：《读史纠谬》，李念孔、高文达、张茂华等点校本，齐鲁书社1989年版，第125页。
⑤ 牛运震：《读史纠谬》，李念孔、高文达、张茂华等点校本，齐鲁书社1989年版，第480页。

卷"①，其中杂有小说笔记，故怪异之事，往往见于纪传之中，《纠谬》所论甚是。

对于这一类现象，《纠谬》概括为史家的"好奇之病"。作者批评姚思廉《陈书》说："《王固传》载于西魏'宴飨之际，停杀一羊，羊于固跪拜'，又魏人'大设罟网'，'固以佛法咒之，遂一鳞不获'。按此二事，有无不可知。即此，足见史家好奇之病。"②显然，严肃的史家是不应当犯这种"好奇之病"，把传闻得来的荒诞怪异之说写入史书。

综上，从牛运震所评论的诸事例来看，可以得到这样的认识：史书叙事的第一要义，是史事的真实性。

二、关于史书体例和史家见识的批评

刘知几指出："史之有例，犹国之有法。国无法，则上下靡定；史无例，则是非莫准。"③"史例"既然涉及"是非"问题，因而同史家的历史见识自也有一定的联系。《纠谬》批评《汉书》不精于"类传之法"，以致影响到对人物行事的理解，如："《史记》叙王温舒带尹齐，叙尹齐复带温舒，而温舒、尹齐行事多载之《杨仆传》中，如此穿插缨带，曲尽其妙。《汉书》乃以诸人行事分归各传，文仍其旧而事易其统，殊失类传之法，亦大失《史记》用笔之妙也。"④作者用了"穿插缨带，曲尽其妙"来评价《史记》的"用笔之妙"，以衬托班固《汉书》处置的失当，越发示出史学批评家的深刻见解。而《纠谬》作者牛运震对《汉书·叙传》的评论，更是精彩之笔。首先，作者认为，《叙传》模仿《史记·太史公自序》，然却"质不称华，逸不及庄"。作者写道："班掾甚攻司马氏，而《叙传》则极力摹效《自序》，于今读之，其风流隽秀，致有余妍。然质不称华，逸不及庄，求其朴古典醇之气，如太史公之高文绝调，殆靡然萧索

———————

①李延寿:《北史》卷一〇〇《序传》，中华书局1974年版，第3345页。

②牛运震:《读史纠谬》，李念孔、高文达、张茂华等点校本，齐鲁书社1989年版，第351页。

③刘知几:《史通·序例》，浦起龙通释本，上海古籍出版社2009年版，第81页。

④牛运震:《读史纠谬》，李念孔、高文达、张茂华等点校本，齐鲁书社1989年版，第114页。

矣。"其次，《纠谬》从史书体例方面进一步严厉批评《汉书·叙传》中的
不妥之处，作者写道：

> 《太史公自序》所载，经手论著之文，惟与壶遂校定《春秋》一
> 段，此作《史记》继往圣俟来世之本旨也，其他虽有著作，一概不肯
> 阑入。即如《报任安书》，乃综述被刑作史本末，极奇最壮之文，亦
> 不编入，诚以自序作史大旨，不以杂入混列其间也。班氏《叙传》乃
> 有《幽通之赋》，其于作史本旨已无关际矣。《答宾戏》不过寄怀遣兴
> 之作，诙逸骀宕，几于俳且滥矣，乃载入《叙传》，此何旨也，不亦
> 狎而不庄乎？

作者用了"俳且滥矣"、"狎而不庄"之语，可谓入木三分。认真评来，班
固的《叙传》，同《汉书》整体风貌，亦极不协调，《纠谬》严词批评是有
道理的。再次，《纠谬》对《史记》纪传诸小序同《汉书》叙目作比较，
并得出了明确的结论，一则是："《史记》纪传诸小序，或如赞，或如
铭，或散行如笺记，古雅绝伦。班氏《汉书》叙目，虽复整炼有典则，然
不及《史记》诸序远矣。"二则是："诸序目袭用经传成语，多有迂而不
切、支而无伦之弊。"①值得注意的是，《纠谬》作者也认可《汉书》叙目
"整炼有典则"，这同历来人们认为《汉书》有典雅之风是一致的，尽管如
此，《纠谬》还是认为它"不及《史记》诸序远矣"。这一评论再一次反映
出《史记》、《汉书》的不同风貌，即"圆而神"同"方以智"的区别。

《纠谬》论《魏书》纪传也有不合乎史例之处者，其一，是关于北魏
道武帝编年纪元问题，《纠谬》指出："道武于登国元年始即代王位，郊
天，建元。《本纪》应于此年编年纪事，其未即王位，不必编年也。今列
叙元年、二年、八年、九年，似非史例。"其实，为了表明史事的时间概
念，采用南朝纪年也是可以的，不必采取"追溯"编年"纪元"的方法，

---

① 以上见牛运震：《读史纠谬》，李念孔、高文达、张茂华等点校本，齐鲁书社1989年版，第120—
121页。

因为后者并不符合事实。其二，是关于宗室诸王传的编次问题，《纠谬》称："《汉书》高五王、文三王、景十三王、武五子、宣元六王等传，皆以世次编列于诸列传之中，所以著世代也。宋、齐诸书皆遵此法，而《魏书》乃以宗室诸王编为一处。"①显然，历代正史中的宗室诸王传与杂传相交叉略按时代先后编次，既符合客观历史过程，又符合史书编次原则。而魏收《魏书》的做法，为了突出宗室诸王的地位把他们的传记集中编在一起，既不利于了解诸王事迹与同时代人事迹之间的联系，又违背前人在史书编次上积累的经验，实不可取。

以上所举数例，表明《纠谬》一书对于史例十分关注，而于评论史例的同时，亦直接间接涉及有关史家的历史见识。当然，《纠谬》一书的作者也时有直接评论史家的历史见识的言论，其论《周书》一则史论是突出的一例。《纠谬》针对《周书》窦炽、于翼等人传后所撰史论写道："总论自'典午擅朝'以下，不切窦炽、于翼行事，并于当时形势，亦未深考。至云'显庆起晋阳之甲，文若发幽蓟之兵，成败之数，未可量'者，此真无识之言矣。"②《周书》是唐初令狐德棻和岑文本所撰，而史论则出于岑文本之手。史载：岑文本"又先与令狐德棻撰《周史》，其史论多出于文本。"③为了判断《纠谬》对《周书》这一首史论的评论是否中肯，我们不妨把这首史论引证如下，以便作一番比对，进而得出恰当的结论。《周书》关于窦炽、于翼传的后论写道：

语曰："君使臣以礼，臣事君以忠。"然则效忠之迹或殊，处臣之理斯一，榷言指要，其维致命乎。是以典午擅朝，葛公休为之投袂；新都篡盗，翟仲文所以称兵。及东郡诛夷，竟速汉朝之祸；淮南覆败，无救魏室之亡。而烈士贞臣，赴蹈不已，岂忠义所感，视死如归者欤。于、李之送往事居，有曲于此。翼既功臣之子，地即姻亲；穆

① 以上见牛运震：《读史纠谬》，李念孔、高文达、张茂华等点校本，齐鲁书社1989年版，第418、442页。

② 牛运震：《读史纠谬》，李念孔、高文达、张茂华等点校本，齐鲁书社1989年版，第554页。

③ 刘昫等：《旧唐书》卷七〇《岑文本传》，中华书局1975年版，第2536页。

乃早著勋庸，深寄肺腑。并兼文武之任，荷累世之恩，理宜与存与亡，同休同戚。加以受扞城之托，总戎马之权，势力足以勤王，智能足以卫难。乃宴安宠禄，曾无释位之心；报使献诚，但务随时之义。弘名节以高贵，岂所望于二公。若舍彼天时，征诸人事，显庆起晋阳之甲，文若发幽蓟之兵，叶契岷峨，约从漳滏，北控沙漠，西指崤函，则成败之数，未可量也。[1]

细阅此论，除《纠谬》所说自"典午擅朝"以下不关窦、于二人之事，写了太多的空论，甚至还提出一个假设，《纠谬》斥为"真无识之言"，实不为过。尤其是"当时形势，亦未深考"，最能反映《纠谬》作者的眼光和见识。《纠谬》还就姚思廉《梁书》的有关列传，发表评论说："史家无识"、"其识见之陋而史体之紊"等等[2]。这些都足以表明，《纠谬》作者对于史家的历史见识的评品是很重视的。

三、关于史文表述的批评

关于史文表述方面的批评，是《纠谬》一书用力最勤的领域，也是它的一个显著特点。我们可以毫不夸张地说，该书的每一页上，都可以读到这方面的评论。从这个意义上讲，《纠谬》一书还可以视为现今史学工作者在史文表述上的"教科书"。这是因为它在大量的和反复的批评中提示人们，史文表述究竟怎样把握才可能做得更好；它告诉人们，史文表述要从最基本的地方予以关注，即便是一句话甚至几个字都要认真推敲、谨慎去取。

这里，我们从三个方面概括《纠谬》在史文表述上的批评。

第一，关于马、班笔法的比较。由于《史记》、《汉书》在正史中有极高的地位，历来备受关注。《纠谬》在史文表述上于马、班比较着墨甚多，其总的看法是班远不如马。它针对《汉书·货殖传》所作的一段评

---

① 令狐德棻等：《周书》卷三〇《窦炽等传》后论，中华书局1971年版，第530页。

② 牛运震：《读史纠谬》，李念孔、高文达、张茂华等点校本，齐鲁书社1989年版，第342、343页。

论，颇具典型意义，其文是：

> 《史记》："田农，拙业，而秦阳以盖一州。""贩脂，辱处也，而雍伯千金。卖浆，小业也，而张氏千万。洒削，薄伎也，而郅氏鼎食。胃脯，简微耳，浊氏连骑。马医，浅方，张里击钟。"句法何等拗峭错落。《汉书》："秦杨以田农而甲一州，翁伯以贩脂而倾县邑"云云，拙涩板重，几如拖泥，以此知班、马笔法颖钝之间，相去远矣。①

读上引《史记·货殖列传》的这段文字，自然感觉到"小"与"大"之间所形成的张力，印象至深：而读《汉书·货殖传》的相关文字，意甚平平，这里确有颖钝之别。

第二，关于史文的烦省。史文烦省历来为评论家所关注。刘知几针对前人所论，于《史通》中专有《烦省》篇，指出："昔荀卿有云：远略近详。则知史之详略不均，其为辨者久矣。"又指出："余以为近史芜累，诚则有诸，亦犹古今不同，势使之然也。"他的结论是："夫论史之烦省者，但当要其事有妄载，苦于榛芜，言有阙书，伤于简略，斯则可矣。必量世事之厚薄，限篇第以多少，理则不然。"②可见刘知几对于史文烦省问题自有一个辩证的认识。但从总的倾向上看，刘知几是主张史文表述应力求简要的。他认为"国史之美者，以叙事为工，而叙事之工者，以简要为主"。又说："叙事之省，其流有二焉：一曰省句，二曰省字。"③这是刘知几对于史文烦省在理论上和撰写上的基本看法。明白了这一史学的学术背景，乃可知《纠谬》一书在这方面的着墨之多，并非无根之谈，亦非细碎不足道。

《纠谬》评《后汉书·光武帝纪》有许多涉及史文烦省的见解，如：

——"昆阳之战极力摹写，与《项羽纪》巨鹿之战曲折淋漓亦略相当，然终有繁重费笔墨处。"

---

① 牛运震：《读史纠谬》，李念孔、高文达、张茂华等点校本，齐鲁书社1989年版，第116页。
② 刘知几：《史通·烦省》，浦起龙通释本，上海古籍出版社2009年版，第246页。
③ 刘知几：《史通·叙事》，浦起龙通释本，上海古籍出版社2009年版，第156、158页。

——"'遥语门者闭之'，当作'遥呼'。"

——"'进幸临平'、'进幸元氏'，'进'字可省。他仿此。若幸临淄，'进幸剧'，当别论之。"①等等。

可见，不论是一件史事的叙述，还是对一个字的取舍，都在评论者的视野之内。《纠谬》评《魏书·献文六王列传》亦多类此，如：

——"《咸阳王禧传》，载文明太后及高祖训诫禧诏语，殊嫌繁多。"

——"高祖议断北语一段，可从节省。幸禧第、祀方泽二段，竟可删。"

——"'禧忧迫不知所为，谓龙虎曰：我愦愦不能堪，试作一谜'云云，此事鄙琐之极，真小说家所不肯载者，而俨然记之正史，混杂芜陋，甚可叹也。"

——"'故赐如意以表心'，此句可省。南北诸史，多于琐悉事，不肯从简略，此大病也。"

——"《广陵王羽传》，载高祖临朝堂考群臣一段，词句冗滥殊甚，只可抄录朝故，非纪事之体也。"

——"《彭城王勰传》载事多有鄙琐，设词更滋排丽，冗繁浮滥，莫此为甚，史传之体，于斯扫地矣。"②等等。

所谓"此大病也"、"非纪事之体也"、"史传之体，于斯扫地矣"云云，自是极而言之，但其所论，往往在理，即史文既要表述明白，又不可烦冗、芜杂。

第三，对偶语、丽语不应入于史册。史家崇尚史文质朴、生动，但不赞成雕琢、华丽。《纠谬》一书作者的态度极其鲜明。如其评论《南史·梁本纪》中有这样一些断语：

——"《武帝纪》'及齐高创造皇业，推锋决胜，莫不垂拱仰成焉'。按'创造皇业'、'垂拱仰成'，皆颂美溢滥语，不可入史册。"

——"'皆口擅王言，权行国宪'，亦袭旧文对偶语，不似史体。"

——"'爰自在田，及登宝位'。此亦六朝骈体语，可无入史册。"③

① 牛运震：《读史纠谬》，李念孔、高文达、张茂华等点校本，齐鲁书社1989年版，第123页。
② 牛运震：《读史纠谬》，李念孔、高文达、张茂华等点校本，齐鲁书社1989年版，第440、441页。
③ 牛运震：《读史纠谬》，李念孔、高文达、张茂华等点校本，齐鲁书社1989年版，第364、365页。

其于《南史·后妃传》亦有类似评论，如：

——"'一卢陵威王之生，武帝谓之曰'云云，此段诙戏可省。"

——"'其略云：璧月夜夜满，琼树朝朝新'，此等丽语本不可入史传，他如此类失之绮靡者居多。"①等等。

以上所举各例，其主旨都在于反对以浮华、绮丽之语入史。

综上所论，《纠谬》一书在史文表述上的主张，是否可以概括为重笔法，去烦冗，戒丽语。此外，还有一点，也是《纠谬》所关注的，即前面已经提到的"颂美溢滥语，不可入史册"。这是因为此类用语大多涉及历史评价，必须格外谨慎使用。刘知几指出："昔尼父裁经，义在褒贬，明如日月，持用不刊。而史传所书，贵乎博录而已。至于本事之外，时寄抑扬，此乃得失于禀片言，是非由于一句，谈何容易，可不慎欤！但近代作者，溺于烦富，则有发言失中，加字不惬，遂令后之览者，难以取信。"②在刘知几看来，倘若史文表述"溺于烦富"，则难免出现"发言失中，加字不惬"的情况，进而造成"后之览者，难以取信"的后果。这是任何一个有责任心的史家都不愿意陷入的误区。

四、余论

《纠谬》的作者牛运震以十五部正史为研究对象，从多方面对它们进行批评，给读者提供了许多启发，也为研究者提供了一些借鉴。因此，《纠谬》一书作为清代较早时期的著作，在中国古代史学批评史上应有比较重要的地位。对此，我们还应当作几点补充说明，使我们对《纠谬》一书有更加全面的认识。

首先，《纠谬》一书虽是以十五部正史为研究对象，但其并非对它们作全面的考察和评价，而是重在"纠谬"，对它们各自的特点、优点和成就，则并未作考察和评论。正像《新唐书纠谬》、《五代史纂误》指出了它

---

① 牛运震：《读史纠谬》，李念孔、高文达、张茂华等点校本，齐鲁书社1989年版，第369页。

② 刘知几：《史通·浮词》，浦起龙通释本，上海古籍出版社2009年版，第147页。

们存在许多不足以至错误，但并未动摇它们在中国史学史上应有的地位一样，《纠谬》指出了十五部正史存在着不少不足和缺点，但也不会因此而从根本上改变它们在中国史学史上应有的地位。《纠谬》的史学贡献，在于它告诉人们要全面地看待史学遗产，并且提供了全面认识史学遗产所不可缺少的批评的方法，这两点对后人在思想上的启发是有意义的。

其次，《纠谬》一书所"纠"之"谬"，给后人许多启发和借鉴，这是其基本方面，也是主要的和重要的方面，同时它还有另一个方面，即其作者如同许多史家一样，都难以做到在对待研究对象时"尽其天而不益以人"[1]。通观《纠谬》全书，作者的激烈言辞、偏颇之见，时亦有之。例如《纠谬》评论《汉书·平帝纪》时写道："平帝时，政由王莽，一切举黜、征敛、赦令，皆莽行事。班《书》至不敢斥言，书名动则曰'安汉公'，大辱史职矣。"[2]又如前文所引评论《魏书》某一传记则称"史传之体，于斯扫地矣"等，均非平心静气之论。当然，对于此类评论，我们不必苛求作者，但指出这一点不足之处还是必要的。

再次，《纠谬》一书也存在一些见仁见智的看法，甚至也存在一些错误的看法。如其针对《汉书·古今人表》写了长篇评论，列举六个方面说明"《古今人表》其可删而不可存"[3]。然细察其文所据，一则来自张晏，二则来自刘知几，三则来自叶适，并无什么新的依据[4]。其实，《古今人表》的断限问题，颜师古注在篇目之下已作解释："师古曰：'但次古人而不表今人者，其书未毕故也。'"[5]"而刘知几、牛运震均未对颜师古注提出任何异议，却一再批评《古今人表》的断限不妥。针对张晏所说，颜师古予以驳斥：六家之论，轻重不同；百行所存，趣舍难一。张氏辄申所

---

①章学诚：《文史通义·史德》，中华书局1956年版，第145页。

②牛运震：《读史纠谬》，李念孔、高文达、张茂华等点校本，齐鲁书社1989年版，第85页。

③牛运震：《读史纠谬》，李念孔、高文达、张茂华等点校本，齐鲁书社1989年版，第87页。

④张晏说，见于《汉书》卷二〇《古今人表》颜师古注引，中华书局1962年版，第862—863页。刘知几说，见于《史通·表历》，浦起龙通释本，上海古籍出版社2009年版，第49页。叶适说，见于《习学记言序目》卷二一《汉书一·表》，中华书局1977年版，第303—304页。

⑤班固：《汉书》卷二〇《古今人表》颜师古注，中华书局1962年版，第861页。

见，掎摭《班史》，然其所论，又自差错"①。凡此，刘、牛二人都是可以读到的。按理说，既要否定《古今人表》，则不应回避颜氏所论，才是合理的。当然，刘知几关于史表的评论，是从《史记》的表开始就全盘否定，故不须多论，而《纠谬》是针对《古今人表》发论，则不应回避颜注的解说。再说，在牛运震之后，肯定《古今人表》价值者大有人在。依我的浅见，《汉书》虽为皇朝史（亦称断代史），但其仍有"通古今"的思想②，其诸志和《古今人表》则是贯彻"通古今"历史思想的一个具体反映。

又如，《纠谬》针对《后汉书·王充王符仲长统传》评论说："王符《潜夫论》、仲长统《昌言》，世多传布，其书似不必载之传中，只可略纪之曰'文多不载'而已。如此必欲悉载，东汉人著述之书多矣，岂能一一载之耶？"③又针对《梁书·儒林列传》的《范缜传》评论说："（范）缜《神灭论》义理鄙浅，文词亦复支离，极不足载。"④这两处评论，不仅反映了作者评论的失当，也反映了作者历史思想的苍白。如前文所述，作者曾因一部正史的《文苑传》未载一佳文而引为憾事，为何又因《后汉书·王充王符仲长统传》叙思想家事而涉及《潜夫论》和《昌言》却遭到批评？可见这并不是"史例"上的问题，而是见识上的问题。至于作者对范缜《神灭论》的评论，更是大谬不然。一个唯物思想家的卓越见识和坚守信念的崇高精神，正因《神灭论》而得以彰显，却被斥为"义理鄙浅"、"文词支离"之作，这无疑是《纠谬》一书的败笔之一。

仅从上述几个问题来看，《纠谬》在批评有关正史的缺陷、失误方面，确有突出的贡献，为后人尤其是清代乾嘉时期考史学家研究、评论历代正史提供了借鉴，也为今人深入认识中国古代历史编纂学提供了有益的启示，从而在中国古代史学批评史上占据应有的位置。但是，《纠谬》一书也存在一些明显的局限性，今天的读者同样可以从中得到有益的启示。

（原载《清史研究》2009年第3期）

---

① 班固：《汉书》卷二〇《古今人表》颜师古注，中华书局1962年版，第863页。

② 班固：《汉书》卷一〇〇《叙传》后论，中华书局1962年版，第4271页。

③ 牛运震：《读史纠谬》，李念孔、高文达、张茂华等点校本，齐鲁书社1989年版，第144页。

④ 牛运震：《读史纠谬》，李念孔、高文达、张茂华等点校本，齐鲁书社1989年版，第338页。

说刘体仁《通鉴札记》史论的特点

刘体仁作为清末淮军将领之一，同时又是一个潜心史学的人，给后世留下"辟园史学四种"。对于他的军旅生涯及其作为，本文不作评论。这里只就"辟园史学四种"之一的《通鉴札记》，讲一点粗浅的认识。

司马光《资治通鉴》问世后，有改作者如袁枢《通鉴纪事本末》，有续作者如李焘《续资治通鉴长编》和毕沅《续资治通鉴》，有注释者如胡三省《新注资治通鉴》，有评论者如王夫之《读通鉴论》等等，形成名作荟萃的"通鉴学"。

刘体仁的《通鉴札记》凡十六卷，所论一百六十一事，不论在部帙上还是所论史事的范围上，以至在见解的深度上，都不能与王夫之的《读通鉴论》相比。但是，有一点是值得人们关注的：王夫之的《读通鉴论》撰于明末清初，刘体仁的《通鉴札记》撰于清末民初，作者都是"跨时代"的人物，其所著书的旨趣大致相同。因此，在这个意义上，我们也不防把《通鉴札记》视为《读通鉴论》的续篇，视为清末民初通鉴学的成果之一。论者认为："《通鉴札记》是刘体仁所著的研究《资治通鉴》的读史札记，内容上起战国，下至五代，计有十六卷。作为一部史学评论，全书既有对史著的评论，也有对史事的评论。议史书之优劣，论政事之得失，探讨治乱兴衰，从而鉴往知来。而且在目录中每个条目下，都注明了本篇文章的主旨。在这一点上，明显体现了皖派学术的特点：以考据详博见长而重于义理的阐发。"①这个简要的说明，有两点值得关注。第一，它把"对史著的评论"和"对史事的评论"区别开来，这是必要的；第二，它

① 刘体仁：见《通鉴札记》出版说明，北京图书馆出版社2004年版，第1页。

指出了作者在全书标目时，于每个条目之下，都注明了本篇的主旨，认为这体现了"皖派学术的特点"，即"考据详博见长，而重于义理的阐发"。在目录中注明本篇的主旨这一传统，可以追溯到司马迁的《史记·太史公自序》。可惜这个传统，没有被更多的史学家所继承。在班固《汉书·叙传》以后，人们难得读到类似的佳作了。正是由于刘体仁的《通鉴札记》具有这个特点，我们大致可以窥见作者史论的特点，即独到之见往往建立在通识的基础上，换言之，则可谓寓通识于创见之中。

一、论治乱兴衰不落前人窠臼

《通鉴札记》的内容，以评论历代政治得失、治乱盛衰为主，这同司马光主编《资治通鉴》的"专取关国家盛衰，系生民休戚，善可为法，恶可为戒"①的史事入史的宗旨是吻合的。如"秦之强不由于卫鞅"、"秦所以失天下汉所以得之"、"高帝之所以有天下项氏之所以失天下者何"、"光武以大度容人故能成大功"、"邓太后临朝有功于汉"、"东汉宦官势盛由于太后临朝"、"后主非亡国之君"、"司马氏以宽得众"、"宋武帝之得天下非取之于晋"、"宇文泰政治较优于高氏"、"陈亡于宣帝非亡于后主"、"开皇初政可观有以开贞观之先"、"武氏以妇人革命天下晏然吕贾胡韦胥不能及"、"五季骄兵为患由于滥赏"等条均与政治得失、治乱盛衰有关。

其中，也不难看出作者的一些独到见解。如作者论"秦之强不由于卫鞅"，写道：

> 卫鞅未入秦之先，秦之强已震于天下。安王元年，伐魏至阳孤。阳孤郭在魏州元城县东北二十里。是时，西河之外皆为魏境。秦兵越魏都安邑而东至元城，其兵之深入可知。十一年，秦伐韩宜阳，取六邑。十二年秦晋战于武城。十三年秦侵晋，晋即魏也。十五年，秦伐蜀，取南郑。显王三年，秦败魏师、韩师于洛阳。五年秦献公败三晋

① 司马光：《进〈资治通鉴〉表》，见《资治通鉴》卷末附，中华书局1956年版，第9607页。

之师于石门，斩首六万，王赐以黼黻之服。七年，秦魏战于少梁，魏师败绩，获魏公孙痤。秦之强岂由于鞅哉！[1]

卫鞅（商鞅）变法是在秦孝公时，这里所列举的史事，都是在秦孝公即位之前有关秦国的重大事件，故用以说明秦国之强不由于商鞅变法。

商鞅变法是秦国历史上的一件大事。司马迁写道：商鞅变法，"行之十年，秦民大说，道不拾遗，山无盗贼，家给人足。民勇于公战，怯于私斗，乡邑大治"。又说：商鞅任大良造之职后，"居五年，秦人富强，天子致胙于孝公，诸侯毕贺"。[2]司马迁所论，当无疑义。刘体仁列举的史实，亦无疑义。其实，二说并不矛盾。合理的解释是：秦国自春秋时期秦穆公时起，已逐渐走向强国之路了，但是它在军事上的那些成功，并不表明秦国在制度上有重大的变革，而秦国最终能够实现政治上的统一，是与商鞅变法所实行的一系列改革措施有密切的联系。对此，刘体仁似估计不足，因而所论不免有片面性。但刘体仁强调秦国在孝公以前的一系列军事上的成功，却也可以提醒人们在认识商鞅变法前秦国的历史时，不要陷于简单化的误区。

刘体仁在评论"秦所以失天下汉所以得之"这个重大问题时，认为陆贾《新语》之言[3]"尚未尽善"，具体表现在："秦百战而灭六国，天下既定，元元之民冀得安其性命，莫不虚心而仰上，取之甚难而守之实易。高帝之得天下，因秦政之暴，天下皆欲亡之，其事易集，而当时天下匈匈，人思为帝，守之实难，与秦事相反。而秦之所以不能守，高帝之所以能守者，则在于其心之公私。"这是说明：秦的统一，取之难而守之易；汉的建立，取之易而守之难。秦不能守，汉之能守，根本问题"在于其心之公私"之别。要之，则"高帝以天下之利为利，非徒以汉之利为利，其所以得，一也"。秦统一后，劳役不止，"视天下人民皆己之私，用之唯恐不

---

① 刘体仁：《通鉴札记》卷一"秦之强不由于卫鞅"条，北京图书馆出版社2004年版，第1页。

② 司马迁：《史记》卷六八《商君列传》，中华书局1959年版，第2232页。

③ 陆贾著《新语》，事见《史记》卷九七《郦生陆贾列传》，《资治通鉴》卷一二"汉纪四高帝十一年"引用。刘体仁对此发表议论。

竭"；汉建立之初，"高帝唯以安民为务，其所以得，二也"。又指出："秦于诸侯之名士，忌之甚深矣。楚人季布为项籍将，项籍灭，滕公言于上，召拜郎中。上忧诸将为变，留侯曰：'上平生所憎，群臣所共知谁最甚?'上曰：'雍齿数尝窘辱我。'留侯曰：'今急先封雍齿，则群臣人人自坚矣。'于是封雍齿为什方侯，此度量之相越，其所以得，三也。"还有一个原因是："始皇二十八年，遣徐市求仙及不死之药，唯恐己不得常享天下之乐。高帝十二年，疾甚。吕后迎良医，医入见曰：'疾可治。'上谩骂之曰：'吾以布衣提三尺取天下，此非天命乎! 命乃在天，虽扁鹊何益!'此胸襟之阔达，其所以得四也。"①刘体仁所列举的这几条，都以事实为依据，并在本书目录此条标目之下说明主旨是："论诛暴者宜反其所为"。正因为如此，他在论及每一条原因时，都是运用比较的方法。其所论秦之役民、汉之安民是带有根本的性质；而所论秦始皇求"不死之药"的愚昧、汉高祖视"命乃在天"的"阔达"，这种不同的心态之影响于政治统治的利害，确也不可低估。总的看来，刘体仁在关于"秦所以失天下汉所以得之"这个秦汉更迭的大问题上，确有自己的独到见解，这是他敢于放言陆贾《新语》所论"尚未尽善"的缘故。我们似也不妨把这看作是二千多年来，他对刘邦所问问题的一个历史的回应。

三国蜀汉后主刘禅，历来为史家所批评。刘体仁对此提出不同见解，认为"后主非亡国之君"。如陈寿评论刘禅时写道："后主任贤相则为循理之君，惑阉竖则为昏暗之后，传曰'素丝无常，唯所染之'，信矣哉! 礼，国君继体，逾年改元，而章武之三年，则革称建兴，考之古义，体理为违。又国不置史，注记无官，是以行事多遗，灾异靡书。诸葛亮虽达于为政，凡此之类，犹有未周焉。然经载十二而年名不易，军旅屡兴而赦不妄下，不亦卓乎! 自亮没后，兹制渐亏，优劣著矣。"②这里的批评主要有三点，一是惑于"阉竖"而陷于"昏暗"，二是改元不合于"礼"，三是在制度上不如诸葛亮严谨。当然，陈寿也肯定了刘禅在任用"贤相"方面不

_____

① 以上均见刘体仁：《通鉴札记》卷二"秦所以失天下汉所以得之"条，北京图书馆出版社2004年版，第94—98页。

② 陈寿：《三国志》卷三三《蜀书·后主传》后论，中华书局1959年版，第902—903页。

失为"循理之君"，但总的评价不高。如若陈寿不曾作为蜀国旧臣，他对刘禅的评价还会更严峻一些。

司马光《资治通鉴》写刘禅的结局生动而含蓄，他这样写道：魏元帝咸熙元年（二六四年），蜀亡之后，魏封刘禅为安乐公。晋王司马昭同刘禅有一段对话：

> 晋王与禅宴，为之作故蜀伎，旁人皆为之感怆，而禅喜笑自若。王谓贾充曰："人之无情，乃至于此；虽使诸葛亮在，不能辅之久全，况姜维邪！"他日，王问禅曰："颇思蜀否？"禅曰："此间乐，不思蜀也。"郤正闻之，谓禅曰："若王后问，宜泣而答：'先人坟墓，远在岷、蜀，乃心西悲，无日不思。'因闭其目。"会王复问，禅对如前，王曰："何乃似郤正语邪！"禅惊视曰："诚如尊命。"左右皆笑。①

司马光借用司马昭对贾充的谈话，表明了对刘禅的评价；又用刘禅如郤正所教回答司马昭而被司马昭识破，视刘禅犹如白痴；最后，司马光用了"左右皆笑"四个字，实为画龙点睛之笔，表明刘禅是一个无能而又可笑、可悲的人物。应当承认，司马光把司马昭刻意嘲弄、侮辱刘禅的用心表露得淋漓尽致，而刘禅作为一个无能、可笑的亡国之君的丑态则跃然纸上。

刘体仁针对前人对刘禅的这些微词，根据《资治通鉴》所记有关史事，如刘备临终诏书、刘禅在诸葛亮死前遣使"咨以国家大计"等，表明刘禅"于武侯谏行言听，凡用人、行政、出师诸大政，一切听之，盖不仅齐桓公之于管仲也"；继而他又按照诸葛亮的意见，重用蒋琬、费祎，即使蒋琬、费祎"虽出屯在外，庆赏、行威皆遥先咨断，然后乃行，则不特于武侯如是，于蒋琬、费祎亦无不如是矣"。又如姜维"身受重任，兴兵累年，功绩不立"，宦官黄皓"用事于中"，欲废姜维而树立亲信阎宇；姜维知之，请杀黄皓，刘禅未杀黄皓，但也未废除姜维军权等等，证明刘禅

---

① 司马光：《资治通鉴》卷七八《魏纪一〇，元帝咸熙元年》，中华书局1956年版，第2486页。

在重大问题上尚能保持分寸。值得注意的是，刘体仁在简要引用上述《资治通鉴》所记晋王司马昭与刘禅的那番对话后，发表了这样的评论："此则后主之善自韬匿，果如郤正所对，则晋王将疑之，虽欲终身为安乐公而不可得矣。要之，后主非大有为之君，谓蜀由之亡，则未必然也。"①显然，刘体仁是以此来证明刘禅是一个有心计、懂得"韬匿"的人，从这一点来看，刘体仁所论是不错的。但若从另一方面看，一个降主面对一个强敌的权臣，还要赔着笑脸来"欣赏"故国的乐舞，这种奇耻大辱，本无法忍受，即如郤正所对，亦不足以表明应有的气节。从这个意义说，司马昭对贾充说的那番评论刘禅的话，也不能说是太苛刻的了。

以上所举，说明刘体仁在有关历代治乱盛衰、兴亡得失的问题上，往往提出不同于前人的见解。这些见解也许尚有不够全面或可以进一步讨论的余地，但他的独到见解则是显而易见的。由于《通鉴札记》中此类见解甚多，由此可以推知，刘体仁读史，或许是自觉地带着批判的眼光去看待前人的论断，从而不落入前人的窠臼，能够提出一些新的看法。这一点，是《通鉴札记》在治学理念上值得借鉴的地方。

二、论风俗纵观历代得失

中国古代史家历来十分关注社会风俗。司马迁《史记》的《货殖列传》把当时汉朝统治的地方划分为四个经济区域，即山西地区、山东地区、江南地区、龙门碣石以北地区。司马迁对这些地区的记载，"着重记载地理条件的状况、生产的状况以及经济生活的状况和社会风俗的表现、不同地区在这些方面的相异或相同之处"。②

唐代史家杜佑撰《通典》，其中《州郡典》分叙古雍州、古梁州、古荆河州、古冀州、古兖州、古青州、古徐州、古扬州、古荆州、古南越等地理状况，无不备言其风俗。如其论雍州风俗，写道：

---

① 刘体仁：《通鉴札记》卷四"后主非亡国之君"条，北京图书馆出版社2004年版，第224页。

② 白寿彝主编：《中国通史》第1卷（导论卷），上海人民出版社1989年版，第100页。

雍州之地，厥田上上，鄠杜之饶，号称"陆海"，四塞为固，被山带河。秦氏资之，遂平海内。汉初，高帝纳娄敬说而都焉。又徙齐诸田，楚昭、屈、景，燕、赵、韩、魏之后及豪族名家于关中，强本弱末，以制天下。自是每因诸帝山陵，则迁户立县，率以为常。故五方错杂，风俗不一。汉朝京辅，称为难理。其安定、彭原之北，汧阳、天水之西，接近胡戎，多尚武节。自东汉、魏、晋，羌氏屡扰，旋则苻姚迭据，五凉更乱，三百余祀，战争方息。帝都所在，是曰浩穰。其余郡县，习俗如旧。①

这一段关于风俗之论，把雍州的历史形势和社会风俗的特点都讲到了。又如其论兖州风俗，写道：

兖州旧疆界于河济，地非险固，风杂数国。秦汉以降，政理混同，人情朴厚，俗有儒学。及西晋之末，为战争之地，三百年间，伤夷偏甚。自宇内平一，又如近古之风焉。②

这里强调了"政理混同，人情朴厚，俗有儒学"的特点，显然同其他诸州风俗迥异。杜佑对各州风俗的概括，成为《州郡典》的一大特色，它是帮助人们认识各州历史状况、风土人情的"路标"，从中可以看出各种不同风俗下的人情世态和社会风貌。

由于社会风俗同地理环境、历史状况、经济生活以至于政治统治都有密切的关系，受到历代史家的关注。明末清初顾炎武高度概括地指出，风俗是天下之大事。他认为："天下无不可变之风俗"，又引他人语谓"风俗者，天下之大事"③，意谓不好的风俗可以转变为好的风俗，而好的风俗也

① 杜佑：《通典》卷一七四《州郡四》，王文锦等点校本，中华书局1988年版，第4560页。
② 杜佑：《通典》卷一八〇《州郡十》，王文锦等点校本，中华书局1988年版，第4768页。
③ 以上见顾炎武：《日知录》卷一三"宋世风俗"条、"廉耻"条，黄汝成集释本，上海古籍出版社2006年版，第758、773页。

可能转变为不好的风俗；它是关乎天下的大事，不可轻视。

　　总之，重视对于社会风俗的观察和评论，总结其中的利弊得失，是中国古代史家的优良传统。刘体仁读《通鉴》，也十分关注社会风俗，从一个重要方面表明了他对历史的理解。刘体仁据《资治通鉴》所载晋成帝咸康五年（三三九年）燕王使臣刘翔批评江南士大夫"以骄奢酗纵相尚"，刘翔"尝因朝宴集，谓何充等曰：'四海板荡，奄踰三纪，宗社为墟，黎民涂炭，斯乃庙堂焦虑之时，忠臣毕命之秋也，而诸君宴安江沱，肆情纵欲，以奢靡为荣，以傲诞为贤，将何以尊主济民乎？'充等甚惭"。而到了晋孝武帝时，"帝溺于酒色，委事于琅邪王道子，道子亦嗜酒，日夕与帝以酣歌为事，又崇尚浮屠，穷奢极费"。更有甚者，"元兴元年，桓玄奢豪纵逸，朝廷裁损乘舆供奉之具，帝几不免饥寒。由是众心失望，三吴大饥，富室皆衣罗纨、怀金玉，闭门相守饿死"。针对《资治通鉴》所载东晋皇帝、贵族、士大夫的如此骄奢淫逸，刘体仁写道："综观东晋奢侈之弊，贤者不免，不肖者益推其波，上下沉迷不复，以至于人消物尽，固由于天地之大数，亦岂非上失其道之所致哉。"①刘体仁在目录中于标目下特意点明，这是"论奢侈之祸"。刘体仁说的"天地之大数"不免有几分神秘色彩，但他强调"奢侈之祸"是"上失其道"所致，当是确论。

　　在批评了"东晋之俗奢侈"之后，刘体仁又揭示"宋奢侈之风未革"。他称赞宋高祖刘裕"起自田间，性情简寡欲"；宋文帝"性仁厚恭俭，江左之政称元嘉"。尽管如此，"奢侈之风，固未自此而革"，到宋孝武帝刘骏时，奢侈之风日增，达到"凡厥庶民制度日侈，见车马不辨贵贱，视冠服不知尊卑。尚方今造一物，小民明已睥睨；宫中朝制一衣，庶家晚已裁学"的地步，可见奢侈浮华之风遍于上下。刘宋末年，"王道隆等用事，货赂公行，不能禁也"，刘宋皇朝已走到了灭亡的边缘。刘体仁评论说："宋高祖以俭垂训子孙，犹不能守而日流于奢，况以侈示子孙者哉。"②他在标目之下写了"再论奢侈之祸"的主旨。这句话，可以看作是

――――――――――

　　① 以上所引均见刘体仁：《通鉴札记》卷六"东晋之俗奢侈"条，北京图书馆出版社2004年版，第334—337页。

　　② 刘体仁：《通鉴札记》卷八"宋奢侈之风未革"条，北京图书馆出版社2004年版，第427—430页。

一条具有普遍意义的历史经验。

刘体仁又评论"梁俗侈靡"的现象，指出："梁高祖虽有恭俭之风而不能革侈靡之俗，亦所谓惠而不知为政者耳。"接着，他引用《资治通鉴》所记大同十一年（五四五年）散骑常侍贺琛启陈四事，其中第二事云：

> 今天下所以贪残，良由风俗侈靡使之然也。今之燕喜，相竞夸豪，积果如丘陵，列肴同绮绣，露台之产，不周一燕之资，而宾主之间，裁取满腹，未及下堂，已同臭腐。又，畜妓之夫，无有等秩，为吏牧民者，致赀巨亿，罢归之日，不支数年，率皆尽于燕饮之物、歌谣之具。所费事等丘山，为欢止在俄顷，乃更追恨向所取之少；如复傅翼，增其搏噬，一何悖哉！其余淫侈，著之凡百，习以成俗，日见滋甚。欲使人守廉白，安可得邪！诚宜严为禁制，道以节俭，纠奏浮华，变其耳目。失节之嗟，亦民所自患，正耻不能及群，故勉强而为之；苟以纯素为先，足正雕流之弊矣。

从这道奏章中，已可见到梁武帝晚年，当时的社会风气已经败坏到了"欲使人守廉白，安可得邪"的地步。梁武帝见贺琛所陈之事，因"恶其触实"，大怒，"口授敕书以责琛"。对此，司马光发表了长篇评论，刘体仁引用了这段评论：

> 臣光曰：梁高祖之不终也，宜哉！夫人主听纳之失，在于丛脞；人臣献替之病，在于烦碎。是以明主守要道以御万机之本，忠臣陈大体以格君心之非。故身不劳而收功远，言至约而为益大也。观夫贺琛之谏亦未至于切直，而高祖已赫然震怒，护其所短，矜其所长；诘贪暴之主名，问劳费之条目，困以难对之状，责以必穷之辞。自以蔬食之俭为盛德，日昃之勤为至治，君道已备，无复可加，群臣箴规，举不足听。如此，则自余切直之言过于琛者，谁敢进哉！由是奸佞居前而不见，大谋颠错而不知，名辱身危，覆邦绝祀，为千古所闵笑，岂

不衰哉！

可见，刘体仁非常赞同司马光的这些深刻的评论，故全文照录。

刘体仁关于梁武帝末年的世风，最后这样写道：

> 高祖之末，建康士民服食器用，争尚豪华，粮无半年之储，常资四方委输。自景作乱，道路断绝，数月之间，人至相食，犹不免饿死，存者百无一二。贵戚豪族，皆自出采稆，填委沟壑，不可胜纪。由是观之，奢靡之害，匪特亡人家国，亦且殃及庶民，可以鉴矣！[①]

刘体仁在这个标目下面，同样说明了他撰写的主旨是"再论奢侈之祸"。纵观刘体仁论东晋、刘宋、萧梁等朝的奢侈之风，从"上失其道"造成"人消物尽"的政治局面，说明"以侈示子孙"的严重危害，再说到"奢靡之害"不仅"亡人家国"，而且"殃及庶民"，不难看出他的历史见解的深度，这也是他的通识的一个突出表现。我们不妨把他的思想作进一步提炼，可以概括为"上失其道"，"殃及庶民"。这也可以证明顾炎武的论断："风俗者，天下之大事。"

三、论民族关注华夷交往

对民族问题的关注，是刘体仁《通鉴札记》的又一个重要方面，其中，也反映出他的通识和创见。

刘体仁据《资治通鉴》所记史事，认为"晋染夷俗"，如以异姓为后，太后向贾后上表称"妾"，子直呼父字，匈奴人刘曜攻长安，晋帝出降等等。凡此，刘体仁引用干宝《晋纪·总论》中语并发表自己见解：

[①] 以上见刘体仁：《通鉴札记》卷一〇"梁俗侈靡"条，北京图书馆出版社2004年版，第505—511页。参见《资治通鉴》卷一五九《梁纪一五，大同十一年》。

313

干宝论曰："晋之兴也，其创基立本固异于先代矣，风俗淫僻，耻尚失所，其妇女不知女工，任情而动，有逆于舅姑，有杀戮妾媵，父兄莫之罪也，天下莫之非也，礼法刑政于此大坏。国之将亡，本必先颠，其此之谓乎！"中国所以异于夷狄者，有人伦礼教也。晋室上下之所为，无礼教甚矣，非用夷变夏而何？被发祭野，辛有知其必戎。西晋之沦于胡羯，亦其风俗召之也。①

刘体仁引干宝语，但其意似与干宝有异：干宝是强调西晋风俗大坏，刘体仁是突出"用夷变夏"。从民族关系来看，刘体仁对于"夷俗"并无任何称道之处，但其可取之处，是揭示了西晋社会中的各民族风尚相互影响的事实。尽管他夸大了西晋之亡是"风俗召之"，可是却也提醒人们对于西晋社会民族关系的发展及其影响的重视。这从他论"胡人利用中国名义之法"，看得格外清楚。

刘体仁据《资治通鉴》所书西晋与周边各族的关系，指出："五胡之兴，大都利用中国名义以为号召"，这里说的"中国"，系指中原皇朝，此处是专指西晋而言。如西晋皇帝诏封匈奴诸首领各种名号，诏封鲜卑诸首领各种名号，诏封氐、羌诸首领各种名号，于是各族不断向内地延伸，与中原民众杂处，中原民众亦有进入周边各族活动区域者。在刘体仁看来，"诸胡之能乱晋，由于晋室假以声威，遂悍然不可复制耳。"②同时，他又注意到"晋人亡走归夷狄"的现象，从而造成了"以冠带之族归戎狄之庭者，不可胜数，大抵其先多遭时乱，道路壅绝，不得已而为之，后则安之而与之俱化，殆亦忘其为中国之民，神明之胄矣。然晋之不能招抚，以图恢复，谋国者乌得辞其咎耶！曾子曰：'上失其道，民散久矣。'三复斯言，尤不能无慨然于两晋之世也。"③刘体仁的这些看法，仍带着"五胡乱

---

① 刘体仁：《通鉴札记》卷五"晋染夷俗"条，北京图书馆出版社2004年版，第252页。

② 刘体仁：《通鉴札记》卷五"胡人利用中国名义之法"条，北京图书馆出版社2004年版，第258—259页。

③ 刘体仁：《通鉴札记》卷五"晋人亡走归夷狄"条，北京图书馆出版社2004年版，第261—262页。

华"的思想印记，但他十分关注于西晋时各族间的关系，恰恰表明了这个时期各民族间的交往、组合以至于融合的趋势越来越明显，越来越深入了。

刘体仁讲到"晋王公大臣结交夷狄"的有关情况，可以进一步证明这一点。刘体仁举例说：

> 惠帝大安二年，安北将军、都督幽州诸军事王浚，以天下方乱，欲结援夷狄，乃以一女妻鲜卑段务勿尘，一女妻宇文国素。怒延又表以辽西郡封务勿尘为辽西公。永兴元年，王浚、东嬴公腾，与鲜卑段务勿尘、乌桓羯朱同讨颖。刘渊说颖，请说五部以赴国难，以二部摧东嬴，三部枭王浚。颖悦，拜渊为北单于参丞相军事。则五胡之崛起，其故皆晋诸臣之自相残招之使来，非其力之足乱华也。①

此类事例，刘体仁还举出一些。从统治阶层来看，刘体仁所论似不无道理，但从另一个角度来看，这也表明是民族交往中的一种错综复杂的形式。

更具有深意的是，刘体仁还注意到"五胡要结晋民"的历史现象。他评论说："五胡之起，皆肆行侵略，为万民害。及据有城邑，则禁止其众不复强掠，以小惠结民。当时之民困于兵变，亦遂安之。"刘体仁的观点，我们可以作历史的看待，不必苛求。他说的从"肆行侵略"到"小惠结民"的变化的事实，却是在更深的层面上反映了当时民族间关系的新形式。这个事实表明：不论在政治统治方面还是在民族交往方面，"民心"都是非常重要的。对于这一点，刘体仁是看得十分清楚的，他写道："诸胡煦煦施惠，皆欲要结民心以自保，且为招徕计耳。"②

综上所述，通观《通鉴札记》，刘体仁在通读《资治通鉴》的过程中，着意于对历史事件的理解和评论，其所论范围甚广，创见迭出。作者着意于治乱盛衰和兴亡得失的评论，以及关于社会风俗、民族关系的评

---

① 刘体仁：《通鉴札记》卷五"晋王公大臣结交夷狄"条，北京图书馆出版社2004年版，第262—263页。

② 以上所引见刘体仁：《通鉴札记》卷五"五胡要结晋民"条，北京图书馆出版社2004年版，第268—271页。

论，反映了他在治史方面擅长于把握历史进程中的重大问题，而其在历史思想方面的通识则往往寓于诸多创见之中。

（原载《安徽史学》2007年第3期，题为《寓通识于创见——刘体仁〈通鉴札记〉史论的特点》）

关于章学诚史学批评的一点批评

　　章学诚的《文史通义》阐述文学与史学的一些理论问题，而以讨论史学的理论问题为多。从他的诸多论述中，可以看到他对史学的许多独到的认识，进而反映出他的史学观的某些特点。正是这些特点，引发了笔者的思考并把它发表出来，不当之处，请读者批评指正。

一、"唐宋至今"无"古人所为史学"？

　　章学诚认为，中国史学之源是《春秋》，而史学之流则是《春秋》家法的反映。

　　章学诚在讲到人们"立言有本"时说："史学本于《春秋》；专家著述本于《官礼》；辞章泛应本于《风诗》，天下之文，尽于是矣。"①上面引的这几句话，也是指史部书、子部书和集部书而言。同时。他认为，上述三者有所本，但三者也都有末流，这就是："史乘而有稗官小说，专门著述而有语录说部，辞章泛应而有猥滥文章，皆末流之弊也。"②这里说的"末流之弊"自亦包含了章学诚对史学在发展上的认识与评价。

　　关于"史学本于《春秋》"这一论点，章学诚在另一个地方这样写道：

　　　　世上以博稽言史，则史考也；以文笔言史，则史选也；以故实言史，则史纂也；以议论言史，则史评也；以体裁言史，则史例也。

　　① 章学诚：《文史通义》外篇一《立言有本》，中华书局1956年版，第202页。
　　② 章学诚：《文史通义》外篇一《立言有本》，中华书局1956年版，第202页。

> 唐、宋至今，积学之士，不过史纂、史考、史例；能文之士，不过史
> 选、史评。古人所为史学，则未之闻矣。[①]

这段话，包含着两个相互连带着的认识和结论，一是史考、史选、史纂、
史评、史例，皆非古人所致力的史学，二是"唐宋至今"的"积学之士"
与"能文之士"中是否有名副其实的史家自然也成了一个问题。这样一
来，"唐宋至今"还有史学存在么，还有史学的发展么？是不是这都成了
问题呢？

那么，章学诚所说的"古人所为史学"是什么呢？这当然还要从《春
秋》和"《春秋》家学"谈起。他认为："马曰：'好学深思，心知其
意'，班曰：'纬六经，缀道纲，函雅故，通古今'者，《春秋》家学，递
相祖述，虽沈约、魏收之徒，去之甚远，而别识心裁，时有得其仿佛。"[②]
在章学诚看来，司马迁和班固是继承了"《春秋》家学"的，他们"所
为"的《史记》和《汉书》，堪称史学无疑。马、班以下，只有少数具有
"别识心裁"之人，能有相似的成就。章学诚甚至认为："《通鉴》为'史
节'之最粗，而《纪事本末》又为《通鉴》之纲纪奴仆，仆尝以为此不足
为史学，而止可为'史纂'、'史钞'者也。"同时指出："郑氏之《通
志》，例有余而质不足以副之"。[③]如此看来，即使像司马光《资治通鉴》、
袁枢《通鉴纪事本末》、郑樵《通志》这样的历史著作，也都不在"别识
心裁，时有得其仿佛"之列，可以想见章学诚对"史学"的界定之严、期
许之高。

不过章学诚毕竟没有对司马光《资治通鉴》全部否定，对郑樵也不仅
仅肯定《通志》的"例"。他在《文史通义·申郑》篇中写道："司马温公
《资治通鉴》，前后一十九年，书局自随，自辟僚属，所与讨论，又皆一时
名流，故能裁成绝业，为世宗师。"[④]这样的评价，同把《资治通鉴》说成

---

① 章学诚：《文史通义·上朱大司马论文》，中华书局1956年版，第345页。
② 章学诚：《文史通义·上朱大司马论文》，中华书局1956年版，第345页。
③ 章学诚：《文史通义·与邵二云论修宋史书》，中华书局1956年版，第294页。
④ 章学诚：《文史通义·申郑》，中华书局1956年版，第135页。

是"'史节'之最粗"相比，可谓大相径庭。至于郑樵，章学诚作了这样的评价：

> 子长、孟坚氏不作而专门之史学衰……郑樵生千载而后，慨然有见于古人著述之源，而知作者之旨，不徒以词采为文、考据为学也，于是遂欲匡正史迁，益以博雅，贬损班固，讥其因袭，而独取三千年来遗文故册，运以别识心裁，盖承通史家风，而自为经纬，成一家言者也。……自迁、固而后，史家既无别识心裁，所求者徒在其事其文，惟郑樵稍有志乎求义。[①]

这里说的"运以别识心裁"、"成一家言"、"有志乎求义"等，同上引"郑氏之《通志》，例有余而质不足以副之"似亦不相吻合。

从史学的继承和发展来看，即使是袁枢及其《通鉴纪事本末》，章学诚也不应轻易地贬为"《通鉴》之纲纪奴仆"。他在同友人谈到修宋史问题时，极其兴奋地设想有关体例时写道：

> 《纪事本末》本无深意，而因事命篇，不为成法，则引而深入，扩而充之，遂觉体圆用神。《尚书》神圣制作，数千年来可仰望而不可接者，至于可以仰追。岂非穷变通久自有其会，纪传流弊至于极尽，而天诱仆衷，为从此百千年后史学开蚕丛乎！[②]

这段话表明：纪事本末体的发明与运用，在袁枢那里"本无深意"，而一旦章学诚借鉴过来，就成了极大的创造，这是既没有尊重前人的创造，同时又回避了史学发展中始终存在的继承关系。

综上，章学诚阐述"史学本于《春秋》"，强调《春秋》家法，赞扬司马迁、班固的贡献等等，理固宜然，但他认为"唐宋至今"，已无"古

---

① 章学诚：《文史通义·申郑》，中华书局1956年版，第134、135页。
② 章学诚：《文史通义·与邵二云论修宋史书》，中华书局1956年版，第294—295页。

人所为史学"的结论，却是大有问题的。

第一，把"唐宋至今"史家们的历史撰述，归结为史考、史选、史纂、史评、史例等，这并不符合唐、宋、元、明至清前期史学发展的实际。即以"正史"而言，唐初所修八史，其间涉及南北朝史事的认识和编纂上的处置，民族迁移、冲突、融合等复杂情况的认识和表述，日历、起居注、实录、国史的撰写和积累，其中不乏史家的功力和见识。至于元修宋、辽、金三史，涉及三个不同民族之贵族为主所建立的政权的历史，不论是最高统治者还是史家群体，都显示出宏大的魄力。元代学人能做到的，为何清代学人反而认识不到呢？再者，《通典》、《通鉴》等书的问世，除史学发展的自然之理外，还有社会的要求和推动，章学诚同许多史家一样，是力倡史学的经世功能的，他说："史学所以经世，固非空言著述也。"①而章学诚在评论"唐宋至今"的历史著作时，并未言及"史学所以经世"的问题，说明他在判断"史学"性质时，其结论是不全面的。

第二，章学诚把史考、史选、史纂、史评、史例等同"史学"完全割裂开来，也有可议之处，因为上述各项研究及其进展都是史学活动的产物，这些产物都是史学的一部分或一个方面；把它们同"史学"对立起来或割裂开来，"史学"反倒成了难以理喻的东西了。退一步说，上述诸领域及其成果，也并非古人不"为"，而是有些项目古人没有处在可"为"的历史条件下，故不能有所"为"，如史评、史例等，只有当史学发展到比较成熟，有了较厚重的积累时，才能使人们有所"为"。章学诚本人就是"以议论言史"见长，而他的议论带有总结性质，故百余年后受到人们的赞誉。

第三，章学诚认为，"史学本于《春秋》"，又指出："盖'六艺'之教，通于后世者有三：《春秋》流为史学，《官礼》诸记流为诸子论议、《诗》教流为辞章辞命。"②按照"《春秋》流为史学"的说法，这个"流"到马、班已成"绝业"，"唐宋至今"沦为种种流弊，这种把"史

————————————

① 章学诚：《文史通义·浙东学术》，中华书局1956年版，第52页。

② 章学诚：《文史通义·上朱大司马论文》，中华书局1956年版，第346页。

学"视为唐、宋、元、明时期出现断裂现象的认识，是片面的、不符合实际的。这同章学诚在《文史通义·书教中》高度评价杜佑"穷天地之际而通古今之变"①的历史编纂气势；同他在《书教下》中讲到袁枢《通鉴纪事本末》时说，"按本末之为体也，因事命篇，不为常格，非深知古今大体，天下经纶，不能网罗隐括，无遗无滥。文省于纪传，事豁于编年；决断去取，体圆用神，斯真《尚书》之遗也"②的创造；同他在《申郑》中赞扬郑樵"承通史家风，而自为经纬，成一家言者也"③，以及称赞司马光"裁成绝业，为世宗师"④的评价，都不相吻合。

第四，尤其令人不能理解的是，章学诚在讨论修宋史问题时，一面把司马光《资治通鉴》贬为"史纂"、袁枢《通鉴纪事本末》贬为"史钞"，一面又把他自己"仍纪传之体而参本末之法，增图谱之例而删书志之名"的做法，说成是"天诱仆衷，为从此百千年后史学开蚕丛乎"，意在弥合"唐宋至今"史学断裂的缺憾。在这里，"纪传之体"且不论，但袁枢的"本末之法"的运用和郑樵"图谱略"的启发，都不是来自史学上的借鉴而是"穷变通久"之后的"天诱仆衷"所得到的。显然，这种认识和这样的表述，都不能视为客观的和真实的。

总之，章学诚的史学观及其史学批评，在上述这些方面是有明显的缺陷的。

二、"史学所以经世"的传统是否中断？

《文史通义》的《浙东学术》篇，以极言史学的经世作用而著称。

首先，章学诚认为，中国学术之重视"经世"，其源盖出于孔子及孔子所作之《春秋》，他写道：

---

① 章学诚：《文史通义·书教中》，中华书局1956年版，第11页。

② 章学诚：《文史通义·书教下》，中华书局1956年版，第15页。

③ 章学诚：《文史通义·申郑》，中华书局1956年版，第134页。

④ 章学诚：《文史通义·与邵二云论修宋史书》，中华书局1956年版，第294页。

　　天人性命之学，不可以空言讲也。故司马迁本董氏天人性命之说而为经世之书。儒者欲尊德性，而空言义理以为功，此宋学之所以见讥于大雅也。夫子曰："我欲托之空言，不如见诸行事之深切著明也。"此《春秋》之所以经世也。圣如孔子，言为天铎，犹且不以空言制胜，况他人乎！故善言天人性命，未有不切于人事者。三代学术，知有史而不知有经，切于人事；后人贵经术，以其即三代之史耳。近儒谈经，似于人事之外别有所谓义理矣。浙东之学，言性命者必究于史，此其所以卓也。①

章学诚的这段话是要说明：孔子倡言"见诸行事"。《春秋》是史学经世之祖，言天人性命必究于史，如同司马迁那样，而浙东学术正是继承了这一传统。

　　其次，章学诚进而指出，史学所以经世，是史学的根本所在，不了解这一点，就无法谈论史学。他这样写道：

　　或问：事功气节，果可与著述相提并论乎？曰：史学所以经世，固非空言著述也。且如六经，同出于孔子，先儒以为其功莫大于《春秋》，正以切合当时人事耳。后之言著述者，舍今而求古，舍人事而言性天，则吾不得而知之矣。学者不知斯义，不足言史学也。②

在章学诚看来，著述自然是重要的，但前提是要"切合于当时人事"，而那种空言性天的著述是不可取的，对不懂得这个道理的人，"不足以言史学"。这是进一步论证他提出的这个命题："知史学之本于《春秋》，知《春秋》之将以经世。"

　　此外，章学诚在讲到"不可易之师"与"可易之师"时还强调说："学问专家，文章经世，其中疾徐甘苦，可以意喻，不可言传。此亦至道

---

　　① 章学诚：《文史通义·浙东学术》，中华书局1956年版，第52页。
　　② 章学诚：《文史通义·浙东学术》，中华书局1956年版，第53页。

所寓，必从其人而后受，不从其人，即已无所受也，是不可易之师也。……至于讲习经传，旨无取于别裁，斧正文辞，义未见其独立；人所共知共能，彼偶得而教我。从甲不终，不妨去而就乙；甲不我告，乙亦可询；此则不究于道，即可易之师也。"①从文中所说"文章经世"来看，这里讲的"道"，当也是指"经世"而言。可见，对于严肃的师生关系，也是用是否有经世之旨来看待"不可易"与"可易"的合理性的。

诚然，章学诚对史学所以经世之重要性的认识再三致意，可视为他对史学本质的认识。在他看来，如无此种认识，则不可与言史学。这无疑是章学诚关于史学的卓见之一。但是，这里也存在使人感到困惑之处：中国古代史学的经世思想与传统是世代相传、未曾中断的，且不说唐初所修八史的经世致用目的、盛唐吴兢撰《贞观政要》经世致用的初衷、中唐杜佑著《通典》的经世致用思想，也不举司马光、范祖禹及宋代许多史家的忧患意识与多种历史撰述和明末清初顾炎武、黄宗羲、王夫之等史家的经世致用宗旨，就是元修宋、辽、金三史，同样也有明确的经世致用的目的。其先，有大臣王鹗奏请撰修金、辽二史，写道："自古帝王得失兴废，斑斑可考者，以有史在。我国家以威武定四方，天戈所临，罔不臣属，皆太祖庙谟雄断所致，若不乘时纪录，窃恐岁久渐至遗忘。金实录尚存，善政颇多；辽史散逸，尤为未备。宁可亡人之国，不可亡人之史。若史馆不立，后世亦不知有今日。"于是，"上甚重其言，命修国史，附修辽、金二史"。②其后，有《修三史诏》，指出：辽、金、宋"这三国为圣朝所取制度、典章、治乱、兴亡之由，恐因岁久散失，合遴选文臣，分史置局，纂修成书，以见祖宗盛德得天下辽、金、宋三国之由，垂鉴后世，做一代盛典。"③如此明确的修史意图和修史宗旨，无疑是一种突出的经世思想的表现。据此，可以认为，自唐初至清初，中国史学的经世思想及相关著述，不绝于世，且有不断增强的趋势。从逻辑上看，这种趋势应与章学诚所论的"史学经世"的思想是一致的。然而，联系上文章学诚所说"唐宋至

① 章学诚：《文史通义·师说》，中华书局1956年版，第187—188页。
② 苏天爵：《元朝名臣事略》卷一二《内翰王文康公》，姚景安点校本，中华书局1996年版，第239页。
③ 参见脱脱等：《辽史》附录，中华书局1974年版，第1554页。

今"，只有史纂、史考、史例、史选、史评，"古人所为史学，则未之闻矣"，既无史学可言，那么"史学经世"是否也就"中断"了呢？从章学诚的"浙东之学"论来看，"史学经世"的脉络似并未中断。这里又提出了一个问题：人们怎样折中于章学诚说的"唐宋至今"无"古人所为史学"与"史学所以经世，固非空言著述也"及经世致用的史学传统二者之间呢？显然，在笔者看来，这也是一个难以抉择的问题。

为了从深层的意义上说明这种抉择的困难，我们不妨举杜佑《通典》为例。依章学诚所说，《通典》应归于"史纂"之列，但实际上章学诚对《通典》自有另一番评论，他写道：

> 杜氏《通典》为卷二百，而《礼典》乃八门之一，已占百卷，盖其书本《官礼》之遗，宜其于礼事加详也。然叙典章制度，不异诸史之文，而礼文疑似，或事变参差，博士经生，折中详议，或取裁而径行，或中格而未用，入于正文，则繁复难胜，削而去之，则事理未备。杜氏并为采辑其文，附著礼门之后，凡二十余卷，可谓穷天地之际，而通古今之变者矣。[1]

尽管这段话不是对《通典》的全面评价，而是仅就杜佑从体例上恰当地处理了制度之文与"详议"之论的关系，章学诚即认为这是"穷天地之际，而通古今之变者"，这显然不是对所谓"史纂"的评价，而是对所谓"古人所为史学"表达的敬意了。这很像是上文所讲到的章学诚对司马光《资治通鉴》两种不同的评价。

章学诚评价郑樵，更是明显地突破了"唐宋至今"无"古人所为史学"的论断。章学诚写道："若郑氏《通志》，卓识名理，独见别裁，古人不能任其先声，后代不能出其规范，虽事实无殊旧录，而辨名正物，诸子之意寓于史裁，终为不朽之业矣。"[2]这一评价，实已不在评价杜佑《通

---

① 章学诚：《文史通义·书教中》，中华书局1956年版，第11页。

② 章学诚：《文史通义·释通》，中华书局1956年版，第132页。

典》之下。不仅如此，章学诚的《文史通义》中更著有《申郑》专篇，文中写道，在司马迁、班固以下，"郑樵生千载而后，慨然有见于古人著述之源，而知作者之旨，不徒以词采为文，考据为学也。于是遂欲匡正史迁，益以博雅；贬损班固，讥其因袭；而独取三千年来遗文故册，运以别识心裁。盖承通史家风，而自为经纬，成一家言者也"。又说："史家著述之道，岂可不求义意所归乎？自迁、固而后，史家既无别识心裁，所求者徒在其事其文。惟郑樵稍有志乎求义。"①这些评价表明，在章学诚及其《文史通义》中，郑樵和他的《通志》占有极突出的地位。

综上，从章学诚对司马光的两处不同评价中，以及他对杜佑、郑樵的评价中，他的"唐宋至今"无"古人所为史学"的论断，还能够站得住吗？这确是一个有关章学诚史学观的重要问题。

三、是前行，还是回归?

章学诚的史学观有丰富的内涵，真知灼见屡有所出，令人钦羡。《文史通义》开卷论证"六经皆史"②，不仅扩大了史学的空间，也提高了史学的自信。他论史学有两大宗门，即"记注"与"撰述"的并存及其各自的特点。③他强调"史法"与"史意"的差别，指出讨论设馆修史与探究私家撰述的不同，认为"吾于史学，盖有天授，自信发凡起例，多为后世开山"。④他以"史德"补充刘知几的"史才三长"，强调史德的重要⑤。他倡导"闳中肆外，言以声其心之所得"的叙事准则⑥。他把知其人之世及其人之身处作为学术批评的基本出发点⑦，等等，都是真知灼见。他还以

---

① 章学诚：《文史通义·申郑》，中华书局1956年版，第134、135页。

② 章学诚：《文史通义·易教上》，中华书局1956年版，第1页。

③ 参见章学诚：《文史通义》之《书教上》《书教下》，中华书局1956年版，第7页、第12—13页。

④ 章学诚：《文史通义·家书二》，中华书局1956年版，第333页。

⑤ 参见章学诚：《文史通义·史德》，中华书局1956年版，第144—147页。

⑥ 参见章学诚：《文史通义·文理》，中华书局1956年版，第61—64页。

⑦ 参见章学诚：《文史通义·文德》，中华书局1956年版，第59—61页。

朴素辩证的观点看待史书体裁的变化，指出：

> 神奇化臭腐，臭腐复化为神奇，解《庄》书者，以谓天地自有变化，人则从而奇腐云耳。事屡变而复初，文饰穷而反质，天下自然之理也。《尚书》圆而神，其于史也，可谓天之至矣。非其人不行，故折入左氏，而又合流于马、班，盖自刘知几以还，莫不以谓书教中绝，史官不得衍其绪矣。又自《隋·经籍志》著录，以纪传为正史，编年为古史，历代依之，遂分正附，莫不甲纪传而乙编年。则马、班之史，以支子而嗣《春秋》，荀悦、袁宏，且以左氏大宗，而降为旁庶矣。司马《通鉴》病纪传之分，而合之以编年。袁枢《纪事本末》又病《通鉴》之合，而分之以事类。按本末之为体也，因事命篇，不为常格；非深知古今大体，天下经纶，不能网罗隐括，无遗无滥。文省于纪传，事豁于编年，决断去取，体圆用神，斯真《尚书》之遗也。在袁氏初无其意，且其学亦未足与此，书亦不尽合于所称。故历代著录诸家，次其书于杂史。自属纂录之家，便观览耳。但即其成法，沉思冥索，加以神明变化，则古史之原，隐然可见。书有作者甚浅，而观者甚深，此类是也。故曰：神奇化臭腐，而臭腐复化为神奇，本一理耳。[①]

章学诚提出问题、分析问题，多有辩证思想，此即突出一例。章学诚与刘知几相比，前者更看重通史，故对司马迁、郑樵多有褒奖，后者更关注断代史（朝代史），故对《左传》、《汉书》格外在意。章学诚在《释通》中写道：

> 梁武帝以迁、固而下，断代为书，于是上起三皇，下讫梁代，撰为《通史》一编，欲以包罗众史。史籍标通，此滥觞也。嗣是而后，源流渐别。总古今之学术，而纪传一规乎史迁，郑樵《通志》作焉；

────────────

① 章学诚：《文史通义·书教下》，中华书局1956年版，第14—15页。

统前史之书志，而撰述取法乎官《礼》，杜佑《通典》作焉；而编次总括乎荀、袁，司马光《资治通鉴》作焉；汇公私之述作，而铨录略仿乎孔、萧，裴潾《太和通选》作焉。此四子者，或存正史之规，或正编年之的，或以典故为纪纲，或以词章存文献，史部之通，于斯为极盛也。①

这一段话，对"通史"的源流和发展作了精彩的概括。凡此，都受到后人的关注和重视，视为确论。然而，通观《文史通义》，细究章学诚提出的重要论断及其相互间的关联，总觉得在有些论断之间使人感到费解。对此，我们不妨作如下简要的分析：

如章学诚讲史书体裁的演变，以辩证的观点进行分析，本是极佳的阐述，但说到纪事本末体出现之时，却一再强调这是"真《尚书》之遗也"，是"神奇化臭腐，而臭腐复化为神奇"的表现。我们是否可以认为，在这里，章学诚强调的不是发展而是回归，即回归到《尚书》"因事命篇"所具有的"神奇"那里。其实，任何事物的产生、发展，都有自身的规律。若以《通鉴纪事本末》同《尚书》中以纪事为主的相关篇目作比较，则前者在内容的丰赡、叙述的细致方面，远非后者可比拟，反映了"因事命篇"叙事的发展。唐代史家刘知几批评纪传体史书的缺点是"同为一事，分在数篇，断续相离，前后屡出"。②稍晚于刘知几的皇甫湜著《编年纪传论》，认为编年体史书的缺点是："举其大纲而简于叙事，是以多阙载、多逸文"，故当"别为著录，以备时之语言，而尽事之本末"③。刘知几提出了问题，并未作进一步论述；皇甫湜则认为司马迁创纪传体是"尽事之本末"的途径，与刘知几看法完全不同。但他们都认为，应当有一种按照事件本末的历史表述形式产生出来，这是他们分别从批评纪传体史书和编年体史书中得到的共同结论。从章学诚对《通鉴纪事本末》的评论来看，认为纪事本末体史书最重要的优点正是"文省于纪传，事豁于编

---

① 章学诚：《文史通义·释通》，中华书局1956年版，第129—130页。

② 刘知几：《史通·二体》，浦起龙通释本，上海古籍出版社2009年版，第25页。

③ 李昉等编：《文苑英华》卷七四二，中华书局1966年版，第3876页。

年"。这显然是针对纪传、编年两种史书体裁说的。如果把《通鉴纪事本末》看作是"臭腐复化为神奇",即回归到因事命篇的《尚书》那里,则《尚书》所产生的时代,既无纪传体史书,亦无编年体史书,这在逻辑上是说不通的,至少是有缺陷的。

再如前引关于通史的演变,章学诚举出《通志》、《通典》、《资治通鉴》、《太和通选》等书,并作出结论说:"史部之通,于斯为极盛也。"然而,大家知道,这四部书中两种出于唐代,两部出于宋代,按照章学诚关于"唐宋至今"云云的观点,它们都不属于"古人所为史学",怎么又成了"史部之通,于斯为极盛"了?这里,似也存在使人感到困惑之处。当代治中国史学史之名家杜维运指出:

> 章氏之史学,有其完整之体系,非随得随发,漫若散沙也。惟中国之史家,非若西方史家曾接受逻辑学之严格训练,于其史学体系,不能提纲挈领,为有系统有组织之叙述,理论愈深者,后人愈难明其理论之全部真相。以章氏之尊崇"学者宗旨"之一家著述,其理论体系,后人亦难骤然而窥知,甚且为后人所曲解,治其学之有得者,亦只能窥其史学之一面。①

从杜维运的这一段话来看,《文史通义》中的有些论述不失为真知灼见,但它们之间至少在"逻辑"上难免有瑕疵,本文所举数例可见一斑。这种瑕疵并非经过他人对《文史通义》之理论从体系上进行整理就能够弥合的,"治其学之有得者"知道这种"逻辑"上的缺陷的存在就是了,而不必走向"曲解"章学诚的境地。

依我的浅见,除了逻辑上的瑕疵,章学诚在学术思想上还有另一个可以讨论的地方,这就是:他提出"六经皆史",自是一个积极的论断,多得后人赞许。但章学诚在讨论历代史学发展时,多以"六经"为准则,史学演变的结果,都以回归"六经"为至善。这样一来,章学诚关于史学的

---

① 杜维运:《清代史学与史家》,中华书局1988年版,第336页。

许多论述就不能自觉地从发展、进步的观点进一步展开，而囿于"六经"的范围。当然，我们不应苛求章学诚，但从进步的、变化的观点看待学术的演进，古代史家是有先例的。黄宗羲在《明儒学案》序中这样写道：

> 学术之不同，正以见道体之无尽也。奈何今之君子，必欲出于一途，剿其成说，以衡量古今，稍有异同，即诋之为离经畔道，时风众势，不免为黄芽白苇之归耳。夫道犹海也，江、淮、河、汉以至泾、渭蹄跞，莫不昼夜曲折以趋之，其各自为水者，至于海而为一水矣。使为海若者，汰然自喜，曰："咨尔诸水，导源而来，不有缓急平险、清浊远近之殊乎？不可谓尽吾之族类也，盍各返尔故处！"如是则不待尾闾之泄，而蓬莱有清浅之患矣。今之好同恶异者，何以异是？①

黄宗羲对学术的认识，一是包容的，二是看到"莫不昼夜曲折以趋之"的前行之势，即向前看，而不是向后看，更不是回归到某个起点。这是黄宗羲的史学观同章学诚的史学观的一个重要的区别。

白寿彝先生在讲到浙东史学时指出："章学诚是乾嘉年代的史学大家，他所著《文史通义》、《校雠通义》，对历史哲学、历史文献学、历史编纂学和历史文学都有论列，并颇多新意。但他所取得的这些成就，很少为同时学者所重视。他也评论当时流行的风习，而基本上以文史方面的问题为限，比起当年黄宗羲的风范也是不能相提并论的。"②白寿彝先生所说的"风范"，包含学术本身和学术影响，而章学诚在包容性和向前看方面，都显示出他自身的局限性。

当然，章学诚因在史学理论领域有多方面"颇有新意"的论述，成为中国古代史学理论的总结者，他的这种学术地位，并不会因其学说有逻辑上的瑕疵和思想上的局限而有所改变。本文的撰写，意在表明：我们过去

---

① 黄宗羲:《明儒学案》,中华书局1985年版,第7页。
② 白寿彝:《中国史学史》第一册,上海人民出版社1986年版,第88页。

研读《文史通义》，比较关注它在某一具体方面的精辟论述并为之赞叹，而较少考察他在这一方面的论述同另一方面的论述是否协调，是否完全符合逻辑，也较少顾及章学诚强调史学对于"六经"的回归等等。质而言之，我们对于章学诚及其《文史通义》的认识是否还缺乏全面的研究和深入的思考，至少，笔者正是这种状况，而当我们"发现"某种瑕疵和局限的时候，或许我们会觉得认识了一个真正的和真实的章学诚，对他的《文史通义》中的许多真知灼见有了更加理性的判断和评论。

二〇一五年六月二十一日初稿
七月二十六日改定

参考文献

（古籍以作者年代为序，近人专著以姓氏笔画为序）

一、古籍

《诗经》，十三经注疏本，中华书局1980年版。

《尚书》，十三经注疏本，中华书局1980年版。

《礼记》，十三经注疏本，中华书局1980年版。

《左传》，十三经注疏本，中华书局1980年版。

司马迁：《史记》，中华书局1959年版。

班固：《汉书》，中华书局1962年版。

陈寿：《三国志》，中华书局1959年版。

范晔：《后汉书》，中华书局1965年版。

袁宏：《后汉纪》，中华书局2002年版。

刘勰：《文心雕龙》，周振甫注本，人民文学出版社1980年版。

沈约：《宋书》，中华书局1974年版。

萧统：《文选》，上海古籍出版社1986年版。

魏收：《魏书》，中华书局1974年版。

房玄龄等：《晋书》，中华书局1974年版。

姚思廉：《陈书》，中华书局1972年版。

令狐德棻等：《周书》，中华书局1971年版。

魏征等：《隋书》，中华书局1973年版。

李延寿：《北史》，中华书局1974年版。

刘知几：《史通》，浦起龙通释本，上海古籍出版社2009年版。

吴兢：《贞观政要》，上海古籍出版社1978年版。

杜佑：《通典》，中华书局1988年版。

柳宗元：《柳河东集》，上海人民出版社1974年版。

刘昫等：《旧唐书》，中华书局1975年版。

欧阳修、宋祁等：《新唐书》，中华书局1975年版。

吴缜：《新唐书纠谬》，丛书集成初编本，中华书局2011年版。

姚铉编：《唐文粹》，明嘉靖年间刻本。

王溥编：《唐会要》，中华书局1955年版。

李昉：《文苑英华》，中华书局1966年版。

王钦若：《册府元龟》，中华书局1960年版。

孙甫：《唐史论断》，中华书局2011年版。

司马光：《资治通鉴》，中华书局1956年版。

曾巩：《曾巩集》，中华书局1984年版。

范祖禹：《唐鉴》，上海古籍出版社1984年影印版。

晁公武：《郡斋读书志》，上海古籍出版社1990年版。

洪迈：《容斋随笔》，上海古籍出版社1978年版。

朱熹：《朱子语类》，中华书局1986年版。

叶适：《习学记言序目》，中华书局1977年版。

郑樵：《通志》，中华书局1987年版。

陈振孙：《直斋书录解题》，上海古籍出版社1987年版。

高似孙：《史略》，辽宁教育出版社1998年版。

马端临：《文献通考》，中华书局2011年版。

《蒙古秘史》，道润梯步译注本，内蒙古人民出版社1978年版。

苏天爵：《元朝名臣事略》，中华书局1996年版。

脱脱等：《辽史》，中华书局1974年版。

脱脱等：《金史》，中华书局1975年版。

脱脱等：《宋史》，中华书局1977年版。

王世贞：《弇山堂别集》，中华书局1985年版。

李贽：《藏书》，中华书局1959年版。

卜大有：明刻珍本《史学要义》，中华全国图书馆文献缩微复制中心

1999年版。

王圻：《续文献通考》，现代出版社1986年版。

于慎行：《读史漫录》，齐鲁书社1996年版。

胡应麟：《少室山房笔丛》，上海书店2009年版。

张岱：《琅嬛文集》，岳麓书社1985年版。

黄宗羲：《明儒学案》，中华书局1985年版。

顾炎武：《日知录集释》，黄汝成集释本，上海古籍出版社2006年版。

王夫之：《读通鉴论》，中华书局1975年版。

彭定求编：《全唐诗》，中华书局1960年版。

牛运震：《读史纠谬》，李念孔、高文达、张茂华等点校本，齐鲁书社
1989年版。

王鸣盛：《十七史商榷》，黄曙辉点校本，上海书店出版社2005年版。

赵翼：《廿二史札记》，王树民校证本，中华书局1984年版。

钱大昕：《廿二史考异》，上海古籍出版社2014年版。

章学诚：《章学诚遗书》，文物出版社1982年版。

章学诚：《文史通义》，刘公纯标点本，中华书局1956年版。

董诰等：《全唐文》，中华书局1983年版。

永瑢等：《四库全书总目》，中华书局1965年版。

刘体仁：《通鉴札记》，北京图书馆出版社2004年版。

姚莹：《康輶纪行》，中华书局2014年版。

魏源：《海国图志》，岳麓书社1998年版。

黄遵宪：《日本杂事诗（广注）》，岳麓书社1985年版。

张穆：《蒙古游牧记》，张正明、宋举成点校本，山西人民出版社1991
年版。

《二十五史补编》，中华书局1955年版。

二、近人专著

王仲荦：《魏晋南北朝史》，上海人民出版社1981年版。

白寿彝：《中国史学史》第一册，上海人民出版社1986年版。

白寿彝主编：《中国通史》导论卷，上海人民出版社1989年版。

史念海、曹尔琴：《方志刍议》，浙江人民出版社1986年版。

张煦侯：《通鉴学》（修订本），安徽人民出版社1981年版。

杜维运：《清代史学与史家》，中华书局1988年版。

杜维运：《中国史学史》第三册，台湾三民书局股份有限公司2004年版。

金毓黻：《中国史学史》，河北教育出版社2000年版。

李约瑟：《中国科学技术史》第一卷，科学出版社、上海古籍出版社1990年版。

杨翼骧：《中国史学史资料编年》，商务印书馆2013年版。

章安祺编：《缪灵珠美学译文集》第一集，中国人民大学出版社1987年版。

陶懋炳：《中国古代史学史略》，湖南人民出版社1987年版。

黑格尔：《历史哲学》中文本，王造时译，三联书店1956年版。

蒙文通：《中国史学史》，上海世纪出版社2006年版。

瞿林东：《唐代史学论稿》，北京师范大学出版社1989年版。

后　记

这本小书，是我发表在《文史知识》上两组系列连载文章汇集而成的，书名是采用了第一个连载栏目的名称。

一九八九年夏天，《文史知识》编辑部柴剑虹、胡友鸣两位同志跟我商量，约我在这个杂志上开辟一个史学方面的连载栏目。我欣然同意接受这个任务，并提出从史学批评方面来设计栏目的内容，他们对此颇感兴趣，鼓励我早点着手撰写。当时，我对于究竟按时间顺序来写，即写成"史"的形式，还是按若干问题来写，即写成"论"的形式，很是犹豫。其实对于我来说，不论采用哪一种形式，写起来都会很费力的。在二者抉择之间，友鸣同志的建议起了重要作用。他认为，采用提出问题的方法来写，或许更困难一些，但这种形式角度比较新颖，能够引起读者的兴趣和思考，更符合读者的需要。撰写的形式就这样定下来了。同年十二月，我拟出了一份包含十六个题目的撰写计划，并把栏目的名称称为《中国古代史学批评漫谈》，经与胡友鸣、冯宝志二同志交换意见，得到他们的赞同，议定从一九九〇年五月起开始连载。栏目的名称，为避免跟其他栏目重复，友鸣把"漫谈"改成了"纵横"。我以为"纵横"的口气大了些，但为全局计，也就没有再作变动。旋因诸事繁多，我的撰写计划往后推迟了半年多，故这个栏目至一九九一年一月才开辟出来。

我之所以确定要写古代史学批评方面的问题，在认识上是有一个不断积累和发展的过程。归纳起来，大致有这样几点认识：

第一，中国古代的史学评论著作如《史通》、《文史通义》素有盛名，多为人们所称引，因而有很大的影响。但是，中国古代史家和学人关于史学评论方面的论著或言论，是一个非常广阔的领域，其真知灼见、发展历程，并不是这两部名著所能代替的。古代的历史撰述、史学论著、文集、笔记中，多有史学评论的闪光思想。这是一笔丰厚的史学遗产，只因我们注意不够，或是缺乏自觉的系统发掘、整理、阐释，故这一宝藏尚未充分显露出它的光华。这是需要我们努力去发掘的。

第二，我在研读古代历史撰述、史学论著过程中，获得一个不断明确起来的认识，即中国古代史学的发展除了历史的、社会的推动之外，史学评论或史学批评作为史学自身的反省也是一个重要的原因。从这个意义上说，对中国古代史学评论或史学批评的探讨，将有助于我们更全面地认识中国古代史学发展的过程及其规律。

第三，八十年代以来，我国历史学界在史学理论研究方面有了很大的进展，取得了不少成绩。这方面研究的不断深入，要求我们进一步从理论上去认识和总结中国古代史学，撷其成果，为丰富和发展当代史学理论提供借鉴，这是史学理论建设上的继承与创新所不可缺少的。这些年来，我逐渐领悟到、认识到，中国古代史学理论的发展，虽非全然是但却往往是在史学批评中实现的，并取得了自己的表现形式。极而言之，是否可以认为：没有评论或批评，也就没有中国古代史学理论。换言之，不能脱离研究史学批评问题而探讨中国古代史学理论。

鉴于以上这些认识，我鼓起勇气在《文史知识》上撰写"纵横"这个栏目的系列文章，作为自己艰难跋涉的开始。

出乎我的意料之外的是，"纵横"这个栏目连载半年以后，影响颇大。在首届全国青年史学工作者学术讨论会上，不少青年朋友同我谈到，他们从"纵横"中得到了一些启发。胡厚宣、齐世荣、韩国磐、安作璋、林剑鸣等教授，还有不少师友，都给予我很多勉励。台湾新竹清华大学历史研究所张元教授，也就此给我写来了热忱的信。所有这些，对我都起了鞭策的作用，我是十分感激的。

今年春天，友鸣同我商量把"纵横"这个栏目的文章汇集出版之事。他建议我对中国史学的发展作一概括的阐述，以有助于《文史知识》和本书的读者认识古代史学批评中的有关问题。这是一个讲求实际、为读者着想的主意。于是，在编辑部的支持下，继"纵横"之后，又有了《中国史学发展概说》的系列连载。现作为附论，收入本书。

"纵横"是试图对一个新的领域所作的初步探索，我只是把自己所考虑到的而又认为是比较重要的一些问题提出来，以期有更深入的研究。在表述方法上，尽可能注意到每一问题自身的历史发展，即在"论"的形式中包含一定的"史"的形式。"概说"的文字十分简略，但它又不完全同于论纲，这就难得把中国史学发展史上那些比较重要的问题都讲到。在表述方法上，是采用了人们都很熟悉的朝代断限，并力图把握每一时期的史学发展的特点，进而揭示从先秦至清末中国史学发展的总相。中国古代史家历来讲求"言简意赅"、"文省事丰"，虽心中仰慕，可是学习起来谈何容易！凡书中的疏漏以至错误，我诚恳地期待着读者和同行的批评。

本书所收录的两组系列连载文章，从当初酝酿到现在结集，整整三年了。《文史知识》编委会和编辑部各位同志的鼓励与支持，使我能够把这种月作一文的思考和撰述看作是很大的乐趣，并始终坚持下来。我衷心地向他们表示深深的谢意！

作　者

一九九二年九月十日记于

北京师大史学研究所

新版后记

　　《中国古代史学批评纵横》这本小书自一九九四年在中华书局出版以后，于二〇〇〇年重印过一次，现在又有机会出版新的版本，这是这本小书的幸运，当然，也是作者的荣幸！

　　关于撰写本书的缘由，我在初版后记中已经讲到了。这里，我想对新版之"新"作一点说明。新版之"新"，是在保持本书原貌的基础上，增添了一部分内容，即"中国古代史学批评杂述"。"杂述"所收的专论，涉及三个方面，一是史学批评思想，二是史学批评方法，三是史学批评个案。相对于"纵横"的宏观阐述来说，"杂述"是微观探析，是对"纵横"的补充和深入，这也反映出二十多年来作者在中国古代史学批评研究领域的部分经历。

　　本书在初版以来的二十年中，产生了一定的学术影响，有些同行发表了关于本书的评论，有的研究者为此撰写了长篇论文给予高度评价，有些青年朋友以史学批评作为博士学位论文的题目，有的研究者以史学批评作为研究对象申请了教育部人文社会科学规划项目或国家社会科学基金项目，每年都有一些研究史学批评的论文在各类杂志上发表，有的大学历史系还开设了史学批评课程等等，反映了史学批评确已成为当今史学理论与中国史学史专业中的一个新的研究领域。这种情况的出现，从根本上说，是学科发展的要求，而本书的出版，适逢其时，客观上起到了一定的推动作用。

　　史学批评是史学与社会联系的桥梁，是史学发展的内在动力之一，它具有理论的特质，也具有实际的功能。可以认为，史学批评的开展和活跃程度，是衡量史学发展状态和学术水平的尺度之一。从史学批评的眼光来看，当前中国史学发展趋势中，有些问题是应当提出来予以关注的：

首先是研究范围和研究选题方面的问题。近一些年来，宏观研究相对薄弱，微观研究受到普遍关注。微观研究是需要的，有时甚至是重要的，但这种需要和重要性，只有在它和宏观研究相结合时，才能充分显示出来，才更有学术意义和理论价值。而宏观研究的薄弱，则不利于探索历史进程中一般性现象以至于规律性现象，久之，则淡化了历史研究的宗旨。

其次是历史学的理论研究应进一步加强的问题。历史学的理论研究，包含历史理论和史学理论两个部分，历史理论是指人们对客观历史进程及其规律的认识，史学理论是人们（首先是史学工作者）关于历史学学科自身发展及其规律的认识，它们之间有明显的区别也有内在的联系，认识这种区别和联系，是加强历史学的理论研究的前提之一。但近年来有些同行会忽视它们的区别和联系，因而导致了两种概念的混淆，通常是以"史学理论"来说明"历史理论"范围内的问题，以致模糊了讨论的对象。这种情况，不利于理论研究的深入、发展。其实，从恩格斯到列宁，从李大钊到翦伯赞、白寿彝、尹达，对马克思主义历史理论都有明确的说明，史学界不应当出现这种混淆及使用上的错位。希望这种状况不断有所改变，以推进历史学的理论研究和中国史学整体水平的提升。

再次是历史学的话语体系的中国特色、中国风格问题。在当今经济全球化、文化多元化的时代，中国史学的发展，要以当代中国经济社会建设为基础，以古代和近代的史学遗产为依托，以中国马克思主义史学的成就为出发点，以外国史学的积极成果为参照和借鉴，进一步建设具有中国特色、中国风格的话语体系的史学学派。为此，我们的历史研究和史学研究，应大力倡导采用中国文化传统、语言风格和概念范畴建构起自身的话语体系。在这个过程中，我们不应该要求外国学者如何来适应中国文化传统、语言风格和概念范畴，同样，中国史学家也没有必要放弃自我，去迎合外国的文化传统、语言习惯和概念范畴，中外史学家各自尽力采用对方能够听得明白的语言讲清楚要讲的东西就可以了，这是平等的对话，目的是求同存异，取长补短，共同提高。对于那种动辄就以外国的概念以至是非标准来衡量、评价中国史学的做法，应有所改变。在中国史学继续走向世界的行程中，人们所擎起的旗帜上要书写着"中国特色，世界眼光"的字样。

自一九八九年以来，我对新中国的史学成就，写过一些评论性或总结性的文章，读者可以从网上搜索、阅读并予以指正。这里，我只是就上面讲到的三个问题，作为对有关评论的补充，借着本书新版的付梓，表达出来，寄托我对中国史学的希望和祝福。

本书在初版二十年之后还有机会以新版面世，完全是由于重庆出版集团及所属重庆出版社的厚爱，我因得到这份关照而甚感荣幸！一个学人在他的学术生涯中，能有三两种著作被世人记住，甚至还有新版面世的机会，实在是莫大的幸运。责任编辑杨耘编审为本书的出版付出了辛勤的劳动，她的热情的鼓励和严谨的工作作风，使我深受感动。

在这里，我向重庆出版集团表示衷心的感谢！向杨耘编审表示诚挚的谢意！

我期待着史学界同仁和读者朋友对本书的批评、指正！

二〇一五年八月一日

校后赘语

二〇一五年十二月四日，我收到重庆出版社杨耘编审所寄来的本书校样，在几位年轻朋友的协助下，于十二月二十四日校毕。这里，有几点补充说明如下：

一、本书卷上《中国古代史学批评纵横》撰于二十世纪九十年代初，原系专栏连载，一九九四年结集出版；本书卷下《中国古代史学批评杂述》，系近十几年来陆续写成。撰写这两个部分时所参据的历史文献，由于撰写年代不同和一些新的版本面世，以及原文所据之版本有的已不易找到。为了便于读者阅读、参考，本书在注文中改用新的版本。如刘知几《史通》（浦起龙通释本），原先用的是上海古籍出版社一九七八年版，现改用上海古籍出版社二〇〇九年版；马端临《文献通考》原先用的是万有文库的"十通"本，现改用中华书局二〇一一年版，等等。其他大部分的参据文献，除个别因版本的特点和需要外，均采用通行版本为据。

二、本书卷上与卷下在撰写时间上，有的前后相隔时间较长，在表述上难免有重复之处。此次校读中发现三处有数百字以至千余字重复者，经编者与作者商定，由作者对卷下《中国古代史学批评杂述》中的相应部分作了一点删改，并在注文中作了说明。

三、本书书稿在编校中，杨耘编审凡对书稿中漏书、误书者，均通过电话询问，征得同意后予以补充、改正。这种严谨的编辑作风使我十分感动和钦佩，而协助我校读书稿的年轻人也深受教益。

四、北京师范大学历史学院史学理论与中国史学史专业的曲柄睿博士后，博士研究生于泳、李凯、范宇焜，硕博连读研究生朱露川，协助我对书稿作了认真核校，我向他们表示谢意。

　　五、再次衷心感谢重庆出版社和杨耘编审对这本小书的厚爱。

瞿林东　谨记

二〇一五年十二月二十四日

重庆出版集团（社）科学学术著作
出版基金资助书目

第一批书目

蜱螨学	李隆术　李云瑞　编著
变形体非协调理论	郭仲衡　梁浩云　编著
胶东金矿成因矿物学与找矿	陈光远　邵　伟　孙岱生　著
中国天牛幼虫	蒋书楠　著
中国近代工业史	祝慈寿　著
自动化系统设计的系统学	王永初　任秀珍　著
宏观控制论	牟以石　著
法学变革论	文正邦　程燎原　王人博　鲁天文　著

第二批书目

中国自然科学的现状与未来	全国基础性研究状况调研组 中国科学院科技政策局　编著
中国水生杂草	刁正俗　著
中国细颚姬蜂属志	汤玉清　著
同伦方法引论	王则柯　高堂安　著
宇宙线环境研究	虞震东　著
难产（《头位难产》修订版）	凌萝达　顾美礼　主编
中国现代工业史	祝慈寿　著
中国古代经济史	余也非　著
劳动价值的动态定量研究	吴鸿城　著
社会主义经济增长理论	吴光辉　陈高桐　马庆泉　著

中国明代新闻传播史　　　　　　　　　　　尹韵公　著
现代语言学研究——理论、方法与事实　　　陈平　著
艺术教育学　　　　　　　　　　　　　　　　魏传义　主编
儿童文艺心理学　　　　　　　　　　　　　　姚全兴　著
从方法论看教育学的发展　　　　　　　　　　毛祖桓　著

第三批书目

奇异摄动问题数值方法引论苏煜城　　　　　　吴启光　著
结构振动分析的矩阵摄动理论　　　　　　　　陈塑寰　著
中国古代气象史稿　　　　　　　　　　　　　谢世俊　著
临床水、电解质及酸碱平衡　　　　　　　　　江正辉　主编
历代蜀词全辑　　　　　　　　　　　　　　　李谊　辑校
中国企业运行的法律机制　　　　　　　　　　顾培东　著
法西斯新论　　　　　　　　　　　　　　　　朱庭光　主编
《易》与人类思维　　　　　　　　　　　　　张祥平　著

第四批书目

计算流体力学　　　　　　　　　　　　　　　陈材侃　著
中国北方晚更新世环境　　　　　　　　　　　郑洪汉等　著
质点几何学　　　　　　　　　　　　　　　　莫绍揆　著
城市昆虫学　　　　　　　　　　　　　　　　蒋书楠　主编
马克思主义哲学与现时代　　　　　　　　　　李景源　主编
马克思主义的经济理论与中国社会主义　　　　项启源　主编
科学社会主义在中国　　　　　　李凤鸣　张海山　主编
马克思主义历史观与中华文明　　　　　　　　王戎笙　主编
莎士比亚绪论——兼及中国莎学　　　　　　　王佐良　著
中国现代诗学　　　　　　　　　　　　　　　吕进　著
汉语语源学　　　　　　　　　　　　　　　　任继昉　著
中国神话的思维结构　　　　　　　　　　　　邓启耀　著

第五批书目

重磁异常波谱分析原理及应用	刘祥重　著
烧伤病理学	陈意生　史景泉　主编
寄生虫病临床免疫学	刘约翰　赵慰先　主编
国民革命史	黄修荣　著
现代国防论	王普丰　王增铨　主编
中国农村经济法制研究	种明钊　主编
走向21世纪的中国法学	文正邦　主编
复杂巨系统研究方法论	顾凯平　高孟宁　李彦周　著
辽金元教育史	程方平　著
中国原始艺术精神	张晓凌　著
中国悬棺葬	陈明芳　著
乙型肝炎的发病机理及临床	张定凤　主编

第六批书目

非线性量子力学理论	庞小峰　著
胆道流变学	吴云鹏　主编
中国蚜小蜂科分类	黄建　著
中国历史时期植物与动物变迁研究	文焕然等　著
中国新闻传播学说史	徐培汀　裘正义　著
列宁哲学思想的历史命运	张翼星　编著
唐高僧义净生平及其著作论考	王邦维　著
中国远征军史	时广东　冀伯祥　著
历代蜀词全辑续编	李谊　辑校

第七批书目

亚夸克理论	焦善庆　蓝其开　著
肝癌	江正辉　黄志强　主编

计算机系统安全　　　　卢开澄　郭宝安　戴一奇　黄连生　编著
声韵语源字典　　　　　　　　　　　　　　　齐冲天　著
幼儿文学概论　　　　　　　　　　　张美妮　巢　扬　著
黄河上游地区历史与文物　　　　　　　　芈一之　主编
论公私财产的功能互补　　　　　　　　　　忠　东　著

第八批书目

长江三峡库区昆虫（上、下册）　　　　　　杨星科　主编
小波分析与信号处理——理论、应用及软件实现　　李建平　主编
世界首例独立碲矿床的成矿机理及成矿模式　　银剑钊　著
临床内分泌外科学　　　　　　　　　　　朱　预　主编
当代社会主义的若干问题
　　——国际社会主义的历史经验和中国特色社会主义

　　　　　　　　　　　　　　　江　流　徐崇温　主编
科技生产力：理论与运作　　　　　　　刘大椿　主编
世界语言词典　　　　　　　　　　　　黄长著　著

第九批书目

法医昆虫学　　　　　　　　　　　　　胡　萃　主编
储藏物昆虫学　　　　　　　　李隆术　朱文炳　编著
15世纪以来世界主要发达国家发展历程　　陈晓律等　著
重庆移民实践对中国特色移民理论的新贡献　罗晓梅　刘福银　主编
中华人民共和国科技传播史　　　　　　司有和　主编
高原军事医学　　　　　　　　　　　　高钰琪　主编
现代大肠癌诊断与治疗　　　孙世良　温海燕　张连阳　主编
城市灾害应急与管理　　　　　　　王绍玉　冯百侠　著

第十批书目

当代资本主义新变化　　　　　　　　　徐崇温　著

346

全球背景下的中国民主建设　　　　　刘德喜　钱　镇　林　喆　主著
费孝通九十新语　　　　　　　　　　　　　　　费孝通　著
中国政治体制改革的心声　　　　　　　　　　　高　放　著
中国铜镜史　　　　　　　　　　　　　　　　管维良　著
中国民间色彩民俗　　　　　　　　　　　　　杨健吾　著
发髻上的中国　　　　　　　　　　张春新　苟世祥　著
科幻文学论纲　　　　　　　　　　　　　　　吴岩　著
人类体外受精和胚胎移植技术　　黄国宁　池　玲　宋永魁　编著

第十一批书目

邓小平实践真理观研究　　　　　　　　　王强华等　著
汉唐都城规划的考古学研究　　　　　　　朱岩石　著
三峡远古时代考古文化　　　　　　　　　杨　华　著
外国散文流变史　　　　　　　　　　　　傅德岷　著
变分不等式及其相关问题　　　　　　　　张石生　著
子宫颈病变　　　　　　　　　　　　　　郎景和　主编
北京第四纪地质导论　　　　　　　　　　郭旭东　著
农作物重大生物灾害监测与预警技术　　　程登发等　著

第十二批书目

马克思主义国际政治理论发展史研究　　张中云　林德山　赵绪生　著
现代交通医学　　　　　　　　　　　　　王正国　主编
昆仑植物志　　　　　　　　　　　　　　吴玉虎　主编
"三农"续论：当代中国农业、农村、农民问题研究　　　陆学艺　著
中国古代教学活动简史　　　　　　　熊明安　熊　焰　著
河流生态学　　　　　　　　　　袁兴中　颜文涛　杨　华　著

第十三批书目

中国古代史学批评纵横　　　　　　　　　瞿林东　著